实战版

西周 著

销售总监日记

中国铁道出版社有限公司
CHINA RAILWAY PUBLISHING HOUSE CO., LTD.

图书在版编目(CIP)数据

销售总监日记:实战版/西周著.—北京:中国铁道出版社有限公司,2019.10

ISBN 978-7-113-26120-7

Ⅰ.①销… Ⅱ.①西… Ⅲ.①销售-通俗读物 Ⅳ.①F713.3-49

中国版本图书馆CIP数据核字(2019)第162130号

书　　名: 销售总监日记(实战版)
作　　者: 西　周

责任编辑: 陈　胚　　**读者热线:** 010-51873459
封面设计: 潜龙大有
责任校对: 王　杰
责任印制: 赵星辰

出版发行: 中国铁道出版社有限公司(100054,北京市西城区右安门西街8号)
网　　址: http://www.tdpress.com
印　　刷: 北京铭成印刷有限公司
版　　次: 2019年10月第1版　2019年10月第1次印刷
开　　本: 880 mm×1 230 mm 1/32　**印张:** 10.75　**字数:** 232千
书　　号: ISBN 978-7-113-26120-7
定　　价: 59.80元

序

销售是一种信仰

很多即将离开校园踏入社会的年轻人总是害怕从事销售这一行,觉得这份工作太辛苦了;很多正在干着这一行的人总是抱怨公司的不支持,抱怨公司产品存在这样或者那样的问题……放弃,看似是一种"合理且明智"的选择。但最终能够脱颖而出的销售精英,他们的能量是无法想象的,他们的收入也会是那些退缩者的无数倍。

其实,你只需要记住一点:销售这行并不难,你只是需要时间与正确的方法。

一些销售人员因为任职的公司不景气,或离职或被劝退,之后由于难以找到工作而一路沉沦下去,这是为什么呢?著名的营销大师特德·莱维特说过:"没有商品这样东西。顾客真正购买的不是商品,而是解决问题的办法。"那么,作为销售人员需要的是什么呢?当然也是方法,不仅仅是销售的方法,而更为重要的是今后的职业生涯,能在销售行业中立于不败之地,甚至闯出一片属于自己的辉煌天地。

我是西周,一个工作 21 载的销售人。从学打海员结,再到今日的领航者,一路上经历过狂风暴雨、波涛汹涌的危急时刻,也享受过风平浪静、阳光灿烂的日子。

一路走来,有很多后悔的事:也许××公司的案子这么办就好了,也许跟张总见面没说错话订单就成了……然而,唯有一件事我从来没有怀疑过,就是当初选择了销售这份工作。

这是属于勇敢者的游戏,在我看来,销售就像勇敢的水手一样,在与威力无边的大海较量的同时,也享受着那份无与伦比的激情。

销售是一种信仰!在你的职业生涯中,你会遇见很多人,远远超过其他行业,这是一种幸运,你的人生将会因此变得丰富多彩。当信仰与工作完美结合,你的人生便不虚此行。

这本书是《销售总监日记》的升级版,在上一版的基础之上,加入了12篇全新的作品。同时,本书除了分享我的故事之外,还加入了更多的实战技巧,可以利用我从业21年的工作经验,给销售行业的朋友一些具体的指导。这些都是实战过程中积累的具体经验,我个人认为,非常具有实用性。甚至一些方法可以完全照搬,拿来就用,帮你快速提升业绩水平。

好了,如果你对我的《销售总监日记》感兴趣,接下来就让我们一起开始这本实战版的学习与阅读吧。我敢保证,绝对不会浪费您的时间。

目 录

第一章

99%的销售新人都没重视的三件事

想要成为精英业务员，并非一朝一夕之事，必定经历一个从小白到精英的痛苦成长过程。是蜕变成蝶，还是沦为平庸，甚至被迫转行，都要看一个人的综合素养。情商、经验、能力、口才、人际关系……销售好做，精英销售难成，你要学的还有很多。

销售人员基础话术精进技巧

场合不同，话术不同，想要成长为精英业务员，就要不断学习在各类场合下的话术精进技巧，从而让自己始终掌控着话语权。

大学毕业后，我通过面试进了一家美资乳品企业，可能这家公司进中国市场比较早，选用的中层干部都是具有销售经验的本土人员，和同事进行正规的工作交流或者和客户进行沟通时，交谈的话语如同平时讲话一般，因此，初进职场的我，也觉得没有什么不同。

之后，公司解散了，老总把我介绍给了一位朋友，于是，我加入了第二家公司。入职的第一步，当然是入职培训和驻厂培训了，在驻厂时，我就隐约地觉得厂部的职员、干部说话的方式都和我以前的认识有所不同，比如你问他厂长在吗，他会微笑着说："厂长在车间巡视，如果您有急事可以拨打××内部分机，或者可以留言，我将在第一时间转告他。"

而在以前的公司，我们的回答基本上是："他不在，离开了，有事我转告。"如此干巴巴的回答，也没有任何符合职业特点的话语。

驻厂培训结束后，回到办公室，销售部经理召集我们新人开会。他进到会议室里的第一句话就是："你们都已经是成年人了，但我可以说，你们连说话也不会。"我们都觉得他的话很搞笑。但其实，我们在驻厂培训时，都应该或多或少地感受到这句话的真正含义了。

接下来，培训的课程包括：

如何接电话：××公司，您好，请问有什么可以帮到您的吗？

如何转告来电：您好，×××目前走开了，请问有什么需要转告的吗？

电话去客户公司找人：您好，请问×××在吗？

请求转告：烦请转告，××公司的×××请求他的回电，麻烦您记一下回电号码……

诸如此类的内容，让我们意识到基本的职业话语的重要性。

在这本实战篇中，我想加入一些销售基础话术的设计流程：

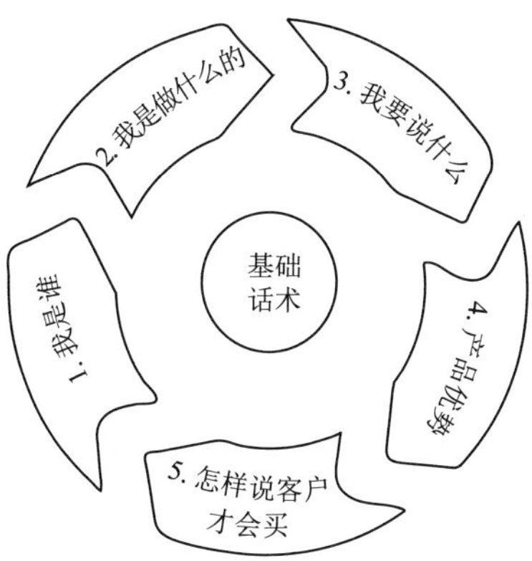

1. 我是谁

实际上就是一个简洁的自我介绍,介绍顺序如下:姓名、公司名、职务、具体负责什么。

职业话术:您好,我是西周,××上市公司总经理,主要负责公司日常管理与大客户销售工作。

2. 我是做什么的

这一步就是具体介绍公司的业务,介绍顺序如下:所属行业、公司产品及其价值。

职业话术:您好,我们公司是琉璃制品的龙头企业,我们的琉璃制品非常精美,尤其适合馈赠客户。

3. 我要说什么

简单的开场白很容易,接下来你要跟客户说什么,一定要事先想好,一旦语言组织混乱,就会失去客户。这时候你就需要换位思考,客户最需要的是什么。一般情况下,你可以提出客户现阶段所面临的问题,通过问题进一步放大对方的痛苦,然后提出未来可能遇到的问题。

职业话术:您的公司是不是每年都会为送礼发愁?现在很多公司送礼都没有新意,例如中秋节送月饼,我的好多客户都说看都不看,就直接送邻居了。如果这种情况延续下去,在未来势必会影响客户的兴致,从而为进一步的合作蒙上阴影。

4. 产品优势

当客户表示出兴趣之后,马上讲产品的优势,与其他产品的不同之处。可以先强调公司、产品在业内的地位，然后讲一些独到的优势。

职业话术：我们是业内拥有××年历史的老牌企业，我们的产品工艺精湛，在同行业中一直处于领先地位，很多世界500强公司都是我们的客户。我们的作品都是由世界顶级设计师打造，每一件产品都经过××道工序的精心打磨……

5. 怎么说客户才会买

强调完产品优势之后，客户并不一定会购买，这时你需要怎么说，这就是考验一个业务员话术水平的时候了，你需要在交流过程中充分了解客户的问题、意向、忧虑，然后予以一一解答。

这个过程需要的话术非常复杂，不是一两句就能讲清楚的，需要通过多年的实践经验慢慢积累。

职业话术：此处略。

如何在展会上巧妙地邂逅客户

展览会上的客户都是高价值目标，这些客户已经不用你再去费心筛选，你要做的，只是巧妙地邂逅他们就行了。

商业社会,最不缺少的就是各种类别、各种行业的展览会了,因此只要稍加留意,就可以有选择地去参加展会。当然,记得顺带一些公司的产品资料以及个人名片,其实,这才是你此行的真正目的。

我刚到紫江集团上任时,就顺利地拿下了康师傅纯净水、各式绿茶和三得利乌龙茶的大批饮料标签订单,公司除了生产可口可乐、百事可乐的标签,剩下的基本就是我带来的业务了,也成为公司除"两乐"之后最主要的收入来源,因此我荣升为销售部经理也算是实至名归了。

销售部来了一位大学生,我对他的培训从标签生产的工艺过程开始,以便在与客户交流时,不至于因生疏而受到客户的抵触和拒绝。经过一周的训练,他艰难地完成了培训。

作为饮料包装的标签制造商,寻找客户最直接的方式就是去参加食品饮料展。参加这样的展会,一般有三个目的:

第一,可以了解一家公司的大致规模,不至于导致日后拖欠货款。

第二,可以看看他们的产品是不是高端精致。一般来说,生产高端产品的公司都不缺钱。

第三,可以看一看他们产品上标签的档次和生产商,以做到对于品质、价格以及其他相关参数的了解,从而在洽谈时能找到突破口和重点。

对于新人来说,参加展会一般都找不到重点,甚至连怎样看展都毫无头绪。因此,只要有机会,我都会带着新人一起参展,这也是他们学习的好机会。

我们来到一家饮料企业的展台,举起他们的产品看了一会儿，随后跟他们的副总聊了起来，双方交换了名片，相约下周去他们公司进一步洽谈。

这次示范之后，我鼓励新员工自己去谈下一家客户，他对着我使劲地摇了摇头。我对他说："做销售，迈出第一步是极为重要的，需要克服胆怯心理，勇于尝试。"

他看了看我，说道："我们一起去谈吧。"

到了第二家，我先谈开了，他慢慢地介入进来，说得有些结结巴巴，但总算开口说了起来。

第三家，他作为主讲，我做适当的补充。

第四家，他一个人怯生生地走了进去，红着脸走了出来。我问他结果如何，他递过来一张名片，说明天带一些标签的样品再来一次，深谈一下。他成功了，我想他当时一定讲得不太流利，一定表现得不够勇敢，但无论怎么说，他成功了，迈出了第一步。

有些客户，前来参展时会邀请朋友来看展，这也是业内普遍的做法，这不仅仅是捧场，还有其他意想不到的效果。

HSBC 的淮海路支行，一直是我的客户，他们的 Lucy（露西）和我私人关系很不错，经常约我吃饭，彼此都保持着紧密联系。

一天她打来电话说，他们支行参加一个金融产品的展览会，邀请我去坐坐，我欣然接受了。

到了展会地点，很轻易地找到有着 HSBC 红色标志的大型展台，Lucy 正和朋友们热聊。我走过去，她为我们做了介绍，有几位是她的理财客户，还有两位是她的同行。

听说我是 HSBC 的核准供应商，就积极地询问起产品的特性、价格、工艺特点等要素，交换名片，相约之后去公司详谈。

因为朋友的关系，交谈就更为随意，话题也更加直接，效率也极高,事半功倍。

等他们离开后,Lucy 不无骄傲地问我:“我的客户和朋友,有价值吗,你今天来值得吗?”我笑了起来,回了一句:“恩,为了感谢,展会收工,我请吃饭。”她开心地点着头。

由此,不仅扩大了朋友圈,还多了不少有价值的客户,很有收获。这也是我给新人上的重要一课——利用展会扩大客户群。

对于如何在展会上邂逅客户,我总结了几招实战技巧:

01 主动沟通

02 迅速识别感兴趣的客户

03 通过5W提问锁定目标客户

04 了解买家背景,快速精准介绍产品信息

- 主动沟通。这是最基本的,尤其是新人,你在没有客户资源的前提下,如果不敢主动打招呼,根本没有任何机会。
- 迅速识别感兴趣的客户。当客户经过你的摊位时稍有驻足,说明他们可能对你的产品感兴趣,这时一定要主动跟进,进一步交流,例如闲聊、派发资料,但是切忌操之过急吓跑客户。很多健身会所的销售,见人就直接发传单,如果不是特别感兴趣的人往往都会拒绝。换一种方式,通过闲聊逐渐介绍与健身相关的事,是否可以提升成功率我不清楚,但是至少不会把客户吓跑。
- 通过 5W 提问锁定目标客户。What、When、Why、Where、how,5W 提问可以获取更多实用性的信息,此外你要多提开放性问题,而不是只需要回答“是”或“否”的封闭性问题。

- 了解买家背景，快速精准介绍产品信息。对客户了解得越详细，越容易判断出其是否为目标客户，从而进入快速精准介绍产品信息的阶段。

这样表达建议是会卷铺盖走人的

忠言逆耳，即便是很好的提议，说出来的效果也许并不是你期待的。有些时候好心提建议，但是表达不好，真的会卷铺盖走人的。

当一个人志得意满时，一般很难听进逆耳的忠告；而当一个人在难过、郁闷时，则更加抵触他人的谏言。人人都知道忠告肯定是善意的，却因为情感的支配听不进去，其实原因就在于，表达建议时的方式方法不正确。生活中这样的例子屡见不鲜，因为一个忠告，父子成仇，夫妻对峙冷战。而在职场中，大部分人会选择明哲保身，缄口不言。但是有时候为了自己的机会或利益，不得不提出一些建议和忠告时，方式方法就显得尤为重要了。

从古至今，那些喜欢提意见的所谓“诤臣”大都没有好下场，虽然现在已经无帝无王，但在职场中，你需要面对你的上级、你的老板，如果要提出建议，也是应该非常谨慎的。

小王进入琉璃工房半年之后，因为出色的工作能力已经做出了不错的业绩,得到了他的上级陈经理的赏识,因此总是跟在陈经理身边。

在一次经理级会议上,因为涉及某个项目的讨论,而作为这个项目的具体执行者,小王也列席参加了。项目的讨论比较顺利,关于活动形式、参加和协助方、活动的每一个步骤,都一一通过了。最后,执行副总转向陈经理说道:“你们部门的小王是这个活动的具体执行者,今天也列席了,要不要让他也说几句?”陈经理满怀喜悦地对小王说道:“讲几句吧。”

此时的小王,顿时变得兴奋起来,站起身说道:“首先感谢领导们对我们部门的支持,也感谢领导们这么重视这个活动,我想提出三点建议:

首先,我觉得陈经理在这个活动的人员安排上是很不合理的,活动场地虽然是大学校园,但这个大学是以政法和公共关系为主学科的,显然女生会占到绝大多数,要想成功让她们注册会员,应该安排更多的男性工作人员。异性相吸,女生们是不会拒绝身穿公司制服的帅哥的,这样的成功率会更高一些。”

他停顿了一下,注意到陈经理的脸色有些不太好看,但执行副总却在带着微笑频频点着头,显然一副赞赏的姿态,就更加增添了他继续往下说的信心,他又说道:“其次呢,我觉得这次活动的海报也设计得不合理,海报上都是一些象牙塔的内容,而现代的大学生们,从踏进大学的第一天起或许就在憧憬着职场的诱惑,而我们这次活动的宗旨也是以职场人的未来作为期许,使他们能提早感受职场的氛围,所以海报的内容过于幼稚了。”副总依然在微笑着点头,而市场部经理和设计部经理的脸色早已阴沉了下来。

接着他又说道:“这次活动的大部分预算都用在了客户体验上,但我觉得可以花一部分钱,请一位流量女明星来代言助阵,这样会形成轰动效应,像××公司上一次活动就是如此,大获成功。”正当他意气风发地说完这几个提议后,却发现副总的笑容已经不见了。

会场里一片肃静,副总站起身,对着小王挤出一丝微笑,“嗯嗯”了两声,走出了会议室。之后,偌大的会议室里,只剩下小王一个人在那里呆呆地站着,小王不知道自己哪里说错了,他一直认为他提出的这三个提议很好,甚至很有见解。

首先,小王在阐述时,没有注意语气的谦逊和蔼,因为他面对的不仅仅是同事,而是各个部门的经理甚至副总,虽然提议不错,但说话方式不够委婉,攻击性太强。

其次,他当着这么多领导的面,上来就指出自己部门老大的不当之处,外人会怎么看?陈经理的心中是什么滋味?很显然,这是职场新人情商太低的毛病。

再者,他的提议中还触及其他两个部门,他没有资格跨部门评论别人的事,更何况是比他级别高的领导;另外,在这样的场合,完全没有顾及两位经理的颜面。

最后,当他提到××公司(实际上是行业内的龙头公司)邀请流量女明星的话题时,这无疑是拿大公司来做比较,是大忌,老板或高管最讨厌这样的比较。更何况他不知道,这位副总就是因为不得志,才从这家著名公司跳槽到自己公司的,这不是在揭别人的伤疤吗?

总结一下,小王的这三个提议其实都很不错,但他没有注意到说话的语气和提出观点的方式、场合等综合因素。既然陈经理让他参加这次经理级会议,小王就应该先跟陈经理商量,然后由领导阐述,这样既维护了领导的面子,又避免了自己因为情商不足犯错误的几率。

可想而知,小王在这次谏言之后,在公司的处境是多么尴尬。

我在进入利得乳业后,遇到了一位好的老师,他是我们销售部的大区经理陈经理,他不仅仅在业务上手把手地教我,更是让我在职场为人处世方面受教匪浅,使我这个新人,很快就能接触到职场上的一些潜规则。

作为乳品的生产企业,从灌装到包装,再到出厂,产品都是完好无损的,但在运输途中以及进入超市的过程中,部分商品破损的情况是不可避免的。所以,我们公司采取的方式是贴补损耗率,这种方式很简便,实际上还是有关部门为了更省心,其实损失的还是公司的利益。

再说了,损耗率返点给经销代理商,中间也会存在灰色交易,公司高层一直在为这个问题伤透脑筋。

某天,和陈经理一起吃午餐时,我请教他关于经销代理返点的事情,他也只是支吾过去,但我从他的表情上却读出了一些无奈甚至愤愤不平。下午时,我通过一些途径了解到,公司产品内包装和外包装的大致成本,然后,又和包装车间的主任沟通,我心中有了一些想法,就私下找到了陈经理进行沟通:以一个经销商 50 万元年销售额损耗率返点 3%,是 15000 元,如果对这 50 万元的产品,在内包装上做一些改进,增加的包装费用不到 3000 元,我们可以减少给经销商的损耗率返点,比如只返点 1%。这样,公司就可以增加 7000 元的利润,更何况,全国那么多经销代理,可以创造多少利润?!

陈经理听完，笑了笑说道："你这个想法不错，我也曾经在脑海中闪过一下，但因为这个事情太大，而且牵扯的面又太广，所以当时就没有往下想和付诸行动。"他停顿了一下，似乎是在做什么两难的选择。随后，他又说道："要不你写一份简单的材料给我，我们一起呈报上去吧。"之后，我写了一份简单的报告交给他，他去找总经理谈，半小时之后又招呼我去见总经理。

代表美方投资方的总经理是一位台湾人（当时外资刚刚进入中国，不少外资企业公司的中高层管理都聘请了台湾或香港的职业经理人），第一次见公司的老大，觉得他长得挺凶的，但当他操着台湾腔开口说话时，却让人感到比较温良："要不请你再阐述一下这个问题吧。"虽然对方很平和，但我却决不能违规："中午和陈经理一起用餐，他给了我不少启发，我的想法在报告中也写得很明白，只是一些初步的提议，关键还是陈经理，他了解公司，由他阐述可能更为恰当一些。"总经理看了看我，意味深长地笑了笑，然后说道："既然你是提议者，明天的经理级会议，你列席吧。"我装作怯懦地小心回道："总经理，我是公司新来的，参加这种会议不合适的，提议还是辛苦陈经理讲一下吧。"总经理看了看我，一下子笑了出来……

第二天的经理级会议，我知道绝不能参加，如果参加，虽然可以成为会议的焦点，但也会成为众矢之的。作为一名新人，肯定得不偿失，而且势必会留下"后遗症"。据陈经理会后的描述，会议上总经理并未提起我跟陈经理的名字，只是说自己提出了这个提议。我猜想，陈经理一定是跟我一样，提前表示了相同的意向。

作为一名新人，如果发现公司存在问题，千万不能冒出头。首先，新人资历不够，如果贸然提出这么尖锐的问题，绝对是铤而走险的一招。要么总经理很赏识而得到重用;要么骤然身毁,卷铺盖走人。而提出建议的方式,还是以上级作为发声人,比较稳妥。

那么,作为销售人员,尤其是新人,怎样表达建议更为妥当呢?

01 事先跟上级领导沟通,有领导向上传达

02 如果你想要脱颖而出,那么也可以考虑走一步险棋

03 察言观色,学会看脸色行事

04 让你的提议成为领导的想法

● 事先跟上级领导沟通,由领导向上传达。就跟我们之前讲的一样,这一招对新人来说最保险,虽然功劳让给了上级,但是风险也推给了他。

● 如果你想要脱颖而出,那么也可以考虑走一步险棋。假设你有足够的能力,又对公司的局势、领导的用人习惯等因素有一个综合的分析,这时你不想再花费时间一步步往上升,你就可以自己提出建议,然而一旦失败,你就可以考虑跳槽了。

● 察言观色,学会看脸色行事。如果领导对你的想法感兴趣,继续说;如果领导不感兴趣,无论你觉得提议多么好,也赶紧打住。也许领导现在心情不好,可以找机会再说一次;如果还是不行,说明他对你的提议并不认同。

● 让你的提议成为领导的想法。一旦领导认同你的提议,你就需要想方设法让这个提议成为他们自己想出来的,也就是说把功劳让给领导。这样一来,你的提议被采纳的几率就会提高。别着急,聪明的领导一定会在心里给你记一功。

第二章

察言观色，看人说话，做一个高情商业务员

察言观色、看人说话是销售人员最基础的能力之一，然而想要成为个中高手真的不容易。看人要准，这是沟通的前提，对什么人说什么话，说话要让人信服，这样才有接下来成单的可能。

如何练就毒辣的眼光，精准锁定目标

做销售的一定要会看人，而且一定要准，好眼力不是一两天就能练出来的，需要通过实战不断积累经验。

刚进入水晶行业时，参加了一次台湾连锁协会的活动。台湾连锁协会，顾名思义，就是大佬们都是台湾人，各自经营着各式各样的企业，而由具有影响力的人牵头，聚拢这些台湾老板们，初衷是共享一下连锁方面的信息，而后却演变成台湾人士的聚会，互相扶持，友情帮助，互勉互励。

那天快下班的时候，老板打来电话，叫我去参加一个活动，他说参加活动的都是台湾人士，或许会对我的业务有所帮助。

来到会场，里面已经坐满了宾客，边品尝自助餐边闲聊。

进门时，老板就遇到了两个好朋友，稍事介绍，他就被拉着坐下，用闽南语聊了起来。见状，我也识趣地走开了。

取完食物，我便开始寻找合适的位子，别小看找座位这件事，考验的是一个人的眼光。目标不能选那些正在热聊的人群，于是我选了一张有空座的桌子坐了下来。

为什么要找没在热聊的桌子呢，道理有二：

其一，既然没有在热聊，说明他们之间的熟悉度和热络度一般，容易介入其中，而本来就在热聊的桌子，由于你的介入会被突然打断，造成尴尬的气氛；

其二，没在热聊的群体更容易介入，在打招呼后更加自然地展开话题，以达到主动出击的目的。

我找到了一张桌子，三个人都在闷头吃饭，偶尔聊上两句，于是我问了一声“可以吗”，随即坐下，自我介绍一番后，开始聊起了关于水晶琉璃的话题，他们也开始倾听和参与进来，我完全掌握了气氛与话题的主动性。

顺利地交换了名片，并相约明天一一递送产品资料。这时，老板结束了交谈走了过来，看到我正聊得起劲，笑着介入进来，问起了他们的公司以及老板是谁。

我问老板，哪位是连锁协会的会长，引荐我去认识一下，他听后呵呵地笑着，拍了拍我的肩说：“恩，不错。”

老板最喜欢积极主动的员工，所以要记住适时在老板面前表现自己。

跟着老板径直来到了连锁协会王会长的圆桌，打招呼后，老板向王会长介绍了我，并在最后加上了一句评语“这是我们的销售精英，请王会长多多关照哦。”我连忙说着“不敢，过奖”。

这是一种积极的暗示，说明老板器重下属。遇到这样的老板是销售员的幸运，所以一定要抓住机会。

王会长问我："请教一下，销售最重要的是什么？"

我态度谦恭地回答道："自我和客情，请王会长斧正。"

他笑了笑问道："什么是自我？"

我回道："自我，就是在尽量倾听和体谅客户的前提之后，保持着自己的风格，否则，销售千千万，怎么能显示出独特性呢，不知我说得对不对。"

王会长又问道："那什么是独特？"

"我说错了，请王会长不要笑话我，也算我班门弄斧了。我认为的独特，就是个性鲜明，但又博采众长。"

王会长听后顿了一顿，然后转头对我的老板说道："恩，销售精英！"

我的老板在边上笑了起来。

在公开场合，一定记得给老板长脸。

我赶忙对着王会长做了一个拱手的动作，补了一句："哪天能去拜望王会长，一定会多多受教的。"

主动出击，为进一步合作留出可操作空间。

王会长哈哈大笑起来，说："明天吧，明天下午，我会烹茶以待，另外，公司正好要采购一批礼品，这次就不再麻烦你的老板了。"说完，又笑了起来。

一句客套话，引出了潜在的商机。

第二天，王会长果然在办公室里玩着乌龙茶道，并且挑选着我携带的样品，选了三种，吩咐他的行政经理安排相关的数量和订购事宜。之后，王会长一直是我的忠实客户，维持了多年。

初入销售这行，不开金口，不迈初步，是不会有任何进展的。要勇于尝试，充满自信。然而最关键的还是眼光，在现场交际方面，要看准时机，勇于表现，这才是一个优秀销售人员应该具备的特质。

那么，销售人员应该怎样培养敏锐的眼光呢？

01 预留观察时间

02 根据面相与谈吐判断

03 准备好具体措施

- 提前留出观察的时间，见机行事。作为一个销售人员，勇气是很重要的，但是绝不能鲁莽。在介入之前，一定留出观察的时间，找准时机再切入。

- 根据客户的面相与谈吐进行初步判断。在介入对话之前，你的信息有限，不过可以先从面相进行初步判断，面相和善的人怎么说话，面相富贵的人怎么说话等。此外，还可以先在一旁观察，看看他们的谈吐，同样有助于了解到更多信息。

- 初步判断之后，提前准备好具体措辞，在大脑中进行预演。如果你没有丰富的实战经验与临场应变能力，最好的方法就是先在大脑中演练一遍自己要说的话，这样才不容易出错。

看人说话:如何与各类人群顺畅沟通

每个客户都有着不一样的性格、职业背景,来自不同的地域,有着不同的文化,所以与客户交流之前都需要了解清楚,这样才不至于说错话。这听上去挺容易,但实际上需要很多年的从业经验,见过各种各样的客户之后,还需要不断琢磨,才能游刃有余地应对不同的客户。

"看人说人话,见鬼说鬼话",听上去挺瘆人的,也有一些势利的意味,但其实却有一定的道理。看人说话,主要是根据对方的性格、性别、教养层次、地域情况、当时心情,以及具体的对话场景等因素综合判断。

让我们来看一个实例:

一次飞机刚落地,我打开手机后,显示有两个未接电话,正想回电过去,香港籍陈总的电话又打过来了:"打你电话打不通,你们那个客服李小姐也真是的……"我问他怎么了,他说道:"先不说了,我们那个琉璃样品什么时候可以到位?"我说了几句安抚的话后,挂了电话,致电公司的销售部询问样品问题,接着又跟陈总把情况一一说明。

在回公司的路上,我回忆起了"李露"(化名)进公司时的情况:一般新员工招聘的事,我从来不怎么过问(除了特殊人才的录用)。某天,公关部经理拿着一叠简历到我办公室,请示道:

“这个李露，毕业于名牌大学的公共关系专业，将来倒是可以去我的公关部的，试用期先让她去客服部锻炼一下？”我看了看简历，算是比较优秀，就点了点头同意了。

回到公司，我叫来了客服部经理和李露，询问当时的情况。客服部经理说当时李露接完电话后向她做了汇报，大致情况是客户对样品比较着急，而李露按照程序询问具体情况之后给陈总回电过去。

我听完后，把头向李露点了点，意思是“你说”。

因为层级关系，一定要听完客服部经理的陈述，而不是直接问当事人。

李露的陈述是：当时陈总打电话进来，很着急的样子，询问样品的事情，但销售二部的经理又不在办公室，无法当场询问，所以我回复陈总说询问具体情况之后再回电。李露接着说道：“我看他很着急的样子，说话的语气也很重，就说了几句安慰和赞美的话。”我听完，点了点头。

因为陈总的这家 4A 公司是我在担任业务部副经理时就开拓成功的，和陈总的私人关系也不错，所以他有事一般会先找我，而不是直接给公司打电话。因此，我也十分重视这件事，打电话约了陈总见面。

见面后，自然而然地谈到了这件事，陈总说道：“我猜你可能在飞机上，所以打电话去你们公司，是这位李小姐接的电话，我开门见山地就问这个样品的事情，李小姐回答我说目前销售经理走开了，没有办法给予答复，我就问什么时候可以答复我，李小姐就开始用柔软的话语来不断安慰我，又说我的公司做得很成功,一定是一位识大体、深明大义的成功者,等等吧。但是,她那些不紧不慢的话,却弄得我更加急躁,让我以为她是在故意敷衍我……我听完陈总的述说,终于明白了。

首先,陈总本来就是一个急性子,关于样品的事情让他更加着急,而李露那些不紧不慢、不痛不痒的话,又恰如细棒慢拨火,一下一下地拨弄,让火越烧越旺了;其次,陈总是香港人,而香港人是最不喜欢那些不切实际的客套话的,所以有些惹怒了陈总,而那些带着严重客套色彩的赞美,又无异于火上浇油。所以,陈总才会气急败坏地来投诉。

从上述案例,我们可以看出,面对不同性格的人,我们在对话时要采取不同的方式;其实,如果李露了解陈总的性格,在弄明白来意后,说两句礼貌话,随后简洁明了地回答"等我清楚情况后立即向您汇报,大约半小时左右",这么说效果会更好。

因为李露是新来的,跟陈总不熟,所以这也不能怨她。

举这个例子的目的,就是说沟通的时候一定要对另一方有一个充分的认知与判断,例如对方的性格、地域文化差异等,这样才能实现高效沟通。

作为一名销售人员,高效沟通是必须具备的能力。

再来看一个案例:

一些大型的广告公司,在我们公司产品的销售额中占有不小的比重。因此,针对这一类公司,每年都会举行答谢酒会。

酒店宴会厅里,各色可口点心和高档水果被精致地陈列出来,还弥漫着香槟和葡萄酒淡淡的酒香。迎客后,我作为销售经理,跟来宾们一一打招呼,忙得不可开交。A 公司的 Sherry 和 B 公司的汪小姐以及其他两位女性,正在做初识的交流。我适时走进圈子，和大家一一问候后，吩咐小张对她们加以关照，就又去招呼别的客人了。

忽然，小张紧张地跑了过来，拉了拉我的袖子说道：“经理，那边吵起来了，快去劝一劝吧。”我有点莫名其妙，就问小张是怎么回事，小张说 Sherry 和汪小姐因为一个八卦问题吵起来了。

我并没有急着过去，而是问清楚八卦的内容。小张说大意是：“某知名公司总裁的妻子为了捉小三闹到了公司去，给公司声誉带来了损害。”我接着问道：“那她们两个为什么争吵呢？”小张回答道：“Sherry 认为是那个总裁的问题，有了家室却喜欢拈花惹草，而汪小姐则认为现在的女孩子都想傍大款，所以才去勾引的总裁。她们就是因为这个争执起来，而且火药味越来越大。”

弄明白情况之后，我在脑海里快速地捋了一下思路。A 公司的 Sherry 和 B 公司的汪小姐，在各自的公司里都身居高位，在广告业界也都以强势著称。其中 Sherry 离婚了，汪小姐的婚姻稳定，但听说是个女权主义者。所以，她们两个为了这件小事而争吵，显然是出于各自的经历以及不同的个性。而对于小三是怎么出现的，激发了两人有关道德对错的争论，这种争论的话题，本来就是无解的。

对于业务人员来说，这种事跟公司业务毫无关系，所以根本没必要过去参与评论，充当裁判的角色。

我向那个角落望了望，之前的两位女士已经“落荒而逃”了，只剩下 Sherry 和汪小姐还在面红耳赤地争吵。我赶忙走去取餐区，分别在两个餐盘上各放了一些脐橙和奇异果，然后端着走向了她们，又分别递给了两位，一边笑呵呵地说道：“听说维生素 C 可以败火，橙子和奇异果都富含维生素 C，两位吃点吧！”她们两个望了望我，汪小姐优雅地接过餐盘，Sherry看起来想让我做一个评判，却忽然又明白了什么，扑哧一笑，也接过了水果。三个人相视一笑，这事就过去了。

一句打趣的话，就巧妙将两个人的怒气平息了。这都是基于对她们强势性格的判断，如果我以她们讨论的话题去打圆场，说不定会激起新一轮争吵，到时就更难收场了。

在这种社交场合，人们总会针对一些事情做出浅显的思考而想发表自己的观点，一般来说两个人讨论一下，点到为止，相谈甚欢。但是Sherry跟汪小姐是同行，同时又是竞争对手，而且两个人都是争强好胜的性格，其中一个离婚了，另一个还是女权主义者，几个原因叠加在一起，也就导致擦枪走火。

作为业务人员，就算你不打圆场，也不能选择站队，因为势必会得罪一方。

作为销售从业者，平时会接触到各类型的用户群体，想要更好地与客户沟通，一定要建立在有一定了解的基础之上，尤其是面对重要客户时，先摸清对方的底细再进行沟通是很关键的。

不同人群的沟通方式：

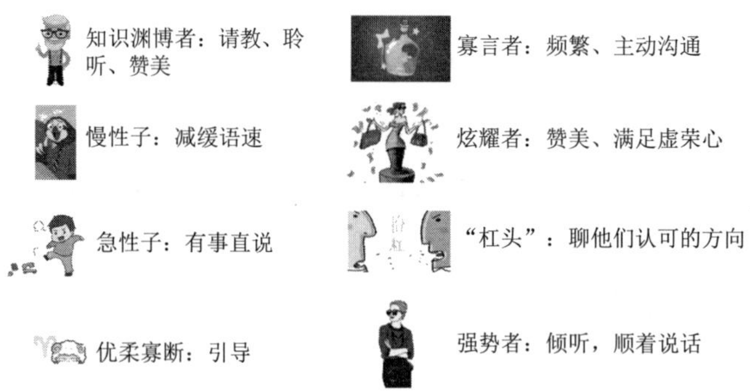

● 知识渊博的人。这类人往往比较谦逊，与他们沟通没有太大压力，以请教问题、真诚聆听为主，一般这类人都好为人师，愿意分享自己的知识。不要说一些虚头巴脑的赞美，他们比较反感这种方式。

● 性子慢的人。跟这类人沟通不能着急，一定要减缓语速，符合他们的节奏，借机导入自己的思维。

● 性子急的人。与这类人沟通不要绕弯子，简洁明了，精准表达。尤其是与一些性格干练的高层次人士沟通时，一定要事先整理好语言，他们的时间宝贵，最不喜欢被别人耽误时间。

● 优柔寡断的人。跟这类客户沟通时要多用肯定的语言，有时候需要帮他们下决心，引导他们做出判断。

● 沉默寡言的人。面对内向、不爱说话的客户，销售员就不能怕麻烦，就要多费一些口舌，因为他们总是给出只言片语，你很难猜出他们的真实想法，这时你就需要多说，然后引导他们多表达一些看法，从而作出判断。

● 喜欢炫耀的人。这类人往往好大喜功，所以不要吝惜你的赞美，从沟通中找出他们喜欢炫耀的方面，然后因势利导，跟他们热聊下去。

● 爱抬杠的人。这类客户比较难对付，不能跟他们抬杠，但是又不能什么都听他们的。首先来说，抬杠你赢不了，就算真能说过他们，这类人可能扭头就走了。相反，如果老是顺着他们呢，有可能越说越远了。所以必须找准机会，找出既是他们认可的方向，同时又有利于自己的话题。

● 性格强势的人。跟这类人沟通以倾听为主，说服他们是有一定难度的，所以你必须拿出真凭实据。他们跟爱抬杠的人不同，只要顺着他们说话，就比较容易说服他们。

脸上的内容很精彩，如何快速读懂客户面部微表情

从语言判断一个人是否说谎难度太大了，然而面部表情却很难说谎，因此通过面部微表情的识别，你可以迅速猜出客户的心思，从而掌握先机。

一个人在餐厅里用餐，一不小心把一个杯子碰落，玻璃碎片溅得满地都是，周围的人都笑了笑，这个人觉得在嘲笑他。但其实，周围的人只是善意的微笑，意思是“不用当回事”。讲这个故事的用意是，人们的微表情、微行为能够反映出内心的真实想法，如果你能读懂这些内容，就不容易出现理解偏差。

在某大型银行的周年纪念礼品招标会上，我作为琉璃工房唱标的代表和同事小施静静地坐在招待区的沙发上。边上坐着一位同样西装革履的男士，看上去比较年轻，当他递过公司名片时，因为有所耳闻，我意识到原来他就是 A 公司的新锐陈君，刚进公司没多久，由于业绩出乎意料的优秀，被破格提拔为项目经理，我猜他一定是本次招标会的负责人。我们彼此寒暄了几句，由于招标会的气氛一向偏于严肃，也就没再过多交谈。

李部长是本次招标会的负责人之一，人过中年的她显然因为操持事务显得有些疲惫，躺在沙发上休息。这时陈君起身，端了一杯茶水，轻声说道：“李部长，喝点水。”李部长略表感谢，没有交谈的意向。陈君一看，端水没有起到效果，就对李部长说

道："李部长一定是累了吧，我之前就不该来打扰，怕麻烦李部长，看来是应该休息休息。"

可能李部长觉得对方又是倒水又是安慰，有些不好意思，就睁开眼睛，说了声谢谢，陈君一看机会来了，就接着话说道："我们来参加招标，麻烦你们了，真是过意不去，我是 A 公司的，这是我的名片。"李部长接过名片看了一眼，放在自己的桌前，身子又往后靠去。

随后，陈君开始介绍起公司的产品来，哪些品种，各自的优势在哪里，李部长边听边点头，而眼睛却看向门口，当陈君继续说着时，李部长一边"嗯，嗯"地应着，一边用手去抓了两下自己的衣领，视线则继续游离到其他地方。

坐在我身边的小施，在我耳边说道："您怎么不上前去和李部长交谈几句？"我看了看小施，笑了笑，又摇了摇头，没有回答。

当陈君拿出参加本次招标的策划文书并向李部长具体介绍后，问李部长感受如何，只见李部长的眼神看着右下方，嘴里说着："嗯，这个方案还是不错的。"我顺着李部长的眼神望了过去，心里笑了起来。

招标开始，在陈君走向台上的过程中，望了李部长一眼，心里一定得意地在想：刚刚已经沟通过，应该会给李部长留下好印象。这时，李部长说道："每位陈述者都有 15 分钟，希望大家能控制时间。"

陈君开始陈述时，小施又在我耳边说道："刚刚我们也应该和李部长聊的，可以占得先机。"我摇了摇头，并不认同。

陈君只讲到一半，李部长突然说道："15 分钟时间到！"陈君戛然而止，一脸吃惊的表情。

陈君本以为可以凭借刚才的表现,多讲一些时间,然而并没有如愿。

轮到我上台,我特意把手表摘下来放在讲台上,然后开始陈述。我一边陈述,一边看向李部长,见她面带微笑,频频点头,而我则不时地控制着演讲时间。然而当我快要结束陈述时,我很惊奇地发现,李部长并没有叫停的意思,于是我意识到这是机会,就接着多讲了十五分钟。

招标结束,小施问我为什么当时不和李部长沟通,我才告诉她原因:

1. 当陈君端水又递名片时,李部长把名片放在桌沿,身体又往后靠去,显然是太累了,不想说话;

2. 此时陈君开始介绍,李部长只是以“嗯嗯”应答,她的眼神却游离于其他地方,显然是不感兴趣。而手抓衣领的动作,则代表了不耐烦的意思。

一个人在不耐烦时,身体会产生一种刺痒感,所以才会去抓衣领,就好比有的人去抓头发,有的人去蹭鼻子,是同样的道理。

3. 当陈君继续拿出招标方案并介绍时,虽然李部长嘴里说“这个方案还是不错的。”但其实,这是一种误导性的敷衍。你看,她眼睛看着右下方,显然根本就没听进去。

4. 因为前面李部长对陈君产生了一些厌烦感,所以才会造成他陈述还没结束就被李部长叫停,这也是我超过了时间她却并没有叫停的原因。

5. 虽然话语可以骗人,但她眼神的方向,手上的动作,是不会说假话的。

作为一名销售人员，在和客户接触时，通过观察客户的微表情，从而掌握洽谈的节奏或走向，是极其重要的。

我们跟一家大型酒类批发代理商保持了很久的联系，后来终于迎来了机会，身材矮小的小应是这次合作项目的对接人。由于是初次见面，所以会有一个磨合的过程，当然首先是在见面时观察他的性格和说话风格。

按照礼仪，初次见面握手时，应该面带微笑并注视对方，但小应在礼节性握手时，看了我一眼就迅速把视线移开，由此我猜想他是一个性格内向的人。

在洽谈过程中，他的视线除了看着策划案，其他时间基本都低着头，并没有注视着我。偶尔有那么几眼，也立刻将视线收回。由此看来，他是个内向且不善交际的人。我寻思着，合作方怎么会派一个不善交际的业务来和我们琉璃工房对接呢？

但作为一名销售人员，无论对方是什么性格，自己都应该积极配合，甚至要掌握洽谈的主动节奏。因此，我主动对策划案的每一个细节进行一一阐述，还时不时地征求他的意见，他虽然眼睛没有看着我，但我们之间的互动还不错。

接下来就是初步的报价以及对价格的一些细节进行解释。在这个阶段，我发现小应的身体已经往后坐了坐，并且头也抬起来了，显然是经过一段时间的交谈，他有所舒缓，也渐渐放开了。所以，我在叙述产品包装时，有意突出描述了包装形式和印刷的妙处，他的眼神已经跟随我的节奏而动了起来，当我说到精彩之处时，他的双眉有了细微的闪动，足以证明他已经兴奋起来，也说明他很认可这样的包装形式。

虽然认可了包装形式,但还有一点是极为重要的,那就是该种酒类厂商对代理商的授权认可范围,而最重要的就是酒商在销售该酒类时,是否能够同时使用自有的商标标志(Logo)。在我们设计的包装上,都已经做上了该酒商的标志,包括外拎袋、绶带、酒包装盒,以及配件,因此这项确认是至关重要的。而当我请小应确认时,他用平和的眼神直视着我,而丝毫没有躲闪,他的双眉舒展,这就说明他的内心坦然而坚定,从以上表情就可以分析出,这件事已经确认无疑了。

最终,我们顺利完成了这个项目。

作为一名销售人员,不仅仅只是通过语言去沟通,有时候,对方的微表情也可以说明一些状况。当遇到一位不善交际的人,就应该主动掌握洽谈节奏,使他打开状态,以使洽谈能顺利进行下去,而不至于出现无谓的停顿,甚至冷场情况。

根据个人经验,我总结出了一些客户的微表情,现与大家分享如下:

● 当客户长时间盯着你看并不停眨眼时,并不代表认可或感兴趣,反而说明毫无兴趣。然而当客户一边微笑一边眨眼,这是一种真情流露的表现,说明你已经赢得了客户的认可。

● 如果客户斜眼看你,除非他是天生的,否则就是对你所说的表示怀疑。如果同时眉头紧锁,眼睛眯成一道缝,则说明深表怀疑,这时你可以选择果断结束谈话了。

● 只有一种情况,当客户斜眼看你,突然眉毛上扬,这是说明你的某句话打动了他,开始对你的介绍感兴趣了。

● 一般情况下,频频点头说明对方认可你,然而如果眼神没有看着你，则说明他在敷衍你。

斜视、咧嘴，说明客户深表怀疑

斜视、眉毛上扬，说明对你的话感兴趣

● 当你跟客户聊到某个话题时，对方突然快速眨眼，这说明他很有可能在隐瞒什么，也就是不愿意详谈，需要尽快转移话题。

● 当客户的脸上呈现出笑不露齿的浅笑时，在很大程度上是一种拒绝的信号。

● 鼻翼一张一合，说明客户正在压制愤怒情绪，这时销售员一定要注意自己的言辞，因为你刚才说的话已经在不经意间得罪了客户。

笑不露齿的浅笑，很可能是一种拒绝信号

手舞足蹈的秘密:客户微动作心理分析

通过肢体语言分析客户所思所想的方法也很准确,很多客户不会将自己的真实想法和盘托出,这就需要销售人员通过表情与动作进行分析,从而做出有利于自己的判断。

一个人吃饭是很孤独的一件事,但却可以用来观察客人们的各种表情与肢体动作。

那桌的哥们显然是喝美了,开始手舞足蹈;一群女生突然笑得前仰后合,其中一人伸出一只手摆出一副“我笑得受不了了”的样子;有人聊兴奋了,双脚在前后乱摆;角落里的两个似乎在谈正经事,其中一个摆着双手,耸了耸肩表示很无奈的样子;一对小夫妻像是在吵架,女的双手交叉胸前,一副拒绝的姿态……人类的肢体语言是如此的丰富。美国著名心理学家麦拉宾通过很多年的研究表明,人类之间的沟通 7%来自文字,35%来自声音和语言,而 55%则来自无声的肢体语言。下面,就让我们用职场实例进行分析。

接下这个案子,我是有心理准备的,首先这是一家大型的国企上市公司,对于国企的行事作风我一向是有所忌惮;其次,这个客户是一位同行介绍来的,听说是个身材极其魁梧并且骄傲自大的人,我有点怵。

在去这家公司之前,我先去了“世博会”筹委会,这也是我们的客户，且两家公司离得都比较近。

“世博会”筹委会的郑主任，是一位看起来慈眉善目的老人，其实，他却是职场老江湖，喜怒绝不形于色，你很难从他永远微笑的脸上察觉出什么来。

关于世博礼品专柜的条款，上周一已经谈妥了，今天我是过来敲定细节并签字的。郑主任依然微笑地看着我，然后用眼睛往上抬了抬，意思是下面可以谈价格了。我心领神会，拿出事先准备好的报价单递了过去。

郑主任仔细地看着报价单，但当他翻到第二页看到报价时，他的双眉不自觉地往上跳了跳，但嘴里却说：“这个价格还是没有竞标优势啊。”此时，我心里在想，显然你那跳动的双眉已经告诉我，这个价格已经超出了你的预期，现在还口是心非地这么说，无非是想压低价格。

然而，基于对郑主任微表情的分析，我已经很有把握，因此我故意把双臂抱在了胸前，以提示他，我不会再谈价格了。

郑主任也是老江湖，很快看出了我的态度，但又不愿马上为刚刚自己说出的话买单，眼神直视着我，快速说道：“报价单放下，我们再研究一下，你等报价签约通知吧。”从他直视的眼神和快速回答的状态，我知道，这只是一套早已形成习惯的官话了，不必在意。

心理学上认为，对方脱口而出的回答显然是机械性的，眼睛直视你，是想观察你听完话的第一反应。

我连连点头，但马上又装出一副睁大眼睛的姿态，显然也在告诉他，这样的价格怎么还有什么疑问？他看到我的反应后，笑了起来。

从"世博会"筹委会出来,我一边在回味刚刚和郑主任的交流过程,一边忐忑地走向那个要赶赴的战场。

来到这家企业之后,发现陈经理果然长得五大三粗,但看到他那对儿粗弯眉时,我稍微放松了一些。一般认为,长着粗弯眉的人较为自大,但为人却率直,这样的人不喜欢绕弯子,比较容易沟通。

因为是朋友介绍的,因此就直奔主题了,他们公司已经上市很多年了,而年底则是上市20周年纪念,因此礼品的需求量比较大,其中数量最大的当然是价格较低的"阳光普照"礼品了,所以洽谈的焦点基本就是围绕这块展开。当我问他预算时,他快速回答了我:"30元。"而我却观察到,他在回答我的时候,一只手做出了"劈掌"的动作,显示这个预算价格是很坚定的,但他的眼睛却睁得很大,显然是在等我的反应,所以我断定他"劈掌"的动作是假,谎报预算却是真。

所以,我也迅速做出了反应,把坐着的身体往前挪了挪,几乎是浅浅地搭在椅子上,以显示我对这个预算的不安,然后说道:"这个价格,要做水晶的礼品,可能性实在太小了,即使设计了,品相也不会很好,希望你们有心理准备。"但我还是拿出了事先准备好的设计稿递给他,设计稿上明晃晃地标注着生产成本80元。他看了看,显出一丝不明显的笑意,说明对产品设计还是满意的,然后说道:"稍等。"

这种情况,不做任何解释就抛下客人而去,一般是自大的表现。

过了半个多小时，他回到办公室，猛地一下坐了下来，但却没有说话。缓了好一会儿，才说道："同事们都认为这个设计不错，也很符合我们上市纪念这个主题，只是价格……我们的预算只有30元。"然后放下设计稿，慢慢搓着手，装出犹豫不定，难以取舍的姿态。我把原来属于他的那杯茶端给他，他手指合拢接过，但我却注意到，他接杯子时小指是半翘着的，从他猛地坐下，到慢慢搓手，再到接杯子时翘着的小指，我完全可以断定，他们不仅看中了我们的设计，而且预算是绝对可行的。

分析如下：

1. 一个长得五大三粗的人，在客人面前猛地坐下，虽然看似太随意，但其实他是在隐藏着兴奋的心情，不仅说明产品不错，而且说明价格也合适，所以才会表现出兴奋的状态；

2. 慢慢搓手，表面显得犹豫不定，其实是一种故意掩饰，目的是希望压低价格；

3. 翘着小指接杯子的人，一般会被认为有点神经过敏，也是心虚的表现。

综上所述，我没必要降低价格，只要在价格外的一些附加条件上做一些让步，就可以接下这一单。

不过，要让他"臣服"于这个价格，实在是需要一些时间的。郑主任再一次离开了，这次是装作去请示领导。

等他再一次回来，笑呵呵地对我说："经过和其他同事的一再商讨，因为你们的礼品设计确实不错，所以我们愿意增加预算到50元。"我并没有显露任何表情，而他又说道："这50元的价格，可是超出了我们原先预算不少啊。"但等他说完，我观察到原先他在椅子前交叉的双脚，悄悄地藏进了椅子下面去了。当我看到这个动作后就笑了起来,他问我笑什么,我摇了摇头,又说道:“我们的生产成本是80元,你们现在的预算是50元,这合作的可能性……”

对方把交叉的双脚藏到了椅子底下,这是一种不自信的表现。

他一听完我的话,身体往后靠,翘上了二郎腿,接着双手抱胸。这一连串的动作,都是故意向我表明,这个案子他已经拒绝再谈下去了。然而当我看到他粗大的双臂抱得紧紧的样子,觉得十分可笑。

死死抱紧双臂,显然是装的,因为如果客户拒绝,没必要做出一系列拒绝的动作,特别是把双臂抱得这么紧。

我迅速捋了捋前后的过程,和他一系列的肢体语言,我的思路变得更加清晰,死咬这个价格的决心也更加坚定起来。因此我说道:“这个价格,显然已经没有讨论的余地了,但是我们却可以在其他方面做出一些让步。”

他一听我的话,双眉立刻又闪了闪,身体也随之向前倾。显然,他不仅在等待我来破局,而且也显示出兴趣。我接着说道:“我们可以在售后服务甚至在货款的支付期限上做一些讨论。”他立刻问道:“支付期限上可以怎么让步?”此时,他的双脚已经从交叉着变为了向前伸展了(这表示,他开始投入这个话题中了)。于是我说道:“30%的预付款是订购的约定规矩,不可改变,但原来我们公司规定,验货签收后一周内支付余款(70%),这项可以改为检验签收后30天内结算余款。”我又补充道:“别看只有30天的期限，其实已经为你们减轻了很大压力。”他露出了微笑，起身说道：“您稍坐，我去请示一下。”

这时的语气已经变得很有礼貌了，而且直言是去请示，而不是之前说的和同事讨论了，这就说明这一单接近完成了。

没多久，他踏着平稳的步伐回到了座位上，说道：“我们领导说了，检验合格签收后一周内，我们会签发一张30天的货款期票，你觉得如何？”我一边想着他进门时平稳的脚步，一边却故意抓了抓脖子，显出很无奈的样子，回道：“可以的，但……”加上一个“但”字，欲言又止，就是为了进一步印证之前显示出的无奈和为难。

“好吧，什么时候最后确认设计稿和签约？”

“明天早上9点！”

一个人在为难时，比如这道题做不出来，就会去抓脖子，摸鼻子，或者转笔，其实此时的身体中会分泌一种叫“儿茶酚胺”的物质，就会有刺痒感，通过抓脖子，摸鼻子可以缓解，转笔则是一种其他动作来缓解这种物质的方式，也就是分散法。

通过上述的故事，我们可以从每一个细微的肢体语言，来判断客户内心的细微变化和真实的心理内容，虽然每一个人的动作习惯略有差异，但不会有悖于心理学的基础理论，这是一种需要长期观察并坚持训练才能养成的技巧。

在此，除了上述讲到的内容之外，我再加上几条个人总结的有关微动作的经验。当然在判断时要考虑到当时的情境，例如我在案例中就是故意装出来的肢体动作，这类情况你就需要仔细甄别：

● 当客户双手交叉在胸前时,这是一种自我保护的姿势,说明客户心生戒备,这就需要进一步说服对方,为此你必须拿出更有说服力的内容,否则很难让客户回心转意。

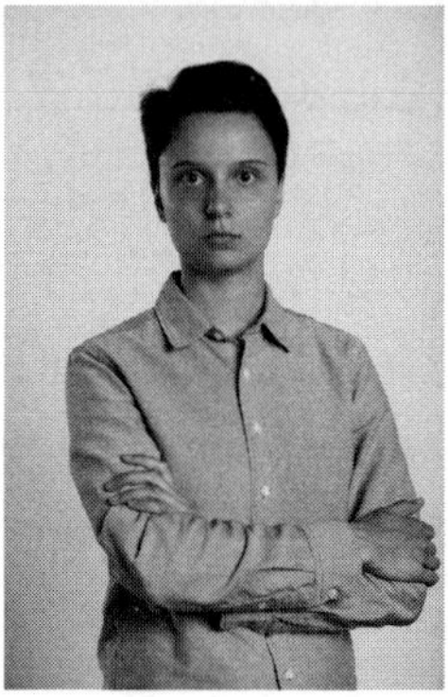

双手交叉胸前,代表心生戒备

● 销售人员介绍的过程中,假如客户不时用手挠脖子,说明客户感到为难或是疑惑。

● 假如客户身体前倾,双手分别放在两个膝盖上,像是在等待起跑,这就说明客户不感兴趣,想要赶紧结束谈话。这时销售人员就需要赶紧使出杀手锏,否则谈话就此结束了。研究表明,越是浅坐在椅子前方的人,尤其是三分之一的位置,说明对方的警戒心越强,随时准备走人。

● 如果客户双手交叉放在膝盖上,则说明客户处于一种观望的态度;如果是十指交叉,则说明客户感到无聊,需要尽快转移话题。

● 当客户身体坐在椅子前端,脚尖踮起,呈现出一种殷切的姿态,这就表明客户愿意合作。

● 当客户坐在椅子上开始身体倾斜时,说明他开始不耐烦了。

第三章

客户资源决定你的收入，客户挖掘的跃迁式训练

你的客户资源与收入是成正比的，如何找到更多的客户资源，是每一位业务人员平时的主要工作。我将从业务人员与企业的角度，分享一些挖掘客户的经验，希望能够帮你实现跃迁式成长。

如何搭建高价值的人际网络

建立人际关系就是一个挖井的过程，付出的是一点点汗水，得到的是源源不断的财富。

——哈维·麦凯

如今理财意识已经深入人心，在各种高收益投资项目的诱惑下，依然会有不少人选择定期存钱，例如每月存 1000 元，日积月累下来，也是一笔不小的数字，而且不用担心本金受损。然而，相比于理财意识，拥有人际资源投资意识的人还是少数。

如果你想成为一名优秀的销售人员，靠的不是公司产品，因为好的产品从来不愁卖，无法体现出销售的价值；靠的也不是个人能力，因为成功只有 15%来自你的能力。你应该依靠的是人脉资源，从你工作的第一天开始，甚至从学生时代开始，你就需要有意识地去建立良好的人际资源网络。

如果你只是一个普通人家的孩子，那么你的家人信息是很有限的；你的同事基本和你在一个空间里工作，信息有限且雷同。这些都是低价值的人际信息资源，而你需要更高价值的资源，它们应该来自你的亲戚，你的同学，你的朋友，你的客户……

搭建高价值的人际资源网络，不仅是从他们那里得到有价值的信息，当你有困难的时候，一定要确保有人帮你。

当今的80后，90后，他们有一个共同点，就是目的性很强，小陈就是一个90后的销售人员。独生子女，跟亲戚走动不多，所以他搭建人际资源的目标就是他的同学和朋友。

某天，我拿了午餐，正要回办公室，正好碰到小陈拿着饭过来，于是我们坐下来一起吃饭。我随口问道："平时下班后都去做什么？"他笑着回答我："交朋友啊。"

我扭头看了他一眼，他的回答引起了我的兴趣，于是继续问道："交什么朋友？"

小陈说："主要是大学的同学和一些朋友。"我问他都怎么玩的，他道："我们主要是喝咖啡聊天，或者一起吃饭。"

我很诧异。

小陈也看出来了，继续说道："是不是觉得我们不去酒吧夜店，有点不理解？"我点头，他又说道："是啊，像我这种刚刚走出象牙塔，突然接触到精彩世界的毕业生，是应该好好玩玩，但我的那些朋友似乎都有共识，我们很贫穷，尤其是在人际资源上，今天的贪玩就意味着明天的没落。所以，我们不玩，将时间用在搭建人际资源上，看看能聊出些什么信息和机会，我们不想把时间浪费在挥霍青春上。"

听完之后，我心生赞赏。

下班的时候，他来到我的办公室，怯生生地问我："今晚有个聚会，想不想去见识一下？"我先是愣了一下，就说道："不好吧，你们都是年轻人。"他回答说没关系的，我就点了点头同意了。

聚会是在一个露天的咖啡馆里，他的朋友陆续到齐了，介绍之后开始闲聊起来。

聊天先从各自在公司里上班的感受说起,先闻趣事,渐渐地话题转移到了各自行业内的一些新闻和信息。随后,他们会在一些信息里挑选出对自己有用的。就这样,或大家一起聊,或三三两两单独聊,信息收集完毕,聊天也就结束了。接下来就是一些闲聊,比如大学时的一些趣事,某位同学的糗事,等等。这个过程是在增进彼此之间的友情,而不是单纯地信息交换。

大家分手后,我和小陈单独散逛,他问我这样的聚会好不好,我回答说"太好了。"他接着说:"我们这个年纪的人,大都没有什么人际资源,所以我们经常约朋友,圈子越来越大,信息也越来越多,多少会对彼此的工作有所帮助。"我点头同意。

一边走,我一边在想,现在的年轻人真是不同,思路清楚,有危机意识,目的性也极强。小陈继续说道:"其实,朋友嘛,就是互相帮忙,都在用诚心来获得别人的信息或者机会吧。"我同意地点着头。

第二天,他来到我的办公室,说昨晚整理出一个信息,上午联系了,下午要去洽谈,希望是个机会吧。

渐渐地,小陈在我们琉璃工房的业务部已经小有成绩了,因为他的努力,我也把一些可能促成订单的机会下发给他,以此对他进行鼓励,他的干劲也越来越足了。

如果一名销售人员想要扩大人际关系,还有一种方式也是极为重要的,那就是同行人际资源。记得我刚进入利得乳业成为一名销售人员时,有一名经理无意间说了一句:"老板最忌讳销售人员去和同行接触了。"我信以为真,但我的上级却告诉我,和同行搞好关系,有百利却无一害,并且做了一番解释:

1. 同行也有了解我们公司的欲望，例如产品、价格信息，人事情况，薪资待遇等；

2. 作为新人尤其需要有业内朋友，可以更快地了解行业和市场；

3. 对于同行业内不同的产品，是有机会进行订单互补的；

4. 行业内信息的互换，比如行业动向，一些项目竞标的信息，等等。

当时听完上级的解释，我觉得不仅很有道理，而且应该即刻去做。从此我就养成了这样的工作习惯，也为我带来了很多裨益。

我刚进琉璃工房那会，对这个行业的了解仅限于公司培训，而当我一边在外谈业务，一边开始认识一些同行后，我才深刻意识到公司产品的设计、价格、市场份额等问题，所以才能在之后和一些客户的洽谈中，知道怎么去扬长避短，发挥公司的最大优势以拿下订单。

最让我受益的，就是有一个佛寺的装修大案。首先，我是通过和同行朋友的闲聊才知道可能会有这个项目，所以才有之后的跟进以及参加竞标。其次，也是另一位同行朋友告诉我，本次竞标中的一些问题，比如参与竞标的公司当前的项目进展，具体参与什么品种的竞标，哪家公司的生产设备和能力只适合什么项目的生产，等等。

我们到达甲方现场初次勘察时，我的一位同行朋友也在，经过他的介绍，我认识了一位老总，因为我在这个行业已稍有名气，所以我们一见如故，经过一席午餐，那位老总透露了一个信息：这个项目一共分为五个部分，而目前能生产大件作品的公司只有两家，一家就是你们，所以，我觉得你们还是以竞标大件作品较好,我们是没有生产大件作品的能力的。他说完时,我那位在席间作陪的同行朋友也频频点头表示同意。

对于刚刚加入本次竞标的我来说,之前的一头雾水被这位老总驱散了,我一下子就有了参加本次竞标的主攻方向,让我少走很多弯路,可以直奔主题而去了。因此,在得到甲方的再一次确认后,我立刻通知公司的设计部、生产部,分别做好方向设计,打样生产的各项准备工作。

当参加第一次唱标时,我发现我们果然只有一个对手,而其他品种(中小件品种)的竞争却异常的激烈。

经过再次修改设计和施工方案,重新核算成本以取得竞争优势,以及适当的公关工作,又经过二次唱标,我们顺利地取得这个竞标项目的大件单项,交易额为 6000 万元。

从上面的案子可以看出,认识同行,扩大和巩固同行人际关系,有着多么积极的作用。不然,作为一名销售人员,在缺少全面翔实的行业信息的情况下,只靠单打独斗,闭门用劲,是很难成功的。

建立良好的人际关系的方法很多,在此挑选一些个人认为比较实用的内容与大家分享:

● 同行聚会。别怕花钱，多参加同行之间的聚会，如果没有资源就自己组织，如果没有能力就单独请客吃饭。总之，只要是同行愿意跟你聊，你一定会有所收获。

● 发展兴趣爱好，以此作为切入点进入各个圈子。有两点需要注意，第一选择自己真正感兴趣的事，假如你喜欢乒乓球，非要去足球圈混，根本聊不来，耽误时间。第二精准定位，选择既是兴趣爱好，同时又可能产生业务关联的圈子。例如你是汽车销售，你的目的是多卖车，一个读书圈，一个足球圈，你选哪个？显然，踢球的人更喜欢车，这就叫作精准定位。

● 永远让别人从你身上得到的更多。自私是人类的本性，当大多数人都在索取的时候，你选择付出，那么一定会赢得别人的喜欢，确保你可以进入更多的圈子，建立更良好的人际关系。别着急，你的利益虽然会迟一些，但绝对不会缺席。

● 线上搜索，线下联系。通过线上搜索找到相关资源，然后通过线下联系进入圈子。如果只限于线上交流，那么转化率是非常有限的，人还是习惯面对面交往，所以线下的交流是最关键的。

人际投资与维护的关键技巧

关于人际关系投资与维护的方法有很多，作为一名销售人员，非常有必要在这方面下点功夫。我想表达的重点是,无论是人际关系的投资还是维护,都不能急于求成,需要平时一点一滴的积攒。

财务部的小李在摆弄着手机,手机页面上跳出了各种“投资许可协议”以及其他各种设置。我问她在干吗,她回答说在搞定投,我们就此聊了起来。聊着聊着,她突然说道:“一个人在社会上,最重要的是人际投资,就像定投一样,一点一点积累人际资源,将来一定会有回馈。”我点头称是。

小李是财务部的一员,对外的工作不多,但她却是一个很有目的性的人,她的人际资源“定投”也相当有计划和指向性。她拿出一个小本本,上面写着不少行业,在某些行业上已经打上了勾,比如医生、税务、律师等。

实际上,她是在做行业人际资源规划,完成了的就打上勾,没完成的寻找机会去适时完成,所以她的人际资源很广,各行各业的人都认识一些,也为她带来了丰富的信息资源。

像我们这个年纪的人,对这种人际资源的规划其实是毫无意识的,我们喜欢随遇而安。还有一个区别则在于,我们做业务的,一般是针对某个案子去寻找相关的人际资源,而小李的行为显然领先一步,目的性更强,更有规划。

小宋是我们琉璃工房业务部的一员,他很忙,忙什么呢?某位朋友遇到点事,他赶忙通过其他朋友的资源,帮忙解决;另一位朋友生病了,要住院开刀,他立即托关系找资源,帮着挂号找医生;有时候,我们在闲聊时提出一个小问题,他立刻会向他的朋友咨询,然后很快就把答案告诉你。

他在我们业务部里,真可谓是万宝全书了。他哪里来的这么多消息？其实，只是他平时很注意结交朋友，帮朋友的忙。如果他有什么问题，朋友也会帮助他。

公司在国庆长假期间举行了一次展会，由于业务部的人手本来就捉襟见肘，所以在展会准备阶段，我就一再告诉大家不许请假。但是，临近开展的最后一天，小宋却病了，而且要住院。人吃五谷，生病也属正常，我就安排助理买了几样礼品去医院看望他。

我们业务部一行人一大早就到达展会现场布展，虽然样品、设计稿、易拉宝等都完备了，但事先约好的新展板还是没有送来。因此，打电话联系司机，结果才知道撞车了，正在等交警处理，一时半会很难离开。

我们要参加展会，如果没有展板，怎么布置？样品摆放在何处？当一位下属正在联系货运公司时，小宋从医院打来电话，说感谢安排助理去看望他。我就随口问了他一句："公司司机的车发生车祸，我们需要的展板被卡在路上了，你有认识的货运公司吗？"他听完，[illegible]口说道："有，有，你把路段发给我，我让他们过去。"

没过多久我的电话响了，一个男子操着外地口音说道："您是经理吧，小宋让我把货送来，已经在展馆门口了，快来卸了吧。"

展板及时送达，那位司机气喘吁吁地站在我的面前。我赶忙客气一番："今天真是麻烦你了，解了我们的燃眉之急。"他笑呵呵地回道："我知道这几天是国庆长假，司机大都回乡去了，要找货车确实很难。"他又说道："小宋曾经帮过我一个很大的忙，今天我算是还他一个人情。"

我说道:“那你看看今天的花费和辛苦费是多少,开个发票,回头我让财务支付。”他又笑呵呵地说道:“不用,不用,朋友嘛,帮忙的。”我点了点头,和他再一次握了握手。

他走后,我的心里就一直在犯嘀咕,小宋是一名白领,怎么认识这么多不同阶层的人呢,但回头一想,可能自己过于狭隘了,可能小宋就是和他偶遇,遇到事了,小宋就帮了他一把。实际上,这就是在平时投资人际资源的好处。

我们的人际关系圈,大部分都是已经认识的人,所以相比于投资新的人际关系,更重要的则是对已有资源的维护,这也是一种加码的投资。

那么,接下来我就介绍一下人际资源的投资与维护方法。

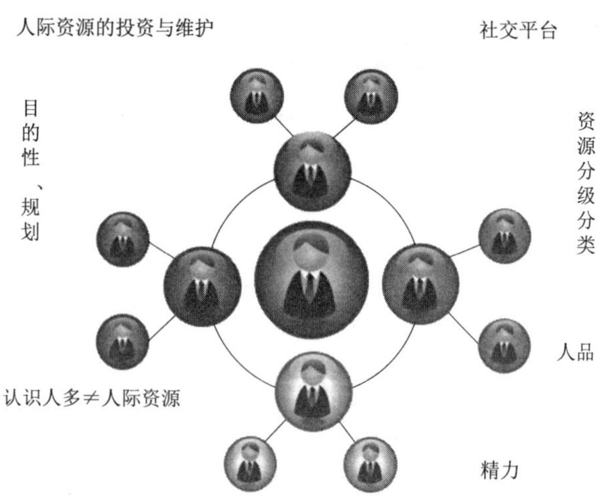

● 每个人投资人际资源都是有目的性的,但实际上在这方面做得好的人,往往是出于本心,以帮助别人为乐,而不是有意为之。

● 如果是带有目的性的，那么就应该制订相应的计划。例如结识多行业、各阶层的人群，可以先从最有价值的人群开始，也可以从与自己未来发展相关的人际资源开始。同时，社会各个阶层，各个领域的人，都有必要认识一些。毕竟，朋友多了路好走。

● 认识人多与人际资源广不是一个概念，也就是说，你手机里面躺着2000个人，微信朋友圈有 5000 人，但是当你有求于人时，没一个人帮你，又有什么用呢？关键时刻能帮忙的人才叫人际资源，剩下的只是一堆无用的电话号码罢了。

● 利用好各种平台，尤其是公司的平台，这是你能结识人际资源的最好渠道。同时，多参加各种社交活动，培养各种兴趣爱好。在各种平台上你会遇见很多人，把握机会。

● 人际资源的分类与维护。将你的人际资源分类，重要的资源重点维护，次要的资源定期维护，以此类推。

● 八面玲珑让你给谁都能聊几句，有个性则可以结识同类人。我认为，前者可以认识更多人，后者则可以找到真正有价值的人际关系，甚至成为朋友。具体如何把握，完全在于你自己，找到适合自己的方式最重要。

● 你是什么样的人，就会吸引怎样的人际关系。这一条强调的是人品的重要性，人际资源的质量与你的为人有很大关系。当你在某个领域做到高位时，就会发现其实圈子很小，这时候口碑的重要性就会凸显出来。所以，珍惜你的人品吧。

● 人的精力是有限的，罗宾·邓巴讲过一个 150 人定律，也就是一个人稳定的社交网络大约在 150 人左右。因此，如何分配你的精力，一定要认真考虑。

你凭什么脱颖而出？深度挖掘客户需求的实战技巧

客户的需求就是销售人员要找的痛点，找到痛点，深挖客户需求，这样才能脱颖而出，成为1%的精英销售员。

一位诗人清晨在路上散步，迎面走来了一个流浪汉，诗人很有修养地向流浪汉打招呼："早上好。"

"早上好，你这么早出来干什么？"流浪汉问道。

"我出来散散步，看看有什么景致或者灵感能否为我的早餐增进一些食欲。"

诗人也问流浪汉："你这么早出来做什么？"

"我出来走走，看看能否为我的食欲弄到点早餐。"流浪汉说。

这只是一个笑话，我想表达的并不是贫富阶层的区别，而是每个人处于不同状态下，需求点各不相同。每一个客户的需求都是不同的，这就要求销售人员具备良好的观察能力，并通过交流了解到他们的某些爱好或需求，从而走近他们，以打开彼此交往的大门。

在讲述我的故事之前，先来看一个网上的故事：

有一个老太太的儿媳妇怀孕了，准备给她买一些水果补充营养。老太太所住的那条街上一共有三家水果店，质量、价格都差不多。

老太太先来到第一家店,问道:“有没有李子?”店主一听,马上说道:“我的李子又大又甜!”老太太转身就走了。

点评:店主根本没有了解客户的需求。

老太太又来到第二家水果店,问了同样的问题,店主说:“我店里有不同种类的李子,有酸的,也有甜的。请问您要哪种口味的?”老太太说:“我想要酸一点的李子,先来一斤尝尝。”成交。

点评:这位店主并不急着介绍产品,而是先了解客户的一般需求,然而他的问题是没有深度挖掘客户的潜在需求。

老太太路过第三家水果店,还是同样的问题,店主也是介绍有酸甜两种口味的李子,并询问老太太要哪种。在得知老太太需要酸一点的李子之后,店主说:“大部分人都买甜的李子,您为什么要买酸的呢?”老太太说:“儿媳妇怀孕了,想吃点酸的。”店主听完后恭喜了这个老太太,一番美言之后老太太很高兴。

店主继续说道:“我家的橘子也不错,酸甜可口,还能补充维生素,特别适合孕妇吃。”“那好吧,给我来两斤橘子。”

点评:三家水果店,只有第三位店主对于客户需求进行了深度挖掘。一般人买李子都要甜的,这个老太太却要酸的,所以店主追问了一句,才有接下来更多的订单。

你凭什么比其他人更优秀?完成更多的业绩?其中一点就是对于客户需求的深度挖掘,谁能了解到更多信息,谁就有可能拿到更多的订单。接下来进入我的故事。

徐总是 Gucci CiCi 的朋友,是一家大型外贸公司的总经理,因为是朋友关系,因此聊得比较深入,涉及一些实质性问题,例如为他在欧美的一些客户制作水晶制品的话题,主要以笔筒花瓶为主。谈话之后,我在他的名片上写上了“外贸出口,笔筒花瓶”一行字。

来到徐总的办公室,给我的感觉就是简洁,可以看出这个人干练讲究实效。不出所料,和他的谈话也是开门见山,直达主题。因为客户比较忙,那次见面之后隔几天才能约到他们,所以记笔记的习惯非常重要,前几天我在他的名片上记录下了“外贸出口,笔筒花瓶”一行字,因此今天我特意准备了笔筒花瓶类的外贸报价单和一部分样品。他看了几件样品,然后再看了看报价单,选了三件花瓶留下作为样品,随后就说了一句:“等我的消息吧。”

遇到这种客户不能心急,很可能是大客户,偶尔碰上捡小便宜的客户只能认倒霉。

过了一个多月,没有任何的消息,几次打电话去问候和打探消息,回复的只是等着吧。

由于客户干练的性格,所以不便多问,问多了人家会嫌烦。

在过了两个月后,我接到了一张发往英国的外贸订购单,容量为一个中等集装箱,真是一个超级大单,我乐坏了。

在展会或者一些招待会中,会遇到形形色色的不同客人,在当时就记录下最为重要和直接的信息,有利于之后有的放矢的follow(跟进),为成功拿单打下先期的基础。

每个人的性格和爱好不同,对于销售员来说,迎合他们不是屈尊,而说明你有敏锐的目光,能够体察出这些细节,从而使业务能够顺利进行,甚至将客户变为朋友,这是一种质变,会为你带来意想不到的收益。

盛杉公司是一个较大的广告公司，主要为客户设计和策划一些大型活动，通过预案后再付诸实施，当然，期间可能会用到不少礼赠品或者纪念品。

盛杉的陈总是一位善于交际的人，而且穿着较为特别，经常以唐装和布鞋出镜，我想这不仅为了吸人眼球，而是一种特别的情结与爱好。

走进陈总办公室，就会看到摆放着为数不少的装饰台灯、落地灯，最初我以为只是陈总的爱好，并没在意。

聊天间，说起他的唐装和布鞋很是特别，他对我笑了笑，说道："我喜欢古文化和风水，特别是风水。"

在我稍觉诧异时，他接着问我："你是不是对我办公室里有这么多的灯，感到有些疑惑?"我点了点头。

作为销售人员，这是我的失误，虽然觉察出奇怪，但是并没有就此提问。要知道，等着客户问你，很可能失去一个不错的谈资，继而失去一单买卖。

他解释道："我是属蛇的，按照风水里的五行，就应该在我的周围多放置一些灯，而且按照风水的道理，摆放的位置都很讲究，不能轻易移动，移动了就会破坏风水。"说完，他在稍有得意之色中用眼睛向我挑了一下，其实就是在问我是不是明白了，我只能故作疑惑地点了点头。

接下来关于业务上的交谈也只是浮于表面，之后就告辞了。

一周后，陈总来电话，有个活动需要用到礼赠品，要来我们公司看看水晶作品，我当然是非常欢迎了，并在电话结束时特地说了一句:“陈总,来的时候,也烦请拨冗看一看我们办公室的风水哦。”他听后,在电话的那头很爽快就答应了,语气中有欣喜之色。

迎合客户兴趣很重要,这样才能引出更多谈资。

陈总来的时候,适逢我的老板也在,老板很谦虚的向他请教,而陈总却没有提出任何意见。当他进入我的办公室后,我再次向他请教,他笑了笑,然后说道:“你老板现在不在,我说几点吧,首先你的办公室侧边是过道,有路冲,有很不好的影响,另外,你的办公室顶上有一根顶梁穿过,也很是不好。”

我听后怔了怔,他感觉到我的表情变化,就笑着说:“你搬到中间的办公室,这样就化解了侧边过道,又可以离开顶梁,大有益处啊。”

我听后使劲地点头。

随后,他问了我的属相,然后建议我在办公室里放置相应的花草绿化为宜。

我还是在点头。

一周后,他来电话让我准备三件作品的样品,下午来我们公司谈订购事宜。

陈总来到我的办公室,发现一切都像他说的那样重新布置了一番,心情大好。

我不懂风水,但为了迎合客户,在老板的同意下重新布置了一番。

陈总很高兴,因为他的意见得到了极大的尊重。见此,陈总的谈兴也更浓了起来，五行八卦，周易相术，在一番滔滔之后，他或许也觉得自己说得多了些，就话锋一转，进入了实质的洽谈之中。当然，洽谈极为顺利，很快就在已拟的合同上签了字，盖了章。此后，陈总成为我们的忠实客户。

世界三大外资银行之一的某某银行刚进入上海，我就通过关系找到了他们的联系方式，除了快递产品资料，每周坚持打两次电话给他们的 Admin Manager（行政经理），结果经理 Steve 跟我说："哦哟，你别老是打电话给我了，我们有需求，会联系你的，我记住你了。"我听了这番话，会心地一笑，因为，我已经达到了我的目的，就是让他彻底地记住了我。

做销售的，不能怕别人厌烦，别人厌烦你，至少说明对方记住你了，坏印象总比没印象要好。

一个月后的某天，突然接到了之前对我满是"厌恶"的 Steve 的电话，说他们银行将要举办今年的 board meeting（董事会），全球的董事股东和世界各地的行长、副行长都要来上海参加会议，需要制作一种具有他们银行特色又有中国特色的礼赠品，数量为 470 份，初步定为水晶琉璃制品，请带一些小型样品和工艺介绍资料，前来洽谈。在结束电话时，他特地关照了一下："marketing（市场部）的 director（总监）姓陈，是新来银行的，很干练，你要注意了。"

前期不厌其烦地自我推销是很有必要的，至少客户记住了我，有需求时就会想到我。

挂下电话，我心中寻思着，干练，就是说话做事喜欢直达主题,我之前遇到过这样的客户。

小会议室里,坐着 Steve 和另外八九个人,其中一位女子面部表情比较僵硬,让我感到气氛紧张。我拿出几个样品,开始讲述关于水晶的制作工艺和价值体现,讲完后,Steve 为了表示是他找来的供应商,在我讲完后拍了几下手,以示支持(这种支持,含义不同寻常啊),掌音刚落,那位女子就用极为生硬的中文提了五个问题,问题相当犀利且切中要害,我一一做了回答,她听后,礼貌性地点了点头,说了声"Thanks"。

因为董事大会对于世界性大银行来说是至关重要的,所以该项目是由她亲自负责,事无巨细全程参与。因此,我和她直接接触的机会变得很多,从纯粹的讨论一些细节,一直到简单聊天。

她是 Cindy 陈,一个月前从加拿大来到了上海,作为土生土长的加拿大华裔,中文自然说的不够流畅,从一开始的纯英语交谈,一直到她努力地说着中文,可以看出她的韧性。作为刚来上海不久的"外国人",工作之余,最大的兴趣应该就是对这个城市的了解了吧,或许是她所需要的。

了解客户需求,想办法满足对方的需求。

在业务层面敲定细节后,我提议陪她在上海转转,她很高兴。城隍庙、步行街、海伦路等特色景点,一一走遍,最后一天,坐在海伦路特色文化街的咖啡茶座上,午后的阳光也使她有些慵懒起来,她对我说了一句:"我喜欢这个城市。"

之后,这个董事大会的项目很圆满地完成了,我和她也成为很好的朋友,而接下来,因为这份水晶制品既有该银行的特有文化,又是董事大会的礼赠品,所以在该银行系统中影响巨大,各个部门都前来订购，以作为公关礼品和赠送 VIP 客户之用，还包括了一些海外分行的订单，也使这款作品成为我们公司的常备库存，以便于及时的出货，为公司带来了销售额和名誉的巨大变化。

切实地发现和掌握客户的爱好和需求，使客户得到了尊重或者所需，才能使客情关系更近，从而对于业务的发展更有裨益。

挖掘客户这件事并不难，难点在于深度，谁能掌握客户最感兴趣的点，谁能满足他们最渴望的事，谁就掌握了成单的绝对主动权。这是一门很复杂的艺术，甚至包括一些灰色地带的技巧，这些都是需要在长年累月的工作中自己摸索的。需要记住一点，在挖掘客户需求的时候，情商能力很重要，否则就算你找到他们的痛点，如果表达得不够艺术，他们也不会领情。

在此，我只为大家介绍一种方法，也是我认为比较有效的方式，就是通过关键提问挖掘用户需求。挖掘用户需求，最直接的方法自然是提问，然而提问并不简单，你直接问，人家不一定愿意说。这其中有很多因素需要考虑，例如客户的性格，比如内向性格的人，不会直接告诉你他想要什么；例如业务老手，更不会“直抒胸臆”，而是拐弯抹角表达，你听不懂就完了……

关于提问的技巧非常多，我个人建议很有必要系统学习，在这里我推荐一种 SPIN 提问法，这是哈斯韦特公司的创始人尼尔·雷克汉姆发明的。

SPIN 提问法分为四个阶段：

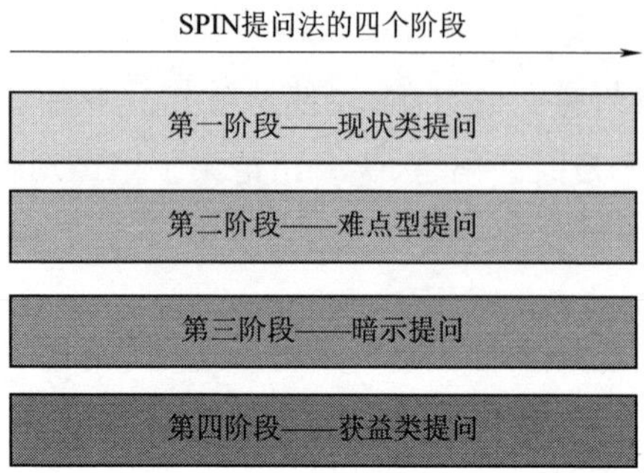

- 第一阶段——现状类提问。这一阶段主要是闲聊,了解客户现状,获得客户好感,建立信任。信息掌握得越多,也就越容易奠定接下来的沟通方向。这一阶段,主要是通过提问引导客户自己说出痛点,而不要将自己的观点强加给对方。

- 第二阶段——难点型提问。这一阶段属于问题诊断阶段,主要用来探索客户隐藏的需求,引导客户说出当下的困难和不满意的地方。

- 第三阶段——暗示提问。该阶段属于启发引导阶段,销售人员需要加深客户对于潜在需求的不满意,逐渐把潜在需求转化为明确需求。

- 第四阶段——获益类提问。即提供解决方案,是需求认同阶段,目的就是让客户产生明确的购买需求。

提问的方式多种多样,同样需要系统性学习。此外,最好的方法就是在实战中练习,尤其是挖掘出客户最隐秘的需求点,一般的销售员都是无法达到的,谁能突破这一点,谁就有可能让自己的职业生涯更进一步。

定期推介,客户需要最新消息

定期约客户吃饭是每一位业务必须要做的,这是增进友情的主要方式,但定期的推介也很重要,有助于为客户提供更多的信息以及在客户心中增加存在感。

经常接到一些推销电话,电话接通后开门见山就开始推销起他们的产品,因此,在皱了一下眉头后,我想大部分人都会毫不犹豫地挂断电话。偶然一次机会,接到了一个推销保险的电话,语气有些像聊天,并未直接切入主题,而是问起了最近有没有外出旅游,或者身体是不是健康之类的话题,在几句闲聊之后,话题才慢慢地转向了保险,并且结合前面的话题逐渐切入保险的概念和内容,从而增加了随意性和亲切感,但又不偏主题,十分恰当。我作为多年的销售,隐隐产生了欣赏之情,并且爽快地答应了面谈,最后也购买了一个险种。而最重要的是,她还会不定期地来电话和我聊几句,而话题绝对不会涉及保险的推销业务。

由上面的故事,引出"定期推介"的主题。

以前,销售信息的推介主要以电话或者邮件为主,因此频繁的电话拜访和漫天的邮件发送是所有销售人员应该做的,而大部分的电话拜访都是直入主题,大部分的邮件信息也是将推送信息直截了当地显示在邮件上。客户的反应一般有几种,一种是正在繁忙中而敷衍着挂断了电话,一种是较为礼貌友好地拒绝了。对于接收到的邮件,也有几种态度,一种是视而不见;一种是看了,得到了信息,但是暂无需求,过几天或许就遗忘了。

因此,对于熟识客户的电话拜访,用以维系客情关系的话题变得至关重要,不要急于推销产品,而是随便聊聊,当谈话的气氛达到了一定高度并且开始回落时,再适时地转向业务话题,在前段热络话题的铺垫下,顺势转向销售的内容,显得较为恰当。

邮件的推介,首先应该以分享一些生活或者经济信息为主,甚至可以分享一些类似心灵鸡汤和美文为主,而不是直达主题。

Mart 以前是我们公司的网管,对于网页信息有着独特的敏感性,他比较关注于一些生活上的小笑话和职场白领间的段子,经常会在发送给客户的邮件里粘贴上一小段。在随后的电话拜访时,也会提及之前的段子,并和客户一起分享着快乐,这对彼此的客情关系是极为有益的。

某天,随 Mart 去客户处,午餐时,他和客户又聊起了某个段子,并且聊得神采飞扬,而不知情的我,多少可以猜出一些大概,但在半猜测半参与的过程中,可以确实地感受到他们的融合和客情关系的升温状态。

Mart 自从由公司网管转为销售后,销售业绩非常不错,在公司 40 位销售人员中,排名一直是前十名以内,并且一直处于上升状态。这种进步与他努力维系客情关系是分不开的。

其实,不管是电话拜访还是定期推介,其最终的目的无外乎两种,其一是在维系客情关系,在客户的心中保持存在感;其二,就是顺势推介一些产品的信息。

Sophia 是我们公司的客服兼销售,性格开朗,善于交谈,办公室里她的笑声不断。她对化妆品很有研究,这也成为她与客户沟通的主要方式。世界三大外资银行是我们公司的几个重量级客户，而有业务往来的部门，比如市场部和行政部，大部分的职员都是年轻女性，因此化妆品的话题从来都是热聊的内容。Sophia 开展话题不会基于化妆品的名牌，而是以一些基本原料作为切入口，比如用水果等原料做的面膜，或者向女性客户推荐一些基础的药膏，比如她会向客户推荐“积雪苷霜”，说这种药膏就是很多高级护肤品的基料，在很多医院都可以配到，可以使用医保而便宜，并且润肤的效果极佳，很多女性客户会积极地去做，然后一起谈体会。

当她得到了一些最新的信息后，也会第一时间和客户分享，维护了客情关系的同时，也会顺道推介公司的新产品。

定期推介，除了保持“顺势”方式之外，还要考虑到不同客户对于产品需求的时间点。

我们是 HSBC 的供应商，对于不同的部门，会采用不同的推介方式。Marketing（市场部）和 Admin（行政部）部门，订购的频率较为频繁，因此，对他们的推介，主要以新产品的信息为主，为他们提供一些产品的新思路和新的应用想法，以期等待新的机会；对于像证券结算部和进出口服务部之类的部门，订购的次数不多，因此面对他们，就应该推介一些促销品种，以吸引他们订购而用于常规礼品备货的可能性。

如何用推介的方式去吸引客户，如何使自己的推介独具特色，从而使客户乐于接受你的信息，在销售过程中是一门很独特的技巧，不仅可以将销售信息顺利地推介给客户，并且还有利于维系客情关系。运用这门艺术，就需要多多以自身的感受来引申出客户是否具有同样的感受，并且是否接受目前推销的方式，从而使推销的生硬度得到良好的化解。

除了上面所讲的,在推介产品信息时,还有哪些值得注意的地方呢? 让我们一起来看看。

1. 指出该产品对客户的好处。在推介产品的时候,首先要把利益点告诉客户,也就是这款产品能够给客户带来怎样的好处。假设你是卖梳子的,开发了一款功能强大的梳子,你去跟一个和尚推荐,除了按摩头皮,还能有什么用呢? 如果你跟一位肤色较黑的女士推销化妆品,你就要强调这款产品的美白作用,这样才能吸引用户的注意力。

2. 强调与竞品的优势。跟竞争对手的产品进行对比,然后强调自己的优势,这样更容易给客户一个直观的感受。

3. 当产品信息量比较大的时候,利用形象化加深记忆。如果你推荐的产品信息量较大,客户很可能记不住那么多,这时就需要利用形象化这一招。

感受一下:

× 我们这批琉璃制品非常精美,有巧夺天工之妙。

虽然用词很讲究,但是如果没见到实物,给客户的体验会非常一般。

√ 这款琉璃作品非常精美,骏马奔腾,直冲云霄。

这么一说,客户即便没看到实物,也会知道大致的模样,从而留下更深刻的印象。

千万不能忽视经销商与代理商

直销团购，虽然营销的成本较低，利润相对较高，但对于销售金额来说，却有着相对的局限性；而经销和代理的维护和拓展，不仅是在销售额上有着巨量的提高，而且产品的流转性相对于工厂生产的延续性来说也是颇多裨益的，并且还起到了对品牌宣传发展的不可估量的效果，因此对于一些具有相当规模的公司来说，都是极为重视的。

北京的B公司主营服装业务，拥有三家服装工厂，在北京以及周边地区也有十多个专营柜点，包括北京西单的旗舰店和一些大型高端Shopping Mall(购物中心)中都有他们的店铺，并且也是一些其他服装品牌的华北经销代理商，在北京甚至河北区域都是较有规模的生产和贸易公司。

和他们相识是在一次服装饰品的展览会上，当时我们的业务员提着一大袋资料，去每个展台上分发，他们就留了一张。由于现在服装制造的成本越来越高，而竞争也日趋激烈，所以想在其他领域尝试着发展。

他们的优势在于，第一，具有良好的运作体系；第二，在商品的分置和包括橱窗柜台布置方面有着丰富经验；第三，也是最为重要的一点，就是他们有柜点和地脉的优势，另外，资金面也不乏优越。因此，我们开始了初步的洽谈以及之后的细节讨论，包括柜点的地点,货品的大致成分和组成,初始资金的布局和分级结算,双方都最为重视的年底扣点的返还百分比,等等。

经过一个多月的洽谈,最后基本敲定了细节和进展日程,在随后的一个月中,双方都加紧了各方面的工作,包括他们再次南下来挑选货品,和我们的设计人员再次北上实地查看,以及对于柜点设计方案的修正,等等。

在“五一”节日之前,他们的柜点按计划开张了。

柜点位于西单繁华的商业区,人来人往,客流量极其可观。开张当日,我和几位同事也前来捧场。新颖而流光溢彩的琉璃制品和力度不小的促销活动吸引了很多顾客,柜点的四周和场内人头攒动,摩肩接踵,首日的销售额就过了五万之多,B 公司的杨总,脸上喜悦的表情一展无遗。

在随后的三个月时间里,B 公司的销售量猛增,我们双方的交易额也达到了近 500 万,在调换货和一些促销活动的有序节奏中,销量还在不断地向上攀升,B 公司的杨总信心满满地向我们表示将开设第二个柜点,并且进入实质运作阶段。两个月后,在购物中心的第二个柜点也开张了,柜点位于东单的商务区,零售主要以琉璃的挂饰为主,而主要业务则来自商务区里面的一些大公司,经常有一些大单采购;或者延伸到一些定制订单的洽谈和落实,从而也积累了不少团购的客户群,为 B 公司增加了不少销售额。所以,杨总除了维持柜点日常运作外,还专门找到我们,让我们派出销售精英北上,培训 B 公司新招收的团购业务人员,在谈话技巧、谈判技方式、流程和细节的把握等诸多方面进行培训,以期能在该商务区甚至北京地区拓展客户,从而彻底打开这方面的市场。

之后的半年中，B公司的柜点在北京乃至东北，已经迅速达到了十个以上，而半年之内，我们双方的销售额已经达到了几千万之多，其中的大部分来自他们对于团购市场的快速培养和发展，并已经形成了稳定的客户群体。而杨总却并不满足于此，他的目光开始瞄准寻找北方区域的代理商，在和我们就开拓代理商问题上达成初步认识后，B公司将主要目标锁定在一些礼品商和公关公司身上，推介产品信息，利用他们的客户资源和渠道，从而充分渗透到每一个最终用户，此举大获成功。在小部分的采购和大宗团购业务的操作中，B公司逐步建立了在北方市场中的总经销的地位，维护和发展着一批批的代理商，而我们双方的销售额也在骤速的上升之中，B公司已经成为我们公司在华北区域的顶级经销商。

再来看看H公司，这是一家礼品供应商，在一个颇大的工业园区里，有着宽大的展厅，经营着小到钥匙圈大到家用电器的产品，同时，他们拥有页面高端的网站，在礼品圈里算是规模数一数二的礼品商了，而H公司的老板以前是从世界500强公司出来的，后创立了这家礼品公司，起点很高，而且该公司的客户群大都是外资企业，客户质量优质，业务拓展也以高端为主线，在一些外资企业中口碑颇佳。

我们和H公司算是半个同行吧，俗话说同行相煎，但是自从我和他们的老板Tom相识以来，却颇为投机，经常一起喝茶聊天，而且有时还在关于客户的信息方面互通有无，我将除了琉璃制品之外的需求信息提供给他，而他也会回馈一些关于客户礼品选择方向和预算等的信息，算是达到了互惠互利。

某次和他聊天,打开了我们真正意义上的合作大门。Tom说自己拥有很多优质客户,想跟我们公司合作。就这样,我们开展了初步的接洽。在经过一周的讨论之后,他决定成为我们的代理商,他的条件是允许在外包装盒上打上他们的 Logo,而我们的底线是不可以去掉我们的品牌 Logo,双方在这个原则问题达成一致后,即开始了全面合作的步伐。从提供产品明细和图片资料到价格、一些产品知识的概要和细节,甚至 Tom 派出了两个业务来我们公司学习专业知识和一些销售技巧以及细节的把握度。

在之后的两个月里,订单开始不断地到来,交易额开始攀升,我们的合作也进入了良性的发展阶段。

Tom 把我们的产品卖给了他的客户端,看似我们产品的利润被摊薄了,但实际上我们却得到了不少利益,归纳几点为:

1. 我们间接享受了他的客户资源;

2. 我们的销售额得到了上升也带来了利润,并且我们的营销成本却并未增加;

3. 在他卖出我们的产品时,我们的品牌也得到了一定层面的推广和发展。

因此,重视经销商和代理商,不时地提供一些促销活动和品牌宣传上的支持,不仅增加了销售业绩。而且,我们的产品属性、风格、艺术形态和价值,品牌的宣传和延展,都得到了极其良好的效果。

客户深耕的人际资源翻倍法

利用邓巴定律，我们可以让自己的客户翻倍增长。你只需要掌握客户深耕的方法，然后就能轻松实现客户增长。

客户资源是每一位销售人员最宝贵的财富，这个道理大家都懂，但是每个人对客户资源的把控则千差万别，这也决定了优秀销售员与普通销售员的差别。

在我所带领过的团队成员中，对于客户资源把控到位的并不多，有人对开拓客户很上心，比如小浩，他也是毕业之后加入我们团队的，小伙子很有干劲，每天很努力地打电话，拜访客户，初期的确积累了一些资源，但当他小有成绩之后，对于客户的维护却不太上心，这也是年轻人的通病，他们只看眼前，看不到更远的未来。

还有就是那些团队中的“老油条”，这些人往往都有自己的固定客户，他们每月的销售业绩很稳定，所以拼劲不足，对开发新客户没有强烈的意愿，然而却很善于维系老客户，作为领导，我拿他们也没有好办法。

客户深耕法，指的是从开发客户到维系客户的一整套方法，是每一位业务员都需要掌握的基础知识，对于业务员的个人成长非常有用。

英国牛津大学的人类学家罗宾·邓巴(Robin Dunbar)经过

研究,得出了对人类交往影响至深的150定律(Rule of 150),即著名的"邓巴数字"。该定律根据猿猴的智力与社交网络推断出:人类智力将允许人类拥有稳定社交网络的人数是148人,四舍五入大约是150人。

该定律指出:人的大脑新皮层容量有限,只能允许一个人与大约150个人保持稳定的人际关系。也就是说,一个人最多拥有150名好友,当然,来自虚拟世界的网友除外,但在现实生活中,这150人组成的"内部圈子"则是一个人朋友数量的上限。

记住,这里指的是每个人的精力只够维系150名好友,并不是"客户",作为一名销售员来说,仅仅150位客户是远远不够的,这时就需要利用客户深耕法让你的人际资源翻倍,从你的150位好友中挖掘更多的潜在客户。

互联网时代,为所有人提供了前所未有的机会,尤其是销售人员,应该充分利用互联网的便利,充分深耕一切有可能成为客户的资源。

微信发明以后,朋友圈成为一个神奇的存在,如果你的人际资源丰富,你只需要在朋友圈发条消息,就会得到你想要的资源。平时经常看到朋友在微信群或者朋友圈发问:有认识××公司的人吗?有谁能帮忙联系上××吗?谁有××方面的渠道?等等,很快,万能的朋友圈就会有回复。

利用客户深耕法,你会在朋友圈中发掘更多的客户。这里介绍一些关键方法。

1. 分门别类,做好备注

微信朋友圈好友太多,认识的不认识的都加,这就要求做好信息管理,否则你看到这么多陌生人,是谁都不知道,怎么合作?

好友多了之后，就要做好备注及分组工作，在好友之后不要不理不问，否则很容易被对方删掉，你可以第一时间询问对方的电子名片，然后对其微信名进行设置备注和标签。

2. 互惠互利

这是基础，大家这么忙，每个人的时间都是宝贵的，即便是转发一条信息，也要发个红包表示感谢。只有建立在互惠互利基础之上，才可能开发出更多客户。

我经常利用微信联系客户，利用朋友圈拓展客户，我在很多微信群里都非常活跃，积极发言，参加各种活动，因为我很清楚，我所在的群体都很有价值，说不定谁就能成为我的客户。比如，我加入了一个狮跑会的群，这是一群跑车爱好者，说来惭愧，我没有跑车，只是喜欢，但我通过学习各种专业知识，依然能与群里的大佬们互动，并且不招人烦。

一次，一位拥有三辆法拉利的老板在群里闲聊，说公司最近要做一批礼品，不知道买什么好。我一看，机会来了，于是自告奋勇，推荐了公司的琉璃制品，档次正好满足他的需求。大佬真是豪爽，第一次就定了几十件。

抱着互惠互利原则拓展客户，你能为别人提供什么，你有什么价值，记住，只要你有用，就不怕没有客户。

3. 善打广告，让别人找到你

这年头做销售，一定要会给自己做广告，你是做什么的，提供什么产品，能帮什么忙……这些信息都要让别人看到。首先，你要贴上个人标签，将自己和公司职位联系在一起。例如，某知名琉璃公司销售经理，提供琉璃制品，有需要的朋友可以联系。

当你每次更换单位时，一定要及时更新信息，通过各类社交媒体分享个人动态,告诉你的朋友,如今在哪家公司,做什么职位,具体负责什么事情,寻求怎样的合作等。

除此之外,经常发布一些跟工作有关的内容、新产品、新的需求,等等。

QQ 名、微信名、微博等,这些信息必须及时更新,以及你所在的每一个 QQ 群,微信群都要让大家知道你的最新动态。

此外,为了让别人知道你,你还可以开办自媒体,或是给自媒体投稿,比如那些有影响力的公众号,利用各种论坛发布消息等。

4. 如何去主动寻找客户

(1)朋友的朋友

将朋友的朋友变为你的朋友,比如微信群,聊几句之后就可以加为好友,好友越多,潜在的客户就越多。

(2)加群

进入尽可能多的群,当然,由于精力有限,选择那些与你相关的群体加入,另外你不可能在每个群保持影响力,选择那些优质的群体,保持一定的露脸频率。

(3)找大牛推荐

大 V、名人、圈内大佬等一切有知名度的人如果能帮你推荐,那么影响力是很大的,不过这并不容易。

(4)积极参加各种活动

互联网毕竟是虚拟世界,线下活动才是最真实的,也是迅速拉近距离的有效手段。你可以通过互联网加入一些兴趣组,积极参加各种活动,期间就能发展不少潜在客户。

客户深耕法会让你找到更多的潜在客户,首先你要去积极拓展客户，但同时不要忘了维护客户。不过，问题来了，我们的精力有限，如何维系如此众多的客户群体？

这的确是一个问题，很多销售人员只注重前期开发客户，对于后期维护则不那么上心了，这也导致他们的客户资源流失过快。还有些人抱怨，这么多客户根本维护不过来，流失是必然的。

对于维系客户问题，这就要求运用二八法则，用 80%的精力维护 20%的客户。

根据二八法则的规律，永远是 20%的客户带来 80%的利润，也就是说，在维护人际关系的过程中，我们只需要将 80%的精力放在 20%的客户身上，就能够保证收益的最大化。

红顶商人胡雪岩在中国可谓赫赫有名，俗话说：做人要学曾国藩，经商要学胡雪岩。生前，胡雪岩广结人缘，可谓朋友遍天下，然而在维护人际关系的时候，他只将精力放在两个人身上，一个是杭州知府王有龄，另一个是湘军名将左宗棠。王有龄助他站稳脚跟，左宗棠助他飞黄腾达。

当胡雪岩还在钱庄当伙计时，认识了处于落魄之中的王有龄，他看好王有龄这个人，于是不顾风险将钱庄的 500 两银子挪出来给王有龄救急。后来，王有龄渡过了难关，并且找到昔日同窗何桂清，在他的帮助下顺利当上了浙江海运局坐办，专门主管海上运粮的船只，这可是一个肥差，王有龄从此红运大发，他自然没有忘记胡雪岩的恩情。

之后，胡雪岩又遇到了左宗棠，当时左宗棠正忙于攻占杭州城，他的军队急需粮草和军饷，官兵吃不饱，没有力气作战，又领不到军饷，士气涣散。胡雪岩见状，没有提出任何条件，拿出钱帮左宗棠渡过难关,从此两人结为生死之交。在此,胡雪岩看中的也是左宗棠这个人的价值。

之后,胡雪岩将主要精力放在了维系与两人的关系上,而这两人也给他带来了巨大的回报。

从这个案例不难看出,虽然我们的精力有限,但是只要选择对了目标对象,只需要将大部分精力放在少数几个人身上就够了。

事实的确如此,每个人的精力都是有限的,邓巴理论 150 个朋友上限就是这个道理,很多业务员为了维系客户关系而搞得狼狈不堪,实际上是没有很好地利用二八法则。其实,你只要仔细分析,就会发现 20%的客户为你带来了 80%的利润,所以你在维护客户关系时就应该将重心转移到少数优质客户身上。

这就是客户深耕法的精髓,你不仅要努力开拓客户,还要维系好优质客户,这样才能为自己带来最大化的利益。

我的博主生意经:如何通过微博拓展客户

微博是发掘客户的重要渠道,作为销售人员,一定要紧跟时代的脉搏,通过不断学习了解互联网营销的玩法,而不应该局限于传统的营销手段。

某天，和一位做户外媒体广告的朋友聊天，他的话语不乏哀怨声，原因就在于现在做户外媒体广告的企业越来越少，除了一些著名电商、媒体企业、影视企业之外，那些传统的企业对户外媒体广告的兴趣乃至广告投入日渐稀薄。其实原因不问我也知道，现代企业更注重互联网的建设，而户外媒体广告有着地域限制，受众度也有局限，因此越来越不被看好。说到互联网的宣传与营销，首先要说的就是企业营销微博。

在还没有微信的时代，MSN 的功能相对简单，基本只能作为沟通工具。所以，当时的微博着实火了一阵子，因为可以贴上图片，文字也没有字数的限制，很多人都在玩。然而，当时我并没有意识到这一点。

多年以前，一位同事在津津有味地看着手机，我问他在看什么，他说是微博，又播放了微博中的一段视频，搞怪好笑，由此我得到了很大的启发。我立刻写了一份长长的邮件呈报给集团高层，希望能得到允许和一些支持，开通一个分公司的官方微博，宣传公司产品，在得到集团的授权后，我叫来公司的网管展开具体工作。

经过一段时间的运营，琉璃工房已经拥有了不少粉丝，我们经常会上传一些企业的介绍、产品视频、某门店的促销视频、企业联欢会视频，等等，达到了很不错的宣传效果。虽然，视频的内容精彩纷呈，但我总觉得纯粹的单一宣传模式有些生硬，因此，我偶尔还会贴上一小段美文，配上图片甚至音乐烘托意境，为企业微博增加了一些文艺气息。持续了一段时间之后，我发现这种做法很有效，往往是那些配有美文的微博，能够得到网友的互动。但其实我明白，我们的微博，就目前而言，也只不过是初中水平而已,还需要不断改进。

微信的出现和发展很快,一眨眼已经到了铺天盖地的微商形式了,所以我们也决不能落后。为此,我专门成立了一个三人的微博和微信小组,让他们提出相关的营销方案。他们提出了三个建议。

第一,有奖问卷调查。

当电商小组提出这个想法后,我即向集团申请了一批产品,作为问答的奖品。微博问卷调查和传统纸质问卷调查的效果完全不同,传统纸质问卷,被调查者一般是出于完成任务,碍于一些情面或者个人状况,因为受限定条件和特定环境因素的影响较多,往往调查得到的信息真实性不高。但是基于互联网的微博问卷调查却完全不同,虽然粉丝们也是奔着小奖品来的,但粉丝们在使用微博互动交流时,往往并不设防,思考、表达也更为真实自然,我们获得的信息也更加翔实、准确。当然,通过有奖问卷调查,我们也达到了渲染人气,吸收新粉丝的目的。

第二,品牌互动宣传。

我们为一家奢侈品公司提供的装饰配件马上要发布了,为此,我在得到该奢侈品公司的同意后,在微博上连续对这个产品做了宣传。当然,主要还是以我们的配饰为主,再加上该奢侈品公司的效应,我们企业的声誉也得到了很好的提升。在连续三天的宣传中,粉丝们积极互动,效果非常不错。

其实,本次宣传我们是事先做了很多准备的,最主要的是以这个配饰的基形,设计做出了自有的配饰作品,已经在各大门店、各大网店中预售和零售,再配以该奢侈品的冠授权和美文意境文案,又以该奢侈品发布会作为有效烘托。因此,本次宣传的变现目的已经圆满实现了，该饰品已被销售一空，集团对于本次宣传活动和实现的销售额，给予了高度评价。

第三，逐次降价销售。

对于微博营销，重点在于微博的页面、内容和宣传形式，当然还有最为重要的一点，就是吸粉，我们的做法则是通过逐次降价销售实现吸粉目的。

活动是由“电商部”发起的，由市场部制作文案并配合宣传。活动产品是一个价值为500元的精美配饰，粉丝每转发一次微博或者朋友圈，皆可以降低一些价格。活动做了提前的预告，比如活动形式的介绍、开始时间、降价的核准形式，等等。

出乎意料，活动第一天，就给我们带来了大批粉丝，大家的参与度非常热情。三天的活动结束，我们做了一个统计：

1. 涨粉将近20万；

2. 互动留言近100万条；

3. 卖出了10000件饰品，200元的成本价，平均成交价格在280元，盈利80万元；

4. 在各个实体店，该饰品以7折（350元）的折扣卖出了近20000件，盈利300万元。

通过本次逐次降价的微博促销活动，我们不仅仅吸收了大量粉丝，而且也快速提升了微博的互动热度。并且，我们以高于产品生产成本的价格，快速销售出30000件库存商品，创造了相当骄人的营收战绩，这样的活动也不失为一种自造热度创造营收有效方式。

第四，回归微博2.0的营销。

什么是微博2.0？其实就是基于视频和图片的方式，我们的目的是,达到宣传实体门店的功效。

这一次,事先也是经过精心准备的。首先,在经得集团同意并由集团发出官方通知,联络和组织集团各大分公司的老总和电商相关人员进行视频会议,表达并讨论了本次活动的主旨和形式,并且得到了大家的一致认可和积极的响应——集团在全国的各大门店,通过各个分公司发起,举办一场全国规模的“顾客门店购买秀”活动,即顾客在该门店购买我们的产品,拍下视频,包括购买过程、付款过程、饰品佩戴秀或摆件展示秀,即可获得我们的大额积分(可以抵现金,本次活动获得的积分是平时的两倍)和一件小礼品。

其次,将顾客上传的视频或者照片进行登记,并利用特殊软件进行信息收集。当然,本次活动不包括网点购买的顾客,因为活动的主要目的就是宣传门店,吸引和增加各个门店的顾客和营业额。

活动开始前一周,我们为广大粉丝提前预告本次活动的形式、规则,解释统计系统的可靠性,以及开始的时间。预告一经在集团微博和各分公司微博上登出,立刻得到了粉丝的快速转发和积极互动回应。

活动正式开始才过了不到10分钟,一线城市的分公司即来通报,在门店还未开门时,门口已经排起了长队,顾客们展现出跃跃欲试的积极性,随后诸多门店都表示,门店内已经人满为患了。

本次活动非常成功,达到了以下的目的:

1. 微博的转发量巨大,效果远远超出预期,起到了非常不错的宣传作用;

2.这场微博秀成功解决了网店热，实体门店相对冷清的状况；

3.实体店创造了一笔笔巨额营收。

这次活动之后，我们更加注重微博宣传这一块，并通过一些论坛宣传公司产品，都起到了非常好的效果。

关于微博运营的内容比较复杂，一般需要专门的运营人员，所以这里就不再赘述。

如何打造“网红”企业

企业“网红”是现阶段快速吸引客户的手段之一。所谓企业“网红”，就是指通过互联网的玩法进行内容方面的持续输出，直到火遍网络，被更多人知道。通过这种手法，能够给企业带来超乎想象的回报。

如今已经进入“网红”时代，作为企业，也要跟上时代的浪潮。作为上市公司的我们，很早就做起了电商，如今电商方面带来的业绩，已经在公司总业绩方面占有很大比重。来到“网红”时代，我们也绝不能错过这次机会。

在我看来，“网红”的发展可以分为三个阶段：

注重才华的“网红”1.0阶段；

以视频为主的“网红”2.0阶段；

以打造IP为主的“网红”3.0阶段。

“网红”3.0阶段的特征就是，建立和孵化有概念的“网红”形象，形成个人IP，有效地吸引粉丝，引导粉丝进行购买，达到产品推广和交易变现的目的。其过程是，吸引—信任—购买。“网红”同企业微博比较相似，同样是通过企业形象的建立，适当的炒作，而起到扩大宣传的轰动效应，从而使粉丝产生购买冲动，同时扩大购买延展性的效果。从而，降低了线下实体店的运营成本，同时又提高了关注度(流量)和企业品牌的影响力。

因此，我着手推进“网红”计划时，在原有电商部的基础上，加入了一些市场部人员。同时，再招收几位相关的行家，从此，电商部就具备了“网红”作业的功能了。

首先，建立“网红”和催生阶段。我们企业是以玻璃制品、水晶制品、人造钻石为主营业务的，因此昵称的选择一定要非常契合。所以，我们特意新开了一个企业微博，并统一了其他平台的昵称。

随后，在微博、微信公众号、视频平台上发布信息时，内容上也做到了完全统一和同步，使整体形象得以保持完整。比如，我们要宣传一个活动的开展预告，就会在几个平台进行同步宣传。

仅仅做到这些是不够的，然而由于专业度，人手方面的欠缺，我们决定寻找“网红”孵化公司。他们的优势在于：

1. 专业的作业手法和途径

网红经纪公司，他们对企业的快速反应，快速生产和发货的要求比较高，用意就在于满足消费者不断变化的时尚要求，获取流量价值。网红经纪公司拥有大数据分析系统，这样的系统是我们企业所没有的。大数据分析系统不仅可以整合消费者的各种信息,比如爱好、偏向、选购喜好,甚至选购的时间点等,并将这些信息再度分析,最后提供给我们。在节奏的把控与宣传途径上,他们也做得非常专业。

2. 整合能力

之前我们公司已经自行运作了一段时间,但总觉得力不从心,其关键点有两部分:其一,虽然对宣传各个部分做到了统一步调,但总觉得会顾此失彼,手忙脚乱;其二,在信息的整合上缺乏系统性。但网红经纪公司的能力就完全不同,完全不存在我们之前的缺漏,而是有规划的、有时间节点地去做。

3. 注意真正的联动

在我们要推出一个新产品或者进行促销活动时,网红经纪公司不仅仅会采用各个不同部件的联动,在一些信息平台上,甚至会联系一些网络大 V 一起联动。这些动作,对于快速引起关注、吸粉、购买选择、成交变现等都起着催化作用。

4. 专业的维护

之前我们公司自行运作网红时,起步比较艰难,特别是在维护方面,人员捉襟见肘,同时也不够专业,而网红经纪公司却在这方面做得非常到位。

5. 消除负面信息

对于一些不良的信息,我们以往的做法就是由操作人员对其进行解释和规劝,经纪公司也会这么做,但当对方不听规劝时,我们是相当无奈的,但经纪公司却会运用一些专业的手法来处理:

(1)基础的做法是,用一些外挂的账户来迅速刷屏,其实就是做到了把该用户的互动留言快速地淹没在茫茫的万千留言之下。

(2)如果不利留言,甚至恶意留言较多时,会运用一些技术手段,对这些留言进行类似屏蔽的处理。

这两点,也是我们公司很难做到的。

6. 网红经纪公司的炒作能力

在互联网上,适当的炒作会提升关注度,吸引粉丝。经纪公司在这一点上,也会把握时机,和我们协商并制造话题,并迅速在各大平台进行炒作。

我们是较早以互联网思维运营的企业,虽然初期投入不少,但如今我们的交易额已经呈现出几何式的增长,而在品牌、企业形象方面也得到了大幅提升。可以说,我们已经成为一个真正的“网红”企业。

第四章

职场残酷竞争的生存法则

作为一名销售人员，业绩自然是最重要的，然而人在职场，如果搞不好关系，理不清规则，等待你的将会是一个残酷的世界。为了生存下去，有些事你必须得懂。

抓住一切让自己闪光的机会

> 《论语·颜渊》写道:“生死有命,富贵在天”,这是在古代,在今天的互联网时代,想要成功,并不需要靠天意,而是要靠自己。

作为一名职场新人,第一天来公司报到难免出现忐忑的心情,在猜测、想象、期待,甚至些许恐惧之中度过。不知道第一天会不会遇到严厉的上级,不清楚公司氛围如何,人际交往会不会很复杂。当然,对自己能否在此大展身手也会有所期待。对于所有的未知,有那么一点恐惧,也是极其正常的。

而对于销售来说,尤其是新人,未来如何并不是当下需要考虑的,最关键的就是找机会,一旦抓住机会,就会少走几年的弯路。在我看来,第一件事就是要找机会接近上级甚至是老板,在有机会时尽情地展现自己的才华。

我在紫江集团那会,已经由主任级升至经理级,艰难地拿下了“康师傅”和“三得利”的全年大订单,并掌握着公司的拳头产品。

某天,在一个展览会上,一位衣着得体的中年男子在我们的展台前停下来,我们的业务员立即上前攀谈。

站在一旁的我仔细听着业务员的介绍,观察到客人不解的表情,我随即介入,用更专业的讲述为客户介绍。他听完后频频点头,并且问我要了一张名片,在我向他讨教名片时,他却微笑着和我道别了。当时我并没在意,展会上人来人往,这是很寻常的事。

三天后,一个陌生的电话打来,他说三天前在展会上见过,邀请我去他的公司坐坐。我感到莫名其妙,但是我已经养成了习惯,对于任何可能的机会,都会去勇敢尝试。

在莫名与期待的心情中,我来到了这家公司,前台赫然写着“EACH 易趣网”。来到他的办公室,他开口就说“欢迎销售精英的到来”,我被叫蒙了。他接着说:“三天前,听到你的介绍十分精彩,想必一定是行家,我们公司正缺少像你这样的人才,可否赏光加入我们的团队?”

在一番交谈后,我同意了。

原因有三个:

第一,得到了别人的欣赏,相谈也颇为契合;

第二,互联网,在当时是一个新兴行业,对我的诱惑很大;

第三,当然,收入也颇为可观。

因此,在一个月之后,我成为“易趣网”的销售部经理。

我想,肯定是我之前在展会上的表现引起了易趣网领导的注意,所以才有了这次机会。然而,现在想想,我认为最关键的还是把握机会的勇气,一个陌生人的电话,而且没有说明来意,我相信即便是做销售这一行的,很多人也不会放在心上,而我很庆幸自己没有错过这次机会。

做销售这一行有一条铁律:永远不要放弃任何机会!

Peter 在公司干了一年,销售的业绩也算不错,可他性格内向,平时默不作声,在办公室里很少能听到他的声音,他总是戴着颜色过时、花色陈旧的领带,轮换穿着那两件老式夹克衫和半商务半休闲的皮鞋。给人感觉死气沉沉,毫无生气的样子。

偶尔上级和他交流几句关于业务上的话题,赞扬也好,批评也罢,他都会强装笑脸轻声轻气地应答。交谈过后,他依然低头忙碌。因此,除了销售会议之外,大家的目光都不会停留在他身上。

可以说,他是一个存在感极低的人。

Frankie 是我们的老板,比较健谈。一天中午,他举着茶杯在办公室的空地上站着,看到 Peter 在吃饭,就走上前去,问道:"Peter,是家里带来的饭啊?"

他站起回道:"是的。"

"是你妻子做的吧?"

"是的。"

"味道一定不错哦。"

"是的。"

Frankie 举着杯子,礼节性地说了一声"慢吃",就走开了。

从此,Frankie 再也没有走近他。

实际上这就是自我表现的绝佳良机,老板主动跟你闲聊,然而低情商者往往意识不到机会。

之后,销售部举行小范围聚会,Frankie 并没有邀请 Peter,助理还问了一句要不要叫上他,结果 Frankie 看了助理一眼,尴尬地笑了笑。

有一次我去 Frankie 办公室交报告，他看完后连连点头称赞，随后话题转向了销售部，他说销售部的经理刚离职，想听听我的看法，我也是很职业性地回答道："销售部是需要一位经理领导的，我们都期盼着呢。"

他听后笑了笑，沉思了几秒钟，然后问我："你觉得 Peter 怎么样?"

我回道："他资历不浅，我刚来没多久，不敢枉论。"

他看了我好几秒钟，然后说道："他的业绩是不错，但是销售部的经理，需要的是活力、亲和力、领导力，Peter 不太合适。"

我听后，只是"嗯"了一声，未做任何的妄言。

Sam 是代表美国总部既投资方来到我们公司的，职务是营运副总，说着一口半生不熟的中文，还带有一些闽南腔，而他对中国也不怎么了解。

某天快下班时，我从客户那里回到办公室，Sam 就在门口叫住了我，说明天一起去杭州出差。

我意识到这是一次机会，有幸跟领导出差，一定要表现自己，而绝不能一路尬聊。由于没去过杭州，回到家赶忙上网查阅关于杭州的信息，从交通方式、人文历史、闲闻趣事，再到美食景点，利用一晚上的时间掌握了足够多的信息。

第二天一早，当我们坐上动车后，先是讨论了一下案子的细节和注意事项，Sam 对于实际情况不太了解，特别是对于中国的现状更不了解，我就用专业知识跟他解释。随后话题很自然地转入了杭州，从地理位置、历史变迁、各种有趣的传说等，一直说到了美味的龙井虾仁和西湖醋鱼、片儿川、奎元馆的面条……

致落尽收,Sam 也听得津津有味,非常高兴。

随后,我开始请教一些关于美国的话题,他也开始滔滔不绝说了起来。

表现自己,但是一定要有度,领导感兴趣的话题多讲一些,然后还是要以倾听为主,引出他的兴趣,让他说,你只负责听就好了。

和杭州的经销商谈完合同的事就去吃午饭了,对方陈总的母亲过生日,所以不能奉陪,于是我跟 Sam 只能自己去"闯荡"杭州了。幸亏之前恶补了相关知识,否则就在领导面前露馅了。

因为事先做了功课,知道有名饭馆的确切位置,Sam 说想去尝尝龙井虾仁和西湖醋鱼。因此,我告诉出租司机说:"去湖滨路的楼外楼",Sam 听后,很满意地对我笑着。

第二天回到办公室,Sam 把我叫过来问道:"上海哪里比较好玩?"

我回答道:"四川路上的海伦路。"

他兴致盎然地说了一个字"走!"

一个下午,在海伦路,我为他讲解了一些人文景观的历史和趣事。当进入到一个售卖钱币和邮票的小店时,他不停地问我关于这些钱币的历史和邮票的故事,我竭尽所能,绘声绘色地讲了起来,他也听得眼神随着我的手势而动着,仿佛跟着我入戏了。

从海伦路回去时,在出租车上,他很诚恳地对我说道:"你是做销售的好材料!"

从此,我和他交往密切,他不仅是我们公司的副总,而且还成为我的朋友。一个月之后，我的上级 Frankie 辞职走了，由于我的销售业绩很不错，Sam 决定让我顶上去，就这样，凭借一次闪光的机会，我坐上了销售部经理的位子。

就像张爱玲说的那样，“出名要趁早”，销售工作并没有那么复杂，你不需要花费很长时间进行积淀，完全可以一边努力上位一边学习。因此，只要有闪光的机会，都不要错过。有机会就要努力试一把，大不了输了再来，就当是积累经验了。

那么，除了接近上级这一招之外，还有哪些闪光的机会呢？根据我的经验，总结几点：

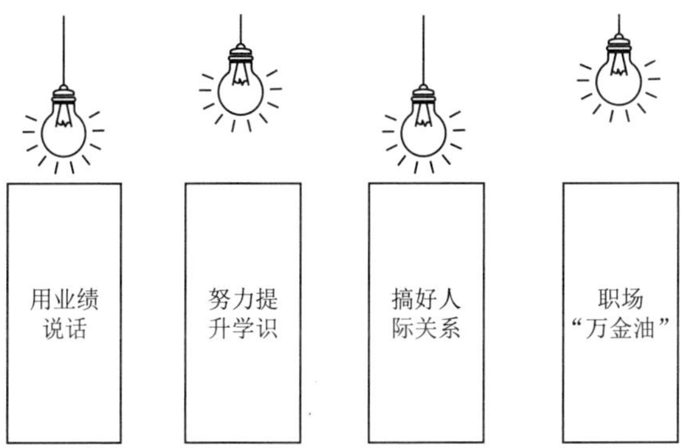

● 用业绩说话。与其想着如何拍马屁，不如用硬实力说话，努力做出成绩永远是第一位的。

● 努力提升学识，以备不时之需。这里说的学识是多方面的，不仅限于专业方面的知识。假设今天早上你跟老板同坐一台电梯，他顺口问你昨晚的英超德比看了没有，你一头雾水，还怎么往下聊？如果你的时间精力有限，可以有针对性地学习，例如从侧面了解领导、老板的兴趣爱好，然后着手准备，以备不时之需。

● 搞好人际关系,成为办公室红人。一旦你成为人见人爱的那种人,同事们肯定会经常提到你,那么你的名字被传到高层那里只是时间问题。

● 乐于助人,做一名职场“万金油”。什么都知道一点,什么都会一点,什么人都认识一点,一旦你拥有了广泛的资源,同时热心提供帮助,那么当领导有需要的时候,肯定会先想到你。

抢单是门艺术,讲究战略战法

> 商场如战场,业务人员西服革履穿梭于顶级5A商务楼之间,看似光鲜亮丽的背后其实充满艰辛。在残酷的竞争之下,每一次抢单其实都是勤奋与智慧的比拼。

销售业绩是每一个公司的重中之重,销售部门是公司的命脉,在与同行残酷的竞争之中,抢单是一门复杂精深的艺术,同时还需要一点点运气。然而,更为重要的则是智慧,其中涉及方方面面,事前准备、事中跟进、事后维护以及人际关系的处理,等等。

提高成单率的前提是与客户充分沟通,其中包括客户对该订单的诉求和细节,就拿玻璃制品来说,客户所需要的器形和构思，大致预算价格、包装要求、辅料要求，以及送货地点等都是要考虑到的。

当然，在了解这些真实情况之前，和客户之间的客情关系是需要做到位的，因为没有良好的客情关系，客户是不会将订单要素透露给你的，特别是在较为敏感的预算方面。而如果在正式洽谈前就获悉关于预算方面的信息，对洽谈的成功是有很大帮助的。

事先做好充分的准备工作也非常重要，比如根据客户要求的器形准备相关或者相近的样品、包装盒、包装袋，等等。而准备工作中最为重要的，则是不同的报价形式，这样就可以在洽谈时做到弹性自如，更容易提高成单率。

H 客户是我们的顶级客户，所谓顶级客户就是跟我们签署了年度的合作协议，我们是它的核准供应商。当然，这也没什么值得太高兴的，因为如 H 公司这样的世界级公司，类似我们这样的供应商远不止一家。因此，往往在关于作品形式、价格、服务等多项因素影响下，订单也是分诸几个供应商之中。

本次订单的属性是该公司海峡两岸暨香港的联合活动，订购的数量巨大，也因为是海峡两岸暨香港的大活动，因此 H 公司老板极为重视，从而也关系到诸多细节问题，包括三地包装不同的印刷内容，运输方面的问题以及涉及的不同费用，等等。因此，我们事先做了不同报价的几种形式，以及几种应对方案。

洽谈的时间定在下午两点，我们中午约了他们的市场部经理 C 君一起会餐，气氛很好，其间也沟通和再次确认了不少关于本次订单的具体要求和细节。

下午的洽谈会将要开始时，会议室的门口陆陆续续来了几个同行,打个招呼,聊上几句,但都对本次订购讳莫如深,避而不谈,看似一片祥和,其实气氛非常紧张。

时间到了,H公司的职员让我们一个一个进去谈,谈完再换一个,出来的人还不能离开。我和同事进去后,里面一溜地坐着十来个人,有认识的,有不认识的。我们大致谈了一下价格和基本情况后,他们也问了几个不痛不痒的问题,我们一一作答之后面谈就结束了。

在三点左右,H公司的职员招呼大家一起进到会议室继续谈。B君是H公司的采购部总监,他对我们说道:"我们本次采购的订单数量较大,对于采购的价格有十分明确的预算,也因为是海峡两岸暨香港的互动活动,因此对于一些物流上的要求也较以往有所不同,请大家对于自身的报价再做一次阐述吧,由此我们将再决定本次采购的最终合作方。"

供应商们一个个地开始阐述起来,大部分公司代表都以自己的价格优势作为主打话题,并且后面陈述的人都会比之前供应商的报价低一些,这种场面其实就是公开的竞价以及杀价,相当的残酷。

轮到我最后一个陈述时,我除了再一次报出公司略高于其他供应商的价格,还着重地介绍了我们公司的几大优点:

第一,我们有着丰富的和外资企业合作的经验,对于外资企业的作业流程和配合度是毋庸置疑的,同时我举了几个案例。

第二,着重地介绍了承接如海峡两岸暨香港之类大型活动后,在样品、生产、包装、特别是物流方面的很多细节(包括成箱的标码、数量的控制以及物流目的地的流程严控等诸多方面)处理要点,从而不使流程的任何闪失和遗漏,而造成双方不必要的麻烦。因此，我们的宗旨是一切为客户着想，尽量使我们的服务能减少甚至消灭麻烦，也使整个项目尽可能顺畅。

最后，我再一次强调了，我们之前已经完满执行过的S保险集团海峡两岸暨香港活动，作为我本次陈述的结尾，再次突显我们公司的优势。

所有的供应商都已经陈述完毕，离场，在会议室外等待最后的消息。此时，紧张的情绪蔓延，气氛愈发凝重。

在等待了近一个小时后，H公司的市场部经理C君微笑着走了出来，示意我进会议室。我边走边暗自窃喜，我知道，这一单成了。

会议室里只有市场部的C君和采购总监B君了，C君再一次重申了本次活动的重要性和要点，说完把头转向了采购部总监B君，B君开口就问道："你们公司对于本次活动的巨大数量，在生产和出货上是怎样做预案的呢？"

我随即把一份事先做好的预案拿出，递了上去。B君仔细地阅读了一遍，边看边点头，显然是对这份预案极为满意。他放下预案说道："恭喜你们公司正式成为本次大型活动的合作方，希望我们能顺利地完成，如果有任何问题，你可以直接找我，我是本次活动的最终执行人。"说完，双方握手。此时，兴奋之情溢于言表。

在本次极为激烈并且残酷的抢单中，我们在没有价格优势的情况下，却最终胜出，成功地抢到了如此巨大的一笔订单，为公司做出了巨大贡献。这一次的成功其实源于几个方面：

第一，充分运用之前的成功案例，我们公司之前为S保险集团执行过大型活动，H公司正是考虑到这一点，而其他供应商

并没有相关经验;

第二,在价格并没有优势的前提下,避实就虚,突出自己的优势,反而使自己能更好地获得成功的机会;

第三,前期的工作做得比较全面,包括价格、包装、物流流程的严控,生产数量上的具体安排预案,等等,给H公司留下了专业的印象。

中庸之道:高情商者的生存智慧

一粒沙子进入到珍珠蚌中,珍珠蚌因为有了这粒沙子,就在这粒沙子的外面不断地堆积和包裹钙质,越裹越大,从而形成了一颗美丽的珍珠。而当一块尖锐的石子进入珍珠蚌中,珍珠蚌要么将其吐出,要么就是死亡。职场中也是如此,中庸之道有时是一种生存手段,是一种大智慧。

经理级以上会议马上要召开,各个部门的经理都在等着老板的到来,A君是柜点部的主任,照理说经理级以上会议他是没有资格参加的,但因为今天有一项关于柜点发展方向的讨论和决策,而他是公司柜点具体维护和拓展的主要人员,所以今天列席其中。

老板的到来，大家都起身打招呼后，陆续坐下。销售总监、财务总监、厂务经理简单述职之后，轮到柜点经理汇报。A君说道："目前实体店的销售业绩提升缓慢，仅维持在5%，不仅有下降的可能，而且目前店中店的经营成本和物流系统的成本持续攀升，对今后柜点的进一步拓展有很大阻力，而在某些著名购物网站上开设网店或者在相关信息平台做一些信息的发布，势在必行。前天我将此提议向王经理（柜点经理）做了汇报，得到了她的认可，但因为部分工作需要市场部配合，所以今天特意提出来，以能得到大家的批示。"

A君说完后，王经理不断地点着头，意思就是这个提议她事先知道并且非常认可，以作为和A君的呼应吧。

老板认为这个提议不错，而且得到了相关部门的认可，可以继续讨论下去。他一边听，一边密切观察着大家的反应，这时A君又说开了：我只是有这个设想，前天和王经理讨论时，她给了我很多极佳的思路和开展工作的意见，我也都根据王经理的指示，汇集和编写了这个大致的提纲，烦请王总和大家过目。说完，便拿出打印好的提纲，双手依次递给老板和在座的各位领导，递完后，转过头来看了看王经理，王经理对他会心的一笑。

其实，老板早已把这些细节看在眼里，在边看这份提纲时，还微微地笑着。包括王经理在内的领导们，此时已经能体会出了老板的思路和意见了。

最后，老板继续微笑地对着王经理和A君说道："这个提议很好，我觉得可以试着去发展，会后你们和市场部讨论具体的细节，然后提交一份全面的规划和实施步骤，送交我这里吧。"

散会。老板依然坐在那里,眼神随着A君离开的方向望去,露出了会心的一笑……

A君的成功在哪里?在职场上,不仅要有好想法,而更为重要的则是行事细节的得当,不仅可以在低调中显示出你的智慧(会议中提到该提议得到了上级的斧正,纠正了很多思路),并且在一些人际环节上处理得有条不紊,既让上级得到了充分尊重,也让老板注意到自己。

给上级面子就是给自己面子。

Sophia是市场部的职员,性格直爽,平时属于有什么就说什么的主儿,有时能带给大家快乐,但有时也会因为说话直率而伤人。其实,她很聪颖,思路反应也极快,善于自我表现是她不变的风格。

市场部的工作需要激情、积极性、能动性,Sophia或许很适合这个工作,然而她直率的性格以及偶尔伤人的言语却成为硬伤,导致市场部经理对她意见很大。

因为销售和柜点等运营问题,我们需要和市场部开会,讨论下一季度市场计划以及预算方面的问题,当然因为涉及预算问题,财务部也参与进来。

会议开始后,我代表销售部谈了一下近期业绩,特别是关于柜点上的促销情况和一些信息发布,以及会员制拓展的详细情况,对于市场部发起的活动也给予了高度评价。柜点经理也对一些市场活动提出了积极意见。市场部经理认真地用笔记下每一个要点,频频点头以示回应。

市场部经理正在耐心倾听和做着笔记之时,Sophia却用高亢的声音说道:“我们市场部举办的活动,自有活动的目的,我作为具体执行人很有体会,活动需要销售部门的积极配合,否则毫无意义。”

如此唐突的一席话,市场部经理已经面露难色,首先说话语气强烈,不给其他部门面子;其次 Sophia 一席话大有喧宾夺主的意思,就跟她是领导一样。

我们销售部的员工听后更是愤愤不平,因为矛头直指我们的部门。不过,当众争吵是极为不明智的,做领导的这点肚量还是要有的,我赶忙笑着打圆场:“Sophia 的话也不无道理,市场部发起的活动也一定有独特的思路,可能是我们销售部没有深刻领会到这些意图,也有可能我们双方之间的沟通还不够深入,希望日后双方多多沟通,积极改进。”

当我说完,市场部经理略带歉意地向我点头微笑。

没想到,Sophia 还没看出氛围不对,继续强势地说道:“最近这几个活动策划,我花了较长时间来做,其中有不少新的创意,就连我们的经理也很佩服我,不信,你们问她……” Sophia 依旧不依不饶,这也是她直率性格的体现,然而这番话一出,全场哗然,市场部经理的脸色更是挂不住了,其他同事都无奈地摇摇头。

情商低是一个人的致命伤,对于职场前途有很大影响。

会议在尴尬的气氛中结束,会后柜点经理向我大发牢骚,而市场部经理也特地过来道歉,希望我们能理解 Sophia 的性格和处事方式,之后很无奈地走了。

是啊,其实不仅市场部经理,还有我们销售部的同事,都认为 Sophia 是一个很积极的员工,然而个性张扬,情商不高却是她的致命伤。喜欢自我表现是对的,然而选择的方式不得当,经常得罪人,甚至无意中把顶头上级也得罪了。

不要说我们部门大佬,就是老板也早就受不了她,对其有所顾忌。两个月后,Sophia 黯然离职了,谁都清楚其中的原因。

职场有一套固有的说话及行为方式,在适当的时机以得体的方式表现出自己的聪明才干,对于职业生涯是有益的,而不顾场面、层级,只是一味地突显出自己的小聪明,只会因为得罪人而毁掉个人前程。

职场讲究中庸之道,情商低的人很难生存。毫无疑问,你要尽可能展现出自己的才能,但是如何展现又是一门高深的学问。

在职场,如何利用中庸之道与同事、领导相处,绝对是一门艺术,处理得好,你的前途就一片光明;处理不好,你在职场就会举步维艰。下面是我个人的一些经验:

● 如果你不是能力超群的人，千万别拔尖，因为“枪打出头鸟”，万事要小心。当然，你要是真有两下子，也千万别谦虚。

● 隐藏锋芒。很多新人都爱出风头，这一点作为过来人我们都理解，所以一般以鼓励为主，然而如果你已经不再是职场新人，那么就要学会低调一些。

● 顺势而为。当大势已定，不可阻挡之时，无论你的观点如何，最好还是学会顺势而行。

● 别轻易亮出底牌。越是不好琢磨的人，越是情商高手，如果过早亮出底牌，也就少了“周旋”的余地。

● 不可随心所欲，不可随口乱说。如果你不是老板，那么就不要在办公室随心所欲，否则一个举动、一句无心之言，就可能会招惹到别人。因此，尤其是销售人员，说话办事一定要谨言慎行，因为大部分时间都在面对客户，说错话、办错事，就意味着丢掉一笔订单。

● 做一个“虚伪”的人，让别人说去吧。虚伪经常被认为是一种贬义词，实际上在我看来，人在职场，有时候虚伪一点没有错，这是一种明哲保身的方法。

● 遇到敏感话题，最好躲得远远的。听说过“好奇害死猫”这句话吧，跟你没关系的事还是少掺和，毕竟就算你不问，那些八卦也早晚会传到你的耳朵里，你只是比别人晚知道几天而已，所以不用着急。

● 除非你看准了一个领导，铁了心跟着他，否则与领导保持不远不近的关系最合适。

公司“嫡系”识别与深交的艺术

作为一名销售人员，特别是中层管理级别的，要在新公司站稳脚跟，就要快速弄清楚公司“嫡系”的内在奥秘，把握机会，使自己处于优势地位。

找到主流，有时候不是趋炎附势，也不是违心求存，而是一种趋势的把控能力，特别是到了一个新环境后，对于自身所处的处境、位置要有清醒的认识，因为你是新来的，不能立即改变这个环境，那就先努力去适应吧。

而新进一家公司，和公司“嫡系”的交往就变得尤为重要了。公司的“嫡系”，往往分成几个部分：

其一，公司的创始元老，这部分人在公司里的根基很深，人际关系也广，并且大部分处于权力核心或者中层管理职位，和老板、董事的关系也非同一般；

其二，公司的一些骨干，这些人虽然不是元老级人群，但却在各自领域表现出色，拥有一定的资源，权力和根基也开始逐渐的牢固起来；

其三，一些部门的经理或者骨干，业务能力较好，交际能力较强，因此在能力尚可的前提下，和公司的高层有着较为密切的往来，备受器重。

诸如三类人群，都是一个初来乍到的新人值得关注的，而认清方向后，就要“伺机而动”了。

易趣是一家大型互联网购物公司，在行业内已经相当有名了。我因为在某次展览会上向他们的一位副总详细介绍了公司产品而得到了他的注意，并邀请我前去“坐坐”，也因为这个行业属于新兴行业，未来发展的前景应该不错，并且待遇也相当诱人，因此我接受他的邀请，欣然加入了这家公司。

刚进公司时，因为他（F）是引荐人，所以和他走得较近，后来才知道他是美方投资集团在本公司的派驻副总，主要负责公司整体的营运（市场、销售和财务的监管）规划和销售方向的把控，在公司里拥有举足轻重的话语权，因此更有理由和他保持较为亲近的距离了。之后因为我的工作能力尽显无遗，赢得了他的赏识，关系逐渐拉近。

这段时间，陪他转了不少上海景点和文化街区，领略了上海人文风情，双方的关系也进一步拉近了。之后，他邀请我去家里吃饭，他买了椰子，开始煲起了汤，又做了几样拿手菜，我们边聊边喝。那天晚上，我们都酩酊大醉，云里雾里的睡了过去，算是尽兴了吧。

至此，关系又近了一步。

之后，美方公司派人过来，他邀请我一起参加。晚宴选在茂名路的一家酒吧，大家在露天餐台围桌而坐，英语夹杂着几种口音的国语，聊得不亦乐乎，酒精的作用无疑会提升畅聊的热度和兴致。所以，那天我们聊到了东方已经发白，方才散去。

由此，我不仅和 F 的友情越来越深，还和新进的几位美方派驻人员频繁交流，这些人都处于公司的重要利益部门，可谓位高权重，我知道自己必须跟他们保持紧密联系。

由是，在我的业务成绩豁然提升并得到了公司上下的认可之时，也因为和这些公司“嫡系”的深交，我在公司里可谓是如鱼得水，很快坐上了招商总监的位子，并且进入了公司高层。因此，可以参与到公司决策之中，对我来说，是一种质的变化。

与“嫡系”深交，如果一味选择单边，那就错了，因为事态总会发生微妙的变化。

易趣是一家民营企业，可以说是创投和家族式企业。所以，原有的创始人和公司资金创投者，在公司有着举足轻重的地位和势力。技术部总监是老板的弟弟，财务总监是老板的丈人，财务部的副总监是创投派驻的，行政总监是老板的夫人，人事总监是原创投派驻的，等等，不胜枚举，甚至还包括一些非利益部门都有“皇亲国戚”的成分。因此，公司里的关系错综复杂。

当初开经理级(当时我还未升任总监)以上会议时，每次在财务部总监说完话后，副总监都会补充一些，甚至会以总结的口吻来阐述一些决定，因此明眼人一看，其实在财务部他是副职，但却是真正的掌权者，所以很多人都和他走得较近。而我却不这么认为，因为当有消息称美方将入资公司时，我可以断定他将失去主宰的地位，不过同样有必要和他们保持良好的关系。

当我进入公司时，F 就挂着财务监管的名头。果然，一个多月后，在 F 充分了解了财务状况后，美方派出了财务总监正式执掌财务部，而原创投系的人明显让位其后了。而我和 F 的交往很深，同时也保持着与公司创始人群体之间的良好关系。

当他们双方发生冲突时，一些基层员工是感觉不到的，而当时已经作为招商总监的我，在察觉出端倪时往往会保持中立。

因为要在公司里生存并且保持晋升的机会，就要做好公司未来发生各种变化的准备。所以，我一直周旋于两边势力之中，并由此受益。

C 君是我们的柜点经理，作为女人，她的泼辣和工作能力是极富特点和优势的，因此当时的大老板将她从一位店长破格提升为柜点经理，就是看重了她的工作能力，当然还有一点是极为重要的，那就是独立性。

我当时因为销售业绩的上升，成为销售部经理，我的上级销售总监，统管销售和柜点，J 君是一位台湾人，在公司的销售领域中算是半个开创者，顺而言之当然是有些根基的了。因此，C 君和 J 君走得很近，经常一起吃午饭。因此，平时多多少少会显得比较强势，有些仗势欺人的意思。

H 君是刚到公司的，销售副总监职位，虽说是副职，并且平时也摆出一副混日子的姿态，但其实大家都知道，他是某某董事(第二大股东)的"嫡系"。

之后出现的变化，如果仔细想想也不会觉得意外了。C 君、J 君和 H 君经常一起吃饭。C 君先是靠着 J 君，而后又靠着 H 君，都是公司的权重人物，所以，她在公司依旧强势。

某天，我们上海公司开全体大会，大老板也出席。他先是总结了一些工作，随后又表扬了一番，临近尾声时，他特地加了一句："公司是以盈利和发展为主要目标的，因此，能力和业绩才是每一位业务人员的重中之重，也是你们未来个人良好发展的基础和契机，希望大家多多在业务方面做出努力吧。"

类似这种官腔是最复杂的，因为不容易分析，是不是另有所指,完全要看经验判断。

随后一段时间,H君撤回了总公司。由于我的销售业绩快速增长,几乎每次经理级以上会议,大老板都对我非常器重,这一点也被大家看在了眼里。C君在H君走后,依然围着J君转。

随着我的势头愈加猛烈,J君也开始有意识对我打压,因为隐隐间感觉我在威胁他的位子,而C君的立场也十分明确,一方面她靠着J君,如果J君一旦失势,她也没有好果子吃;另外一方面,如果我将J君的位子取而代之,就比她更高了一级,成为她的上级,这也是她所不愿看到的结果。因此,他们两个人一起打压我。

我深知很难斗过他们,所以依旧将重点放在做好业务上,带领团队使业绩一再攀升,也得到了公司各个部门的大力支持。于是乎,隐隐间,大老板在会上的那番话,开始在我耳边回荡起来。

终于,在某次经理级以上会议时,大老板宣布解聘J君,同时任命我为销售总监,并且刻意地加了一句:“本决定是董事会一致通过的。”

之后的一周内,J君离开了,C君也相继离开了。

在职场,特别是新进公司的人员,一方面要在业务上努力精进,从而得到大家的认可和上级的赏识。同时在公司人事方面也要看清形势,不要随意站队,而要在稍有偏重点的情况下,做到平衡就事,这才是在职场中长久生存之道。做到游刃有余,不顾彼此,多方得利,才是高深的人际处理之道,从而也使自己不至于处于弱势之中。

当没有把握的时候，最好不要选边站队，只需要稍有偏重就好，对此没什么太有效的实战方法。不过初来乍到，如何快速识别公司“嫡系”很重要，这几招你可以参考：

旁敲侧击

洞察力

频繁接触

进谏影响力

● 跟同事打成一片，从侧面了解。如果你是领导，直接问下属可能还有戏，如果直接问平级的同事，除了那些大嘴巴，估计是没人搭理你。所以，了解公司“嫡系”，最好在平时多请同事们喝几杯，再利用旁敲侧击的方式提问，根据一些线索自行判断。情商低的人总希望得到明确的答案，可现在谁也不傻，你只能自己判断。

● 仔细观察，从每个人的表情、说话以及行为方式等方面判断。如果是“皇亲国戚”，应该很容易看出来，例如颐指气使的态度；如果是那种隐藏得比较深的人，就需要通过一段时间的观察与接触再做判断。

● 从接触次数进行判断。除了正常的工作往来之外，如果两个人的交往次数明显高于其他人，就说明有可能是领导的“嫡系”。

● 从建议被采纳的次数来判断。如果一个人的建议经常被领导采纳，说明他的言行有一定的影响力，可能是领导“嫡系”。

关于站队的问题

新进业务，在自己没有业绩或者资历尚浅时，是比较弱势的，而即使是中层干部，也同样面临着一些人事纠葛。所以，擦亮眼睛，仔细观察，伺机而动，才是最好的方式；切忌盲从，以免自己受到不必要的伤害。

如果大家看过动物世界，可能会对猴群或者狼群中的等级观念记忆犹新，狼群一般是由一个母狼统领，等级分明；猴群则是以一个体格极为健壮的公猴作为首领，而群体中的所有成员都要听命于它的管理和指挥。觅食、迁徙、地盘的维护，都是由它安排。当然，偶尔也会发生部分猴子抢班夺权的事件，或者几个猴子形成小团体来和猴王抗衡一番，甚至会导致群体首领更换的结果，但这些只是动物的本能所致，或者说，只是因为本能而造就的类似事件。

猴子的智力，在动物界不可谓不高，但是人类，作为比猴子更加高级的动物，其思想、行为是猴子无法相比的。因此，在人的感情世界里，根据不同的状况、环境，以及利益驱使下的不同心态而产生的不同行为，又多了不少群体和群体之间的微妙变化。

我来易趣时，C总代表新投资方入驻公司才半个月，他为人谦和、低调，微胖的身躯，总是给人一种莫名的喜感。他跟下属讲事十分温和，开会时很少发言，即使说话，语气也相当的平缓客气，永远带着微微的笑意，给人一种老好人的感觉。

大家都知道C总是代表投资方派驻过来的，虽然为人谦和，但因为投资方的最终标的没有落实，所以没有人特意走近他。在公司里，他俨然像个孤家寡人。

Z总是公司的开创元老，之前和公司的原创人（也是公司的法人）一起奋斗了近8年，才一起开创出今天的规模，可想而知他和原创者的关系如何了。经过几年的耕作，他在公司的根基十分深厚。他不仅有自己的团队，而且还有不断跟进的跟风者。而最近谣言四起，称新投资方如果正式进驻，会将大部分流转的股权划至他的名下，成为公司未来的第二大股东，所以他的风头更劲，也引来更多的追随者。所以，他最近显得意气风发，更加强势。这些迹象，在开会时尤为明显，所谓的"明眼人"都能看得出来，又似乎预示着，即使新投资方的到来，也不会削减他的权力，反而会有所增持。

忽然想起了勾践和夫差的故事，暂且把C总比作勾践，而Z总是夫差。如果要赌一把，我赌C总目前主要是为了对公司的状况进行摸底，理清一些架构、营运、财务等情况后，为投资方提供出更为准确的信息和数据，以便于投资方对投资项目的研究和决策有所依据，以及最终做出投资决定。因此，低调是必须的，因为这样才能收集到真正的数据和信息，才能保证这些材料的真实。

而Z总就是夫差，虽然现在颐指气使，强势无比，投资方真的入驻后他依然具有较多股份，还可能保持着现在的权力指数，但终究会失去一部分优势，甚至会失去大部分权力，或者说他的权力会得到控股方的有力权衡。

一次业务讨论的机会，我得以接近C总，在讨论完业务问题后，就闲聊了几句，忽然发现他喜欢古诗词和古典文学，而我对此也很感兴趣，就深入聊了一会。之后，可能是兴趣相投，也可能彼此都想刻意接近对方，我们私下联络多了起来，一起去看山水画展，参加文学交流会，等等。

久而久之，我渐渐地发现，他身边的同事多了起来，大家给出的理由很简单“他为人随和，好相处”，其实，大部分人都已经能看清形势，新投资方的入驻势在必行且会改变权力分配。所以，包括之前Z总团队中几位销售营运骨干人员也开始“倒向”了C总这边，渐渐的，围着Z总的人越来越少。

在大部分人趋之若鹜之时，我却认为即使未来投资方果真对公司入驻投资，他们所需要包括两点：

其一，对公司整个架构和方向的控制；

其二，对财务的牢牢把控。

然而，投资方在公司整体营运的把控上，肯定不会彻底摒弃公司以前的策略方针，反而会加大在原有营运基础上的利用和扩展，一方面运用原有的体制和机制，发挥出更大的营运效果，会有一段过渡期，而Z总无疑是不二人选；另一方面，即使投资方会对营运方向做出适当调整，也不会抛弃像Z总这样的成熟团队而另起炉灶，这样的风险实在太大。因此，由此判定，Z总在未来的一段时间内在公司里的作用和地位将会远远超过公司的法人地位，至少是在实际工作和权力上；而说到底，公司的创始人，在今后或许只是一个摆设罢了，因为公司的发展说到底还是要靠营运和销售业绩支撑的。

综上考虑，我选择了不站队，而采取了两边平衡的战术，做到不偏不倚。这样的好处是，投资方是未来公司的掌控者，掌握着很多公司的决策或者权力的分派，我和C总关系良好，将起到不可估量的作用；而Z总成熟的团队和人际关系，在执行和发展决策者的规划中，将起到举足轻重的作用。更何况，如果将来一段时间公司运作良好，发展上道，提升快速，也将会不断提高Z总在公司里的影响力以及在投资方心目中的地位。而我所在的部门，就是隶属于他的规划之中。因此，我带领团队以积极的态度去配合他的工作，也给他留下了很好的印象。

果然，在之后的两月内，投资方最终决定投资6000万元以购买公司70%的股份入股，又派出了财务总监和行政人事总监，却没有任命新的营运总经理，而将Z总的副总经理提升为了营运总经理，全面负责公司的各项营运执行和未来公司营运的规划制定等工作。C总只是出任了执行董事并监管财务部和人事行政部。

在一次会议上，C总分析总结了公司在前三个月的营业收入和利润情况，我的部门不仅在营收上位列第一，并且在利润比上也有20%的提升，得到了表扬。散会之前，Z总特别加上了这段话：公司是以营收和利润为主要目的的，所以希望大家把主要精力放在工作上，这才是个人未来发展的最大基石。

这段话意味深长，一个月后，Z总对隶属的三个部门进行了大幅调换，之前追随Z总的两位部门经理，因为业绩平平而黯然离开。其实，这个结果，也是我之前早就预料到的。

第二天的下午，Z总把我叫到办公室，C总也在，Z总对我说道："你的业绩，你的工作能力，我想大家都已经看到了，我和C总也都看在了眼里。因此，我和C总协商之后，决定升任你为招商部的总监，这是升职表格，你现在填写，我和C总马上签字。"话音刚落，他又加了一句："恭喜啊，希望以后能多多帮我和

C 总的忙哦。”这话说得很客套，但说的时候，眼神却很真诚。C 总在边上不断地点着头，并显出赏识的目光。

当我填写完表格正准备起身离开时，C 总说道：“你知道为什么会选你升任招商部总监吗?”我似有答案地正想回答，他又笑了笑，说道：“当然，你的业绩提升是很不错的，能力也强，这是很重要的，但更为重要的却是另外一点，就是你的不偏不倚。也就是说，你不参与公司内部的任何团体和争斗，以工作为主，我和 Z 总最最欣赏的就是你这点。”说完，他脸上的笑意更浓了。

在职场中，站队与否，其实很重要，有时是赌博，有时看淡一些，不偏不倚却左右逢源，往往会更使自己处在十分有利的境地，而不会因为一方的落败而殃及自己，而自己的能力和成绩，往往会在自己的人缘分数上得到了再度的加分。

人在职场，该不该站队，有时候并不是自己能决定的，取决于当时的形势。例如案例中我在综合分析之后，选择不站队，然而有时候你必须选择一边，这时除了运气因素之外，其实你还是可以将主动权握在手里的，分享一些经验，希望能够帮你在关键时候，做出正确的判断：

01 态势不明朗，不要轻易站队

02 必须选边站队时，一定要谨慎

03 设定底线，你就不会输得太惨

04 宁可得罪君子，不可得罪小人

05 跟随能力强的领导

● 正像文中讲的那样，态势不明朗的时候不要轻易站队，这时你只需要把心思放在努力提升业绩上。无论谁最终得势，我想都不会牺牲掉公司中最优秀的业务员。

● 迫不得已进行选边时，一定要谨慎。你需要综合考虑很多因素，其实，决定一个人选边正确与否的，完全在于远见。你能比别人多看几步，就意味着多了几成胜算。

● 设定底线，然后做出选择。在你拿不准的时候，设定一条底线，例如只要不被开除就行，也就是说生存是你的底线，那么如果A方至少保证你不会被公司开除，而B方能保证你升职加薪但存在风险，这样的情况往往是最难选择的，因为我们总是被利益所诱惑。但是，由于已经设定好底线，所以一定要坚定地选择A，这就是所谓的止损原则。

● 哪个领导能力更强，哪个领导对自己更好，就选哪一边。最终胜出的一定是能力更强的人，尤其是销售领域，一切以业绩说话，所以相对更好选择。同样的道理，选对自己好的领导站队，工作中会分到更多资源，得到更多支持。

高情商让你在职场竞争中成为幸存者

职场并没有表面上那般风平浪静，整洁的办公室，忙碌的同事，除此之外，藏在平静表象之下的故事更让人难以对付,只有秉着平和的心态和游刃有余的技巧,才能在每一次的争斗中处于主动,把握先机。

职场即战场,我们为了生存努力拼杀的同时,还要小心职场“争斗”,这些不必要的消耗可能会拖慢我们晋升的速度。

人们在快节奏的工作中最容易忽视一点——情商。唯有较高的情商,才能让你的职业生涯一路高歌而上。否则,你在职场将会寸步难行。

当年我在某台资琉璃公司时,CiCi 是市场部经理,她原是一家世界著名奢侈品公司的渠道开拓经理,渠道开拓部门由营运总监 Jack 掌管,CiCi 是她的属下。Jack 很喜欢泡吧交朋友,并且因为海外背景,特别注重自身的涉外情结和标志,经常炫耀有多少外国朋友。

CiCi 作为他手下的部门经理,当然也会成为他的邀请对象,但 CiCi 却并不给面子,在两次邀请未果后,Jack 给她打上了“不识抬举”的标签。

“工作归工作,感情归感情”,其实只是在某个特定事件中冠冕堂皇的幌子罢了,可想而知,他们之间的关系越发冷淡与尴尬。在工作方面,Jack 自然会“公事公办”,结果,没过多久 CiCi 就离职了。

有些人个性鲜明,来到新环境之后无法短时间改变,结果成为办公室“争斗”的牺牲品。也许是因为 CiCi 出身奢侈品公司的缘故,性格中高傲的部分显露无遗,她并不喜欢泡吧这类活动,也完全没把 Jack 的邀请当回事,这也是其直率性格的弊端,结果成了牺牲品，而她却完全没有意识，这就说明了情商不够高。

有些人智商很高，但情商却不足，职场很复杂，高智商并不能让你在办公室"争斗"中胜出，唯有保持较高的情商，才不至于沦为办公室"争斗"的牺牲品。

R总是公司新来的副总，台湾人，作为一家台资公司，他在这里很有优势。这次，他是来大干一场的。气势如虹的他，上班第一天就召集了各个营运部门的正副经理们开会。设计部经理也是一位台湾人，看似开朗的性格其实是用来包裹她那外松内紧特性的，看似随和的她骨子里透着高傲以及对底层员工的不屑。

会议开始后，讨论的话题当然先以销售为主。我作为销售总监，汇报了近三个月的团购业务情况和柜点销售情况，说明最近柜点销售情况不甚理想。R总开始数落起关于销售的一些弊端和柜点销售的看法，言词里颇有些不满并责怪的意思。我听后，随即提出了一些意见和想法：

第一，新产品没有跟上，特别是一些突破思路的新颖品种；

第二，柜点要保持原有的公司形象，但也可以在一些方面进行改动，以达到吸引顾客的目的。

似乎上述的两个观点得到了R总的肯定，他回过头来盯着设计部经理，意思是，请你做一下回答。

接下来的一幕，令我根本没有想到，设计部经理拿着一副腔调尖声尖气地开始反驳起来："关于新产品的开发，我们设计部认为当今市场纷乱，因此我们还没有抓住重点，也没有新思路；

其次,柜点的翻新要老板同意,市场部的配合,我们没有擅自开始的权力。”

R总一听,怎么个意思啊,我今天第一天上班,你就跟我对着干?太不给我面子了。R总顿了顿,假笑着说道:“新产品没有思路,那说明你们设计部没有出去跑,没有了解市场的动态,闭门造车当然想不出来。当然,还可以多听听团购部门和柜点的意见嘛,毕竟他们是在一线,了解客户需求,为什么你们不能放下设计师的架子,出去多了解呢?其次,柜点的翻新,你们有没有想过?有没有提出一些方案请老板审批过?或者有没有和市场部做过相关的讨论?”他接着又说:“我想请设计部,在本周做完这些项目的初步工作,下周一讨论细节。”他说完后,我只听到他和设计部经理用闽南语夹杂着普通话叽里呱啦的争论了一大通,但具体是什么内容,我已经不再关心了。

会议结束后,我还特地去了R总的办公室,表明我会督促属下的团购经理和柜点经理,拿出一些思路和初步方案,密切配合设计部做出方案,R总听后对我大加赞赏。问题出了,首先要表现出一个良好的姿态,而不是相互抱怨,领导是最讨厌抱怨的。

其实,这类情况很常见,不能说是推卸责任,而只能说是一种生存的技巧,在竞争激烈的职场里,出了问题如何把问题很好地转移,是需要多多学习的。

那么,除了拼命工作,用业绩说话之外,其他方面的生存智慧,也非常值得学习,因为这些情商技巧能够让你在职场争斗中成为幸存者。

01 妥协是一种以退为进的智慧

02 决定出招之前，一定要多方权衡

03 组建联盟

04 该出手时，不要手软

05 小事求败，大事求胜

● 面对上级不公时，硬来只会两败俱伤。下属跟上级对抗，成功逆袭的比例是非常低的，所以选择对抗不如选择妥协。无论问题是否出自你这边，你都要示弱，跟上级主动沟通，询问他为什么对你不满，然后改掉你的问题，并且主动迎合他。

● 面对同事的恶意争权时，你应该仔细权衡各个方面的利害，然后做出对抗还是回避的选择。如果对方是小人，恶意中伤，你是否有精力陪他玩下去；如果你赢了，代价是什么，利益是什么，衡量值不值得。总之，高情商的人绝不会意气用事，一切以保护自身的最大利益为前提。例如你上班就是为了赚钱，那么只要符合最大利益，就应该选择斗争到底；例如你上班就希望开开心心，那么最好选择回避，损失了利益，却免去了那些烦心事。

● 当下属对你不满，甚至威胁到你的位子时，首先要选择沟通，如果下属依然不依不饶，就要予以警告，暗示他们会有哪些潜在损失。

● 建立联盟，结识“嫡系”。你在办公室的影响力越大，你的敌人就越少，因为没人敢贸然跟小团体作对，尤其是那些跟公司高层关系不错的人。

● 小事求败,大事求胜。即便你在办公室有一定的能量,但也不能事事都占便宜,这样很容易引起大家的反感。情商高的人懂得主动放弃小利,但是关键利益从来不会失手。

老板说的话,你能听懂吗

能和老板交流,是不错的机会,但作为新进人员,特别是中层以上管理人员,能否听懂弦外之音,才是老板考察的关键因素,也决定着你是否有进一步提升的机会。

公司中层管理以上的职位,读懂老板们的文件,听懂老板们的话语,特别是话语之外深层的含义和指令,是必须要掌握的技巧,否则老板们就会觉得和你沟通比较困难,或者会认为你没有悟性,到不了更高的层次。这样的话,你的职位就不容易继续提升,你的前途就会暗淡。

你是否还记得儿时一群玩伴在一起,时间久了之后,就会在这个群体里形成特殊的语言、动作,甚至眼神。特别是语言风格,平时对话或者嬉闹时,经常会出现话接话的时刻,用一种特殊的方式互相接话,还觉得很有趣,从而也加深了彼此之间的默契和感情。有些人领悟性较高,很快融入了这种默契的游戏中,而有的成员反应稍慢,有的则缺乏这方面的感觉,所以经常被群体排挤。

其实,在所有群体中都会存在这种现象。而在职场中,特别是在高层中,这些话术又被提升了一层,所以要想融入这种群体,就要有充分的领悟能力。

在台资琉璃公司上班时,当时设计部的J经理来公司已经两个月了,她之前在一家大型国有玻璃企业担任项目设计负责人,由我们老板钦点,高薪加盟公司,可想而知老板对她的期望。

经理级以上会议大部分是讨论关于生产、销售情况和公司未来发展方向的,因此设计部很少参加,而这次因为关系到新产品的设计和开发,所以设计部也参与进来,主要是想让他们听听销售部和柜点部对于产品的一些意见,以作为今后设计时的参考和思路方向。

会议开始后,重点是关于销售和柜点情况的汇报和总结,以及下个月的计划等议题。这个过程较为漫长,等到结束时,已经接近下班了。老板接着说:“今天请了设计部的正副经理来,大家可以简单说一下关于下一期新产品开发的要求和建议,让他们参考一下。”销售经理、柜点经理、市场部经理都一一简短地提了一些建议,以及公司之前作品存在的问题,老板听后边点着头边看了看设计部经理,意思就是说,他们说的你都明白吗?然后看了看表,正准备宣布会议结束,J经理好像觉得老板看了看她,是想让她发言,就开始说了起来……

这就是听不懂话,不会察言观色的典型案例,老板是想结束会议,她却以为让自己发言。

说到间隙时,老板说了一句:“这些细节是要注意的,这个留到会后多和市场部讨论吧。”

J经理还是没听出弦外之音,依然继续说:“我觉得今天大家都在,这些问题还是当着大家的面说比较好……”老板又看了看表,被逗乐了,在场的人也觉得好笑。

很明显,老板今天也不想加班,可能是有约,而其他人也都等着下班,只有J没听懂,还在滔滔不绝说个没完。

J经理以为大家都认为她说得很精彩,就更加来劲儿了,滔滔不绝讲起来。其实,大家都知道,老板的微笑有着另外一层含义:

其一,老板之前说这些问题留到会后再说,现在J经理却滔滔不绝说个没完,他似乎觉得有些尴尬。

其二,老板觉得J经理没听懂他说的话,他想结束会议,所以觉得J经理有点好笑。但是,作为老板,他还是在对着J经理点着头,并不停地看表。

J经理是一位很执着的人,做事认真,但是领悟能力却不高,这也影响了她的发展。

当我的上级离职后,我接任了销售部总监的职位,业绩也得到了很大提升。老板也给我很大支持,主要体现在权力的放宽和费用的增加上。诸多的决定,可以先执行再做备案,费用方面也可以先使用后报销,特别是一些较为敏感的费用也可以先斩后奏。因此,在公司里也如日中天。而我自己却觉得过于高调和强势了，就开始渐渐收敛起来。

某天和老板去一家大型的台资公司见客户，路上老板和我开玩笑地说："最近，好像只忙于工作啊，其他的事关心少了？"我听后迟疑了一会儿，就明白了他这番话的含义，笑着说："人的精力是有限的，抓好主要工作最重要，有些事可以放权让属下去做，一方面体现我对他们的信任，一方面可以锻炼队伍，使团队的战斗力提升，您说我的思路对吗，请指正。"他听后笑了起来，并不住地点头称是。

两天后，老板和公司的另外一个董事陈总找到我，说市场部的总监因为身体原因要住院开刀，提出辞职，希望我能够暂管市场部。我以为是试探，所以含糊其词地回绝了。老板看了看我，然后说道："只是暂管而已，再说了，如果可以有更大的发展，也不失为一种机会吧。"我听明白了，好像是不可拒绝啊，再推辞就不合适了。

身兼两职的我，在公司里就更加引人注目了，当然我也更加忙碌起来。市场部的工作之前不太熟悉，所以压力不小，之后的细节研究也相当耗费时间。而市场部现在要做的就是调换 DM 中的产品，加入一系列新的产品进去。

我找了一家资质不错的广告公司负责设计和排版，正巧老板也来了，就拿着设计稿请他指点，他看了看笑着说道："设计得很不错，但按照我的做法，会要求广告公司再出一个稿做比较，你明白吗？"我点了点头。

其实，他这句话有几层含义：

其一，再出一个稿，可以看出之前的那个广告公司是不是用心做了；

其二，一稿通过，给广告公司的感觉是这家态度很一般，容易应付；

其三，不同的人，思路是不同的，可以通过另外一稿得到不少新的思路。

老板短短的一句话，有着多层含义，必须用心领悟。

再出了一稿，广告公司明显更为用心了，不仅在产品的位置、背景、光线等方面做了很大改进，并且在细节方面也做了修改。相比之下，我的眼界也开阔了，思路也得到了提升，最终选用了后面一稿。

老板接过我递过去的第二稿，也没有仔细看，又还给我。我想，他这样的做法也有两层意思：

其一，他之前说的话目的达到了；

其二，表示相信我的判断力。

老板时间精力有限，不可能耐心地跟你讲，往往是简单几句，作为员工必须能够领悟他的意思，只有习惯了老板和领导的思维方式，捕捉到他们的思维特点，才能弄清楚其中的深意。如果你总是听不懂老板在说什么，以自我的思路办事，那么对于职业发展并没有好处。

听懂老板、领导的弦外之音，你的水平、地位就很有可能提升一个档次。在此，我分享一些个人经验：

- 有时候嘴上说的，并不代表心里想的。这种情况非常复杂，上级言不由衷，下属就只能从表情、动作方面进行判断，所以我强烈建议每个人都学习微表情、微行为方面的内容，这样才能更精准领会上级的意思。

有时候嘴上说的，
并不代表心里想的

听话听音，想得远一点

话不一定是真的，
语气则很难造假

换位思考，才能
更好地听懂弦外之音

切忌过度领会

● 上级布置的任务，往深了想一步。上级让你去拿烟，你就把烟拿过来了。他问你“火儿呢？”你又跑去拿打火机，回来之后他又说“烟灰缸呢？”问题不能仅仅看表面，往深了想一层，你就会听懂更多内容。

● 切忌过度领会。前面之所以说往深了想一步，而不是两步、三步，就是担心过度领会。当下属过度领会上级的意思时，很可能出现喧宾夺主的情况，也就是上级明明没有说，下属自作主张执行，结果损害了公司利益。

● 弦外之音，需要换位思考。分析弦外之音，要学会辩证思考，首先是确保自己听懂了，然后换位思考，站在上级的角度再琢磨一遍，这时精准度就能够得到有效提升了。

● 通过语气推测本意。单从上级的语言分析，很难分辨真假，但是除非他有意骗你，否则语气一般不会有假。“今天的晚宴我不必去了吧？”从“不必”与“吧”两个字的语气就可以看出，上级是在犹豫，实际上希望你再继续恳求，他就会欣然前往。试想一下，如果他真的不想去，一定会这么说：“今天的晚宴我不去了。”

中层管理者如何更进一步

业务人员进入中层管理岗位之后,一方面要专注于业务水平的提升,更重要的是寻找机会,尽可能跟公司高层多做交流,增进友谊,这样就能使你的地位得到巩固和发展,也能让你更加顺利地开展工作。

和高层的接触讲究的是一种气氛,或者说得更加准确一些,是某种精神的维系,具有潜移默化的作用。

我在台湾某玻璃企业担任销售副经理之后,由于业绩较好,深得老板赏识。而相比之下,我的销售部经理(台籍),对于整个销售部的业绩提升没有多大贡献,并且销售公关费用颇高,引来老板的极大不满。所以,我作为副职,取而代之的呼声也越来越高了。

终于有一天,老板找我私下谈了这个想法,并表明我的上级即将离职。

某天下午,老板约我谈话,一起的还有公司几位董事,这阵势吓了我一跳。一一介绍之后,王董先问道:“或许你已经听说公司销售部将会做一些调整,如果你执掌销售部,你对未来的业绩是如何考虑的?”

我停了停,略有怯场地说道:“按照之前三个月的业绩来说,提升和发展速度较慢,并且客户资源和质量也未得到提高,幸好近期得到了一些改善,但业绩快速提升就需要对这些高质量客户进行维护以及深耕。因此，短时间内业绩大幅提升的可能性不大。”

陈董问道：“那你认为今后三个月的业绩情况呢？”

我回道：“如果还像以前那样，规划大大高于实现度的话，会变得毫无意义，所以我预计在未来三个月，业绩将是现在的1.5倍，即每月500万，未来半年多乃至今年年底可能翻番，基本可以实现每月700万的收入。”

老板和几位董事互相看了看，然后老板对我说：“好的，如果三个月能达到500万，我出钱为你庆功。”说完，大家呵呵笑了起来。

三个月后，在我的带领下，业绩稳固地达到了该数字，老板来到我的办公室，将一个厚厚的信封放到了桌上，然后笑容满面地说道：“你答应的事做到了，我答应过的，现在兑现，组织一场庆功会吧。”我点了点头。

叫来了助理，按照预算找了饭店、娱乐场所，还一一邀请了公司的中高层管理人员，一起参加庆功会。

当晚，是一派喜庆祥和的景象，很多同事都在包房里唱歌喝酒，而我和几位经理在一个小包间内酌酒慢聊。当晚，我们都尽兴而归。其实，这样的庆祝活动，达到了几个目的：

其一，在我接任销售部经理后的三个月，通过这次活动，宣告我的成功，稳固了我的地位；

其二，也是一种对同事间通力合作的回馈；

其三，在活动中，特意和几位部门经理加深了联络，增进了感情；

其四，也是最为重要的一点，就是在成绩面前，得到了老板的肯定和力挺，因为本次活动的全资方是公司的老板，足可说明很多问题了！

由以上的故事，从而引出四年后的小型周年庆。

进公司四年了，从副经理成为经理，四年的时间里，销售业绩得到了稳定的提升，由于底下团队的日趋成熟和人员的不断扩展，也将销售部分拆为三个部门，分别是团购部、渠道部和柜点部。我已经升任为销售总监，并且因为市场部总监生病住院，所以兼任了市场部总监一职。此时，我回想起当年的庆功会，如今身居要职的我，做好了是应该的，做错了虽然老板不会责怪，但压力不小，所以我开始居安思危，想要改变了。

老板也有所觉察，所以隐约表示想把我提为公司的营运副总，统管销售和市场两块业务。或许，他想让我看到一些上升空间吧。

三月的某一天，和行政总监在办公楼下的咖啡店午餐。我对他说，明天是我进公司四周年，想请几位部门总监小聚一番，他觉得应该庆贺，欣然接受了邀请。

第二天下班后，我们一起前往一家正宗的极负盛名的台湾菜馆用餐，以示庆贺。酒过三巡，菜过五味，话匣子也打开了。行政经理说道："说老实话，你最初进公司时，我并不看好你，一方面是你并不热衷于和我们这些'台干'合群。还有，你的工作虽然很认真，但却过于特立独行，没有团队精神。"说完，他似乎觉得过于直白，用手撑着微醺的脸尴尬地笑了笑。

厂务经理接着说道："在你做出一些成绩后，我也依然不觉得你有多少上升空间，因为这是一家台资公司，一种潜在的规则框住了员工发展，部门经理以上都应该是台籍。"说完又加了一句："没想到，你的成绩这么好，之后团队建设也做得不错。"

财务经理是个近60岁的老者，他们说完后，我看了看他，意思是该轮到你了。他看了看大家，笑着开起了玩笑："之前，对你真没什么印象，可能也是因为我经常跑台湾的原因吧。但之后，每个月底的应收账款和货款结算时，你都显得很突出，所以也会注意到你，平时嘛，没想过你，哈哈！"

他们说完后，我没急着表态，而是思考了一番，然后说道："我之前不是做这个行业的，进公司后由于要重新学习，特别是在摸索和积累客户方面，花费了很多力气，我可以毫不夸张地说，在开发客户电话以及频繁拜访时，遭到了同事的嘲笑，在工作方面还遭到了上级的打压，但我依然没有放弃，因为我对这个行业不了解，需要快速的熟悉起来，并且在客户资源方面也是空白，所以等于是白手起家，从零开始。幸好，上天比较眷顾我，给我一些实质性的帮助，得到了一些质量不错的客户，从而在业绩上也得到了一些回报。"

我接着说："那个时候，我对上升前景也不看好，觉得一家台资公司，我的职位不可能升到经理级以上，努力工作只是为了生活。"

说完，我停下了，不想说了，仿佛脑海里在闪现着刚进公司时的一幕幕。

行政部总监开始笑了起来，说道："好了啦，今天聚会高兴嘛，不提过去的事，应该庆贺才好。"举起杯，和大家一一敬酒。

厂务经理在听我说话时不住地点着头，他说道："说实话，在一家台资公司，台湾人是部门的老大，这个规则是存在的，但也不是不可以打破,你不就是一个很好的例子吗?再说了,我们几个都认为你的能力是胜任的,而且很牢固,所以这四年来我们都很看好你,并且从老板到我们都接受了这个事实。我相信,老板更是会沾沾自喜,因为他确实识人嘛。"说完,他的笑容是如此的真实,一点都没有尴尬作假的迹象。

其他几位也频频点着头,表示同意。

酒越来越酣了,大家都在醉和不醉之间徘徊。乘着醉意,我说道:"如今,我在公司算是如日中天了,同时也萌生了退意,大家认为如何?"

财务总监用半朦胧半疑惑的眼光望着我,说道:"这是干吗,现在对你来说,是一马平川,怎么要离开啊?"

我听后笑了笑,没作答。

这个晚上,大家都尽兴了。

这个晚上,是一个多么好的聚会,不仅联络了感情,而且还从他们的嘴里,了解了很多真实想法,使我更为有信心走好今后的职业生涯。

这样的管理层聚会,达到了很多意想不到的效果,我很怀念这次小型入职周年庆活动。

想要在公司更进一步,首先要跟上级搞好关系,因为你不太可能直接跟老板建立联系。例如业务员,就要跟销售经理搞好关系,中层管理就需要跟高层建立联系。我会分享一些经验,但实际上这件事是很复杂的,需要多年的磨炼才能悟出来。本节内容,我以一个中层管理者的角色提出建议,也就是如何跟公司高层搞好关系:

01 制造“闪光点”

02 深度了解

03 与每一位高层保持同样的距离

04 信息灵通，解决问题

● 作为一名中层管理人员，很多时候并不会引起高管的重视，因此就需要自己制造“闪光点”。做业绩肯定是重中之重，如果业绩出色，全公司上下都会注意到你。除此之外，你可以经常组织一些聚会，邀请高管参加，增加露脸的机会。

● 深度了解高管的性格、兴趣，然后逐个击破。先挑选与自己志同道合的人，这样接触起来更轻松。如果是性格、兴趣爱好都不同的高管，就需要花费时间培养相同的爱好，然后找机会接近他们。

● 与每一位高层保持同样的距离。这就属于站队的问题，如果没有把握，就应该与每个人保持同样的距离，虽然会影响晋升的速度，但是比较稳妥。

● 信息灵通，利用个人资源帮助上级解决实际问题。在办公室，你要建立良好的人际关系，确保可以得到更多的信息。这样你会知道这些高层遇到了什么麻烦，然后利用个人关系帮他们解决问题。例如××高管的家人生病了，想去大医院看病，你能帮忙挂号。这看似是一件不起眼的小事，却解决了他们的大问题。

如何游刃于高管圈

高管圈有着其独特的氛围和行事特点，要在高管之中不失自己的地位，那就要把握好各种技巧，以使自己处于优势之中。

当你的职位达到一定高度时，无疑要面对公司高层乃至行业高层间的人际关系，这其中蕴含着各种各样的机会，同时也潜藏着巨大的风险。而高管是一群极端精明的人群，性格、修养、兴趣、行事风格等形形色色，其中有一个最大的特点，就是他们非常相信“缘分”。

Carry Ford 是代表美国投资方入驻易趣的，作为来自西方的地道美国人，他个性爽朗、直白，但实际上却十分谨慎。

刚来时，对中国文化和这个城市充满了好奇，在车上喜欢东张西望。但我很快发现，对于同事甚至是司机，他都表现得非常谨慎，不肯多说。

到公司后，除了开始着手初步的工作，一部分时间则用来熟悉中国和这个城市的状况和文化。因此，我陪他去了不少本市的景点，品尝了一番当地的美食，逛了文化街，并介绍了一些风土人情。

陪伴是加深感情的开始，而在交流中，或许就是缘分的开始。当他用美国人一贯的做法表扬我英语不错时，我讲到自己的大学英语老师是个德国人，平时接触频繁，因此喜欢德国文化和他们的民族性格，没想到得到了他的认同，因此畅聊起来。

或许，这就是缘分吧，因为人和人之间交流多了，自然就从陌生走向熟悉，从认同到彼此欣赏，缘分就自然产生了。

Carry Ford 在公司只负责运营，行政和财务方面不是他的管辖范围，也暂时由中方人员管理，也就是原先公司的一些元老。所以，他的工作中涉及行政和财务问题时，由于观点不同，往往会出现重大的分歧和争论。而有所不同的是，美国人会把这些看作是工作，而中方人员表面上说着“工作归工作，感情归感情”，但实际上大多数中国人都会把两者混为一谈，所以，Ford 在没有任何察觉之中，已经和这些中方人员渐离渐远了。因此，他在工作上遇到的阻碍也是顺理成章的。慢慢地，Ford 也察觉到了这一点，但他却觉得不可理解。

虽然我已经和他走得很近，交流也很多，并在一定程度上取得了他的信任，但当他求教我关于公司的人事纠葛问题时，我却绝口不答，为今后减少不必要的麻烦。他有些不可思议地望着我，可能心中已经对“信任”二字打上了不小的折扣。

中西文化不同，不能随便说话，以免得罪人。

C 总是开创公司的元老之一，他原来就是主管营运的副总，因为美方高管的到来，他只能让位，现在只分管市场部，隶属于 Ford 之下。虽然 C 总现在是公司的执行董事之一，但在职位上其实是降了一级，权力方面也当然减了不少。因此，他心理十分不平衡。

他目前的优势在于和公司的董事长(公司创始人和法人)以及另外几个元老的多年深厚情谊，所以往往和很多初期注入外资的公司一样,形成了几位公司元老团结起来,暗地里和外方抗衡,争夺着一块块权力的土地。

我的招商部属于营运范畴,之前隶属于C总之下,不仅是我,销售部、市场部等部门的经理也都是他的部下,甚至是死党,因此他在公司里的根基不可谓不深。而他之前执掌营运时,也对我的招商部很关照,所以工作上以及私人感情上都较为亲近,如今因为Ford的到来,我经常陪伴着他,C总难免会有所想法。

在一次午餐时,他问我是不是和Ford相处得不错,有滋有味的,言语中颇有揶揄的意味,我只是淡淡地回答道:“这也是工作,但我还是招商部的人。”他听后笑了笑,没有应答,但显然,笑容有些舒展了。

之后的一个月,我和Ford讨论关于招商部的管理问题和导向,期间我特意提出了一个和市场部合作举办的招商VIP招待活动,Ford觉得这个想法很不错,同意了。因此,我开始和市场部一起修正策划案以及跟进执行。所以,我和C总就有了更多的交流,而关系到一些公司整体政策方面的问题,还是要回过去找Ford请示。如此来回之中,虽然我处在他们的夹层之中,确实有些麻烦,但仔细想来,却是一个游刃于两个高管,或者说公司两股势力之间的机会。对我来说,也是很有裨益的,至少不会因为得罪一方而使我陷入被动。

还是那句话,人与人交流多了,自然就会更加亲近一些,我和C总当时就处在这一阶段。在这一阶段里,为了防止别人给你贴上游离一族(就是在两边之间飘忽着,俗称墙头草)的标签,就要保证自己的不偏不倚。也就是说,不表现出或者说表面上没有现出自己偏向于哪一头,而仅仅表现为工作上的交流。于是，被世俗称为“老好人”或者“圆滑”也不失为一种另类的赞美吧。

但在私底下，肯定要偏 Ford 多一些，因为这是一种眼光以及对未来趋势的判断。当然，做出这样的抉择是绝不势利的，因为职场上的硝烟，永远是在彼此笑容满面，称兄道弟之中悄然弥漫开来的，而不会以面红耳赤甚至大打出手表现出来，这就是残酷职场的本质所在。

所以，在公司里，和 Ford 讨论工作问题之后，就应该马上离开他的办公室，不要逗留，因为公司里有 N 多双眼睛在看着。

下班时，人际关系好坏一目了然，同事间呼朋唤友，有的一起下班，有的相约去喝酒，还有的会讨论晚上去哪玩。所以，这个时间段里，往往会表现出很多细节。我在下班时，往往会刻意躲在大楼隐蔽处，在不被注意的前提下联系 Ford 晚上的安排。

身处职场，就要处处小心，以免被人抓住把柄。

这不失为一种策略。私底下和 Ford 一起晚餐或者参加聚会，达到了略偏向于 Ford 的目的。

三个月后，美方正式和公司签订了合作协议，说是合作协议，其实是美方正式注资，成为公司的第一大股东，并且准备在纳斯达克上市。而与此同时，公司的管理层进行了大范围的更换。主要形式是，美方派驻部门正职，原部门经理担任副职，或者干脆直接辞退。但我的招商部，却没有任何的变动，并且成为营运总部下属的直接利益部门。所谓利益部门，就是营运部以招商部为首要工作的起点和重点，而我也悄然地成为公司的高层，升任为招商部的总监。

Ford 在到公司半年后,要回美国总部去执行股票上市的工作,因此要离开公司。在离开的前一天,他约我晚上再聚一次,我应邀。

晚餐选在一间颇具美国风格的餐厅里,各种装饰别具特色,轮船的救生圈、硕大的啤酒桶、满墙的 NBA 招贴画和公仔。Ford 和我坐下,正准备点餐,一位老外走了过来,Ford 介绍说:“这是 H,是公司现在的招商部总监;这位是 J,是总部新派任的营运副总,你们彼此认识一下。”说完,他加了一句:“H 工作能力真的不错,也懂得不少,值得交往成为朋友。”J 不断地点着头。

那晚,我们聊得很畅快,J 和我也彼此有了一些了解,加深了印象。我们都有些醉了,而且 Ford 还完成了一个极为重要的工作——权力交接。

职场里的斗争,大部分时间表现为暗流涌动却波澜不惊,因此职场人要善于在平静的背后去看透底下正在升腾的漩涡,但却要避免投身其中,否则必将葬身海底。只要看清漩涡的方向,慢慢地接近,总有一天,你会随着大潮一起升腾而上,却不会受到任何伤害,这就是一种必要的技巧。

游刃于高管之中,使自己的价值得到体现,在职场中是最为紧要的。上一节我们已经讲过了如何跟高管搞好关系的技巧,这里就不再赘述了,但是有一点一定要注意,就是“伴君如伴虎”,说话做事一定要谨慎,三思而后行。

第五章

所谓高情商，就是轻松玩转团队管理

当你从一名销售精英成长为团队管理者之后，就应该将更多的精力投入到管理中去。管理实际上就是对人的掌控，考验的是一个人的情商能力。当你能够轻松掌控团队管理之后，你就不用再去一个人拼命，而是管理一群人拼命得来的业绩。

初来乍到,团队老人的安抚与掌控是当务之急

空降到一个新的单位之后,你对新环境并不熟悉,而适当运用团队老人、有能力的骨干,能够在短期内起到稳定团队的作用,这才是重中之重。不要一上来就希望大展宏图,稳定高于一切。

在职场,作为管理者空降到全新的环境,势必会遇到很多麻烦。对公司、团队、人员都不了解,如何开展工作是每一位管理者都会遇到的问题。一般来说,空降后将遇到几个问题:

1. 对于专业知识的学习;

2. 业务知识落后,所以工作进展缓慢;

3. 在团队管理上,需要先摸底再行动;

4. 你的团队成员,眼睛一直盯着你的成绩,有了成绩才能服众。

我刚进入易趣网是因为一次偶然的机会,在展会上遇到了F,受他之邀加入了该公司。因此,对于互联网以及网上平台购物的知识几乎是空白,所以潜心学习、积累知识,而后才能着手进行团队改造。那时,如果我盲目发号施令,只会引来团队成员

的强烈不满，让自己备受质疑。毕竟，对于互联网来说，我就是一个刚毕业的菜鸟。

在对工作内容不甚了解的时候，如何运用好原有团队里的老牌业务员就显得至关重要，这是维持业绩与团队稳定的关键因素。

刚进公司时，由 F 介绍认识了招商部的全体同事，流程结束时，F 还特地拍了拍 K 的肩膀，笑着对我说道："招商部的元老啊，我们都很倚重他。"我点头示意。

于是，下午就邀请 K 到楼下的咖啡厅里闲聊，我故意不谈及工作，只是聊聊天，拉拉家常，说些彼此的兴趣爱好等。在交谈的过程中，内向的 K 话不多，但聊得还算愉快。我们起身上楼前，他终于主动对我说道："放心吧，我是一个安分守己的人，也很喜欢这份工作。"他接着又说："现在招商部经理的位置空缺，你是副经理，肯定是经理职位的不二人选。"说完，他低下头走在了前面。

我意识到，K 是个内向的人，不善于交流，并且缺少领导能力，因此他在招商部一年多，成绩虽然不错，但却始终没有得到提升，然而从他刚才的一番话中却又可以看出，他其实是一个很有主见的人，并且对于领导职位有所期待，但似乎他更愿意做一个副手。或者说，更适合做一个副手。他的言下之意或许就是：虽然你空降而来，将来肯定会接替经理的职位，那我能升任副经理也是不错的。

他的想法跟我一拍即合，因为他是部门的老员工，又是业绩不错的老牌业务，我刚入职该部门，当然需要业绩上的稳定而达到部门的稳定，所以能笼络住他，将是我最近的主要工作。因此,在一些重大业务的讨论上,我特意把他找来,进行多次商讨,一方面可以多听听一个老牌业务员的想法和建议;另一方面,就是让他感觉到自己被尊重、被重视,有价值感,从而不会跟我对着干。

信任,有助于加深彼此间的感情,特别是上级对下属。因此,他所负责的家用电器领域,我除了看看每日的报表,基本不做什么过问。而每次他来请示一些业务问题,我也都爽快地答应,并会不时地加上一句:“这些事你自己决定好了,老业务了,我相信你。”

招商部的工作就是寻找供应商和他们的产品,寻找一些有价格优势或者极为时兴的产品,在购物平台上会比较吸引眼球,具有价格优势的会招来拾便宜货的买家,很时兴的产品又会吸引追赶潮流的买家。

业务面对供应商,或多或少会有一些利益交换的现象,虽然公司明令禁止,但私底下的一些暗箱操作实在难免。这类事情,招商部的人都会彼此心照不宣,秘而不谈,也很忌讳触及这类话题。我刚进公司的一段时间,虽然也知道有这类秘密,但也不会谈及。对于K,我当然也一样,从未和他说起此事。

进公司有三个月了,部门的业绩逐渐稳定并还在不断地攀升,部门同事工作情绪也很高,充满了活力,我的地位也得到了稳固。公司看到了我的成绩以及团队气氛,决定升任我为部门经理。

在任命公告发布的前几天,K时不时地跑来请示我问题,比之前频繁了不少,我有所察觉。换言之,他在公司的关系和根基也不浅,提前知道了此事。然而,我并没有说起这个问题,假装没发现，他为何要这样做的原因，我也是心知肚明的。

公告的那天晚上，我请公司的几位老总和部门成员一起庆祝。第二天，F 找我谈话，说目前招商部最为重要的问题不是业务开拓，而是业务员和供应商之间的灰色利益链。我想 F 特地在我升任经理后的第二天说起这个问题，说明他也是经过深思熟虑的，这说明两点：

其一，目前招商部得到了稳定和发展，可以做一些相关的整顿了；

其二，作为刚升任部门经理的我，是该做一些实质性的工作了，以显示出新官的力度。

我很赞同，并在下午提出了一个新的措施提交给了 F，他看后连连点头。也就是，以后供应商的所有产品都要以传真形式报价，供公司参考和备案，一旦发现价格有违市场规律，将从回款货款中扣除相应的差价，以示警示；而如果发现两次以上，将取消该供应商的合作资格。

该决定在部门内部认真地传达了下去，我说这是公司决定的政策措施，必须被严格地执行。因此，至少在某种程度上，遏制或者减少了这类事情发生的几率和空间，因为毕竟有盖着公章的正式报价，和我们公司严格的存档制度作为约束。

运用好老牌业务，还有一个很好的方式，就是提升职位并且轮换。对于员工而言，不仅可以升职加薪，还可以从轮岗中学到更多知识、经验，所以大多数人并不会抵触；对于团队而言，则可以有效遏制灰色地带的形成。

在我升任部门经理后的半个月，我在部门会议上宣布并祝贺了 K 升任为部门的副经理，并且安排 K 把原有电器供应商转交给他人,而组织小型团队去开拓低价收藏品。那天F也列席会议,我在宣布决定时,他在边上不停地点着头,以表示同意和支持。

以上的两项举措,得到了F和整个公司领导层的认可。其实,K对这些举措有想法是肯定的,虽然表面上升职了,但实际上势必影响其灰色收入,但是他没有办法,只能执行。而后,我会每隔三个月进行一次业务员的轮动,可以减少某些敏感问题的出现,效果十分明显。

K在低价收藏品行业的开拓很有成效,在平台交易上的数据说明了一切,成交额开始大幅提升,我也大大地称赞了他,并且向公司申请再次提升他为二级经理(公司的经理级别分为五等,他原来是四等,二等相当于正经理的级别)。他至少在表面上显出很满意,也整天乐呵呵的。

我的团队很稳定地发展着,业绩在一年内翻了一番,已经成了公司的权重部门,得到了公司上下的一致赞赏和支持。

一年后,我也升任为招商部总监,手下的六个小团队也相继扩展为六个部门,整个招商部也显出一派欣欣向荣的景象。

曾经有幸遇见一位著名的职业经理人,他的一番话我牢牢地记在了心中:"职业经理人,到了一家新公司,就如同接管了一棵正在成长中的小树,是不宜动土动枝叶的,新官上任三把火的做法实际上是很不合适的。而要细心观察这棵小树的成长情况,土壤的状况,而后再采取一些相应措施,使其更好地稳定成长,之后再采取修枝剪叶的动作,使其有更加合理的成长趋势,这才是优秀的职业经理人。"我听后,觉得这个道理很正确,也相当的受用,因此在我刚进入易趣网时,就采取了观察和固土的阶段,等到业务和团队稳定并发展之后,再采取相应的措施,是极为恰当的。

新官上任三把火,是要有火候和功力配合的。如果上任伊始就雷厉风行,大刀阔斧进行改革,难免会在一些问题上矫枉过正,从而适得其反。最关键是会引起团队的躁动,人心不安,从而打乱了正常的秩序,使原有的稳定业绩遭到大幅破坏,人员也会忐忑不安,整个团队可能面临分崩离析的境地,这是极不可取的行为。

招聘新人是当务之急,如何选人是艺术

团队稳定之后,招聘新人就成了当务之急,而对于招聘前的准备以及临场的选择与决断,也考验着一个管理者对团队或者部门未来的把控。

我在台资琉璃公司时,当时那个业务团队很沉闷,没有任何活力,工作毫无斗志,这种状态对于一个业务部门来说不仅会令人窒息,并且是相当致命的。平时上班每个人只是盯着电脑,偶尔打几个电话,同事间缺少必要的交流,工作活力得不到释放。

我加入这家公司之后,人事经理来各个部门统计是否有新增人员的需求,我立刻要求增加两名业务人员。

在此,我运用的是心理学上的鲶鱼效应,死气沉沉的团队,必须有新人加入才能重新焕发生机。

招聘会的现场很闷热,而这种环境对应聘者是极为不利的,因为招聘方往往会因为燥热难耐失去耐心与判断力。然而,此行目的明确,所以我非常认真地对待着每一位应聘者。

一个穿着粉白T恤和薄牛仔裤的年轻人递上了自己的简历,我粗略地看了看,一边在思考着他这样的穿着是不是有些滑稽与不合时宜,另一边盯着他的眼神。他在叙述自己的经历时总是东张西望,从礼仪方面来说,这是很不礼貌的行为,但我却毫不在乎。

他叫Peter,毕业于知名大学,但他的工作简历却并不华丽,而且每一份工作都干得不久,给人一种很不稳定的感觉。

我问他道:"你已经跳了三家公司了,在这三家公司里,你最深切的感受或者值得骄傲的成绩是什么?"

他暗暗收回自己的眼神,开始认真叙述起来:"我觉得没有找到适合我的工作,我也不清楚自己想要什么,或许是充满活力的团体吧,抑或是富有斗志和生命力的团队吧,我不喜欢死气沉沉的环境,这样不能激发我的激情。"说完,他出乎意料地毫无羞涩之感,令我有些吃惊。

虽然他的经历不怎么诱人,但他却是我想要物色的对象,因为我的部门需要这样充满激情的新人。所以,我邀请他第二天去公司细谈,并在他起身时加了一句:"Peter,我也喜欢激情,和激情的未来。"他听后,对我狠命地点了点头,并做出一个很有礼貌的举动——向我微微鞠了个躬。

他走后，坐在我身边的助理不无奇怪地问道："经理，这个年轻人频繁跳槽，这样的人是做不长的，并且没有什么定力，可能会影响工作。"

我听后对她笑了笑，没有回答。

说话间，来了一位戴眼镜的小男生，在坐下前先欠了欠身以示礼貌，然后正身而坐，递上了自己的简历，并且眼神很坚定地望着我，一看动作举止就属于规规矩矩之人。

我看了看 Tony 的简历，工作经历很干净，只在一家保险公司做了三年，最后的职位是区域主任级别，年薪一栏写着十万的数字。

我问道："你三年前进入这家保险公司，是怎样展开工作的？"

他先是一愣，然后坦然回答道："学习业务知识后，就打电话，一天打很多电话，然后再去一个个的拜访，日积月累后就出成绩了，之后因为有所成绩，就带领几个业务开拓区域市场了。"

我听后显出肯定的态度，点了点头。

我又问："你最初开拓客户时，一天打多少个电话？是怎么打的？"

他回答道："别的业务，一天可以打 500 个电话，而我只打 100 个，区别在于别人是被动的，而我却是有选择性地事先做一些功课，比如这个人是什么职业或者状态，相关的职业可能关系到他对什么话题比较感兴趣，总之这类的准备吧。"我更加肯定地点着头。

然后我向他说道："那请你针对我的职业和行业特性来展示一下你的推销方式。"

他想了想,说道:“作为一家公司的业务部经理,您的工作是成功的,但在享受成功喜悦时,或在忙碌之余,您应该为健康和理财留一点点时间,现在我来为您提供一个综合的健康和理财方案,使您在冲锋的同时,可以减少后顾之忧。关于健康方面的投资和保障方案……关于投资理财组合的最佳方案……”

我笑着打断了他,并且说道:“恩,很不错,切中要害,但又在其中赞扬着对方,很优秀的推销!”

我接着说道:“Tony,明天可以来公司报到了。另外,我再说一下我们的待遇……”我之所以录取了他,基于两个原因:

其一,他努力开拓客户的拼劲,将会影响整个团队,起到表率作用;

其二,他开拓客户的方式有准备性和定向性,也会带来新的工作方式,并起到示范效应。

销售团队一定要时不时注入新鲜血液,特别是像 Tony 这样赋有定力又努力工作的新人。作为一名管理者,当团队渐渐稳定之后,就要考虑加入新人,从而提升团队的竞争力。

Tony 入职之后不久,Peter 也来了,他来的那天穿得比较正式,走进我的办公室,端端正正地坐下,等着我发问。我的脑海里一边在回想着昨天他的穿着,一边和他今天的形象做比较,心中暗暗地觉得有些可笑和意外,但其实我并不意外,因为我昨天的判断得到了印证,Peter 是一个富有激情但却可塑性极强的人。昨天我的助理说他没有定性,我却不这么认为,我觉得他的适应性就是其定力的最好体现。说到底,业务需要的是什么?除了努力和刻苦之外,适应性和临场的变化,才是最珍贵的素质。

我开玩笑地说道："今天穿得这么正式？"

他稍有尴尬地笑了笑，说道："印象也不是不重要。"

接着，我们谈了一些关于业务拓展和维系客户之类的话题，我觉得他的观点大部分都围绕"主动"这两个字出发的。由此，我更加坚定了我的判断和眼光，随后就让他去人事部报到，办理各种入职手续。

第三天的中午，和他一起午餐，随便聊了起来，我又开玩笑似的问他："Peter，你是否知道我录取你的原因呢？"

他想了想，回道："我的活力和激情。"一语中的！

我说道："要保持你的本色啊。"

他点了点头。

我的业务部门原来很沉闷，大家工作的积极性都不高，几位老业务员因为手上握有一些资源，交易额也较为平稳，所以表现得不思进取。另外几位，经过一段时间的开拓，也都处于坐等订单的状态中。这是我不能接受的，所以必须要重新激发团队竞争的氛围。

自从 Tony 上班之后，就开始学习专业知识，之后便着手开拓工作，先将一大叠客户资料整理了一番，选出相应的客户标的，然后在网页上查找他们公司的相关信息，包括公司的经营范围和状况，公司的架构，公司的成立日，划转股份制的纪念日，或者股票上市的周年日子等，都罗列在表格的后几栏里，随后再开始有的放矢地打电话，和客户交流，然后从相关的话题中寻找契机，约见拜访，如此进行开拓业务的工作。

他如此有条不紊的工作方式，在部门中得到了认可，最主要的是他的业绩出色，奖金丰厚，于是其他业务员开始纷纷仿效，甚至跟随他一起去拜访客户,他们的工作方式也在向 Tony 靠拢。可以说,Tony 起到了很好的表率作用,大家都开始忙碌了起来。

Peter 在进公司一周后,除了学习专业知识,开始慢慢显示出自己的本色,他不仅在办公室里和同事开着玩笑,并且在一些业务操作上,也逐渐发表着自己的意见。这些迹象显示,在我进公司不到一个月的时间里,一潭死水被这两个新人搅动开来,业务部开始活跃起来。

Peter 开始正式开拓业务时,他那富有激情的工作方式,迅速地感染了整个部门。Peter 现在已然成为业务部里的气氛调动者,大家都喜欢他,也愿意接近他,因为和他在一起工作很开心,和他在一起就有了工作的欲望,大家的激情也被点燃了。自从 Peter 来到公司后,工作氛围得到了迅速提升,业务部呈现出生机勃勃的景象。

之后的业务部,在 Tony 认真严谨的工作作风之下,在 Peter 的激情之中,在我的业务指导和开拓交流方式的培训之后,工作力和战斗力得到了大大的提升。在两个月之后,部门的业绩得到了 50%的攀升。

Tony 忙碌的身影,Peter 从激情衍化到斗志的各种精彩段子,以及各个业务们精神焕发的面貌,让我的团队焕然一新了。

很多管理者,特别是中层管理者,都会经历招聘的过程,很多人往往会把眼光盯在学历或者工作经历上,但却忽略了很重要的一点,自己的部门最需要的是什么。名牌毕业生不一定都是正确的选择，管理者必须结合本部门的特点去寻找最合适的人选，这就考验招聘者的眼光。唯有独具慧眼的管理者，才能找到对团队有益的好帮手。

分享一些招聘新人的策略：

- 只招对的，不招贵的。根据团队需要招聘人才，适合的才是最重要的。尤其是在选择职场新人这块，某些名牌毕业生也许自带光环，然而性价比可能并不高，所以团队管理者应该根据团队需求招聘新人。

- 当老团队死气沉沉之时，放进几条“鲶鱼”。很多管理者都会遇到这样的问题，当新来到一家公司时，之前的团队氛围很差，死气沉沉，没有动力。这时可以考虑运用鲶鱼效应，招几个干劲十足的新人搅乱氛围，同时让老员工感到压力。

- 看性格，看口才，看情商。销售这行在初级阶段并不难，可以说是什么人都能干，然而后期想要干出成绩就不容易了。所以在选人的时候不用过多地考虑专业性，甚至是工作经验，最准的方法就是看性格，看口才。一般来说，选择性格外向的人准没错；另外就是看他们的说话办事能力，好口才是一个优秀业务人员的标准；最后还要考察他们的情商能力，这也是成为销售精英最重要的条件之一。

识人用人讲技巧,销售新人激励有道

新员工刚到一家公司,他们的状态一般分为几种:第一种属于自来熟型的;第二种属于观望型的,与群体若即若离;第三种是寂寞型的,默默无闻而又特立独行。先识人,再用人,根据每个人的特点选择激励之道,新人就会带给你超额回报。

Mike 因为之前有渠道工作的经历,顺利跳槽到我所在的这家台资企业,从事业务工作,但他的性格较为沉闷。来了一个多星期,办公室里很少能听到他的声音,和别人的交集也很少。同事们也因为他的沉默,而无意主动接近他。

某天午饭时,我刻意端着饭盆坐到了正在独自用餐的 Mike 身旁,他礼貌地叫了我一声经理后,又低头默默吃了起来。我也没说话,观察了他一会儿,注意到他吃饭的速度不紧不慢,想必是一个性格较为平和的人。

我开口说道:"Mike,来公司时间不长,你对公司的初步印象是什么?"

他抬起头看了看我,脸上表现出一副不知所措的样子,他回答道:"不错,不错。"我听后笑了笑。

随后我又问道:"经过了一个星期的业务学习,你觉得下一步怎么样开展工作呢?"

初次接触，我觉得随意聊天，甚至涉及个人隐私话题是极不合适的，因为他不是一个开朗的人，而谈工作却比较能打开话匣子。

他慢慢回答道："再看看吧，我之前做渠道的，开展工作不会太难。"显然，他没有之前那么紧张了。

我以赞赏和期待的眼光望着他，说了声："我看好你！"

每个人的性格不同，像 Mike 这样的员工或许是非常有想法的，但却需要引导和推动。当天下午，我找来渠道部的主管，询问一番最近的工作进展和下一步的设想，我根据他的陈述，初步拟定了最近渠道工作的重点和发展方向。然后叫来 Mike，将提纲交到了他的面前，说道："Mike，你可以看看这几个提纲，提提意见，看有没有需要修改的，或者你可以选择性地挑选一项，把工作开展起来。"

此时，我从他的眼神里读出了一些什么，我想他有点惊讶，这种惊讶或许来自我对他的信任。他看了看那份提纲，欲言又止。随后，从中挑选了一项，并保证立刻着手准备，明天就可以开展具体工作。

我满意地点了点头。

第二天，他还是默默无声地埋头工作，桌上堆了一大堆资料，边研究边写着什么，有些旁若无人的状态。到了下午，办公室里不断地听到了他打电话的声音，虽然声音较低，但可以明显听出他的专业与执着。

快下班时，我故意拿着水杯路过他的办公桌，对他竖了一下大拇指后，径直走过。我想，我不用说什么，因为一个表示赞赏的动作,足以让他感到振奋。

第二天一早,他来到我的办公室,提交了一份关于选定项目的计划书,足足有 6 页,我仔细地看了一遍,非常专业,我边看边不住地点着头,然后在第一页上签下了我的名字,并加注:“已阅,很好。”

之后的两周内,他的干劲节节攀升,办公室里都是他忙碌的身影,打电话联系业务的声音也越来越高。

第三周,渠道部主管和 Mike 来到我的办公室,递交了一份详细的报告,是关于这个项目综合情况的汇总。两周的时间内,增加了五家潜在的经销代理,已经接洽过其中三家,并草拟了合作备忘录。但对于一些折扣和政策方面的细节,需要我和公司总部进行最后的沟通,拿出一个最终的意见。

我一边点着头,一边说道:“如果总部的市场营运总监今天回来,我将和他视频洽谈细节,下班前给你们最终的决定。”说完,我又对着 Mike 竖了个大拇指。

一个月后,我的销售部扩展为销售总部,我升任了总监,Mike 升任了渠道部副经理,专项负责同行业领域里的渠道经销代理项目,并且取得了骄人的战绩,一口气签下了那五家经销商。也在之后的一个月里,为公司带来了 20%的业绩,成绩不菲。公司上下,也对这位默默无闻,低调行事的同事刮目相看,他的名声开始高涨起来。

对于 Mike 这种性格沉闷的新员工,沟通与鼓励是很重要的,这样才能激发他的工作热情,提升其工作能力。于我,于公司,都是有好处的。

我们在缺少沟通的前提下,往往会被一个人的表象所迷惑,从而做出错误的判断。作为团队管理者,绝不能犯这样的错误,你必须努力接近每一位员工,发现他们身上的优势,每个人都有闪光点,只看你如何去发掘。

公司招聘时,我觉得J的性格比较活泼,非常适合做业务,所以将他招致麾下。进入公司后,他的活跃劲没有丝毫减弱,甚至还表现得有些浮躁,有些部门的领导并不喜欢他。索性他在同事中比较受欢迎,也为他带来不少机会和利益。比如前台经常接到新客户的来电,就会转给J;再比如,J随和的性格让他的人缘很好,而且经常给予同事们一些小恩小惠,这些都为他带来不少客户信息。所以,虽然他游手好闲,比较散漫,但业绩总不会垫底,偶尔还能拿下大订单。

其实,他才进公司一个月,新人能在一个月里就有大单,也是很出色的表现,虽然我有时也看不惯他的工作态度。公司其他部门的领导都是如此,多次在聊天时跟我提及他的态度问题,我听后只是笑了笑,没做任何表态。

我接了一个特大的订单,我的助理和几位团队经理都吵着闹着要我请客,我答应下午业务部全体放假,去高级KTV"黑贝",让助理先订了大包房。

KTV的包房里,大家都玩得很高兴,当空酒瓶渐渐增多后,气氛又上了一个新的层次。J在现场很活跃,和同事们嬉笑着,还搞出诸多花样,玩得不亦乐乎。

之后,他坐回到了沙发里,举起啤酒罐,独自喝了起来,几个同事来拉他继续玩,他却表示没有兴趣。

我察觉到之后,举着啤酒坐到了他的身边,发现他的眼神中有些醉意,但也看到了某种忧郁的神情。我问道:"怎么了,不是玩得挺好嘛，怎么突然就情绪低落了?”

他望了望我，苦笑着说道:“经理，其实我之前在两家公司，情况都不怎么好，是不是我真的很散漫啊，所以都没待长久，也没有像样的成绩。今天很开心，但回想一下，喧嚣和热闹过后，终究是要靠自己的实力才能立足，现在这家公司很好，但我似乎已经改不了自己散漫的性格了，所以想来也不会待长久。”

我听后笑了笑说道:“我招收你进公司，就是因为你的活力，这是一个好业务的基本特质。所以，你不必担心未来，只要踏踏实实地做，再利用你的交际能力和小聪明，肯定会成为公司未来的业务之星。”

我又补充道:“但一定要克服自己的懒散意志，要以惊人持久的意志力真正地做一些工作，为今后铺垫好坚实的基础，这才是你现在要改变的，你说呢?”

他听后点了点头，回过身对我说:“我太年轻，没有很好的自制力，我也很想克服，但往往做不到。所以，请求经理以后多多鞭策我，我才有动力踏实做事，可以吗?”

我笑了起来说道:“看你平时嘻嘻哈哈的，没什么心事，其实你不是没有头脑的人，今天我不会把你说的话当作酒后胡言，我可真的用鞭子天天抽你了哦!”

他狠命地点了点头。

从此，他每天早上都会主动找我汇报工作，我则会给他一些工作建议与具体的指示。每一次，他走出我的办公室之后，都像打了鸡血一样充满活力。

一个月后，他的努力换来了不错的业绩，他已经积累了两位数的客户，并且保持着良好的同事关系，其他部门的领导也开始渐渐认可他。J 的订单越来越多，不少客户已经成了他的长期客户，甚至成了他的朋友。J 已经发生了根本性的改变，从一个玩世不恭的业务员，成长为业务部的销售精英。

我觉得识人就像买股票一样，是个潜力股，不要被这几天的走势所迷惑，而要坚定地看好、持有，才会给你带来不菲的收益。

在公司或者团队中，新员工都有一段适应的过程，在这段时间表现不尽如人意是完全可以接受的。需要领导仔细观察，发现每个人的优势，从而有针对性地进行激励，才能让员工展现出最好的一面。

我们这里介绍的激励方法属于务虚型，这种方法只针对职场新人有效。如果针对那些职场“老油条”，最好是采用务实型的激励方法，比如拿出真金白银，否则都是在浪费时间。

针对销售新人，我们应该如何制订行之有效的激励方针呢？结合我的经验，给出一些实战技巧：

01 不同性格，不同激励策略

02 让下属放手去做，也许会收到惊喜

03 当下属不被重视时，心气也就没了

04 每个人都需要公平的竞争环境

05 看到未来成长的机会

● 根据每个人的性格制订激励策略。

■ 针对内向型的人，一定要频繁沟通，引导他们说出内心的真实想法。这样做需要时间,甚至要跟他们成为朋友,然而一旦跟他们处于同一个频率,他们就会死心塌地跟随,并激发出十足的干劲,且持续时间较长。

■ 针对外向型的人,由于情绪波动较大,所以业绩也会出现起伏不定的状态。这就需要对其频繁激励,一般短期内效果明显,但是持续时间不长。同时,激励的方式要多种多样,相比于一个赞赏的动作,一次谈话,对这类人的效果并不明显。可以给予一些期待,私下一起喝喝酒,唱唱歌,多带他们出去见见客户……这样的方式更适合外向型的业务员。

● 放权,让员工放手去干。通过沟通,一旦确认员工的想法,就应该鼓励他们放手去做,充分授权。不用担心他们做不好,对于新人来说,做不好是正常的,只有这样才能成长。一旦得到充分授权,新人就会充满斗志,不会辜负这份信任。

● 积极采纳员工的建议。如果员工的提议不被重视,那么一两次之后他们就不会再提了,很快心气就没了。作为领导,不可能采纳每个人的建议,但是一定要重视每个人。对于那些不合理的建议,要告诉他们为什么不予采纳,让下属感受到尊重,他们才会更积极去工作。

● 一视同仁,给每个人创造公平的竞争环境。对于年轻人来说,一旦受到不公平的待遇,就会影响工作心气,所以领导应该尽可能创造公平公正的竞争环境。

● 让员工看到成长的可能性。现在的年轻人谁也不傻,如果待遇相差无几,他们更关注的是在你手底下能学到什么。所以,定期培训,设定轮岗机制,多给机会……这些都可以从侧面激励新人。

培养自己的“嫡系”力量

一个性格开朗的人，会积极地和周围的人沟通，甚至会毫无保留地袒露心声；而有些看似开朗的人，在嬉笑之中，却保持着一份谨慎或者底线，对于一些敏感话题绝口不提，也不怎么参与，往往可以避免纠纷和伤害。

以上的话题似乎和本节主题不太相符，但其实这才是职场真谛。人在职场，交友会变得更加谨慎，因为大家都秉着一种自我防御的心态，不会轻易敞开心扉，因为害怕受到伤害，害怕前途受到影响。

而重点是，作为一个团队领导，在坚决挖掘自己“嫡系”的同时，也不要急于袒露心迹，否则会让你的“嫡系”和下属觉得你没有城府，不够成熟，从而不敢靠近你，也就不会成为你的得力干将或知己。

Rony是易趣市场部的经理，照理说做市场的人，一般都很精干，还非常圆滑，人情世故亦收眼底，处事都相当的明白，“干净”。

这里“干净”的意思是，处理事情或者人情世故的思路都非常的清晰。

Rony做市场工作已经有十年了，之前成绩一直不错，作为一家互联网公司的市场专员(比经理低一级),一举拿下了“九城”的巨大合作项目,因此当时在公司里也算是如日中天、名声显赫。但不久却离开了,我猜想应该是缘于某些敏感的是非吧。

当时老板招收他进公司,就是看重他的才干。作为我们公司新任的市场部经理,和其他一些新任的领导一样,首先要理清团队的事务,随后就开始寻找能将,然后就是挖掘自己的得力助手和“嫡系”了。因为只有这样,你的部门才会保持强大的战斗力以及稳定性。

强援是最重要的,必须极力挽留,他们是团队业绩的保证;其次就是挖掘“嫡系”,他们是团队稳定的保证。

Rony 也是这么做的。

Terry 原来是业务部的,在业务部待了一个月,因为他家人的“某些特殊关系”,比较“适合”做市场这一块,当时的营运总监就将他调入了市场部。他在业务部时,我对他比较照顾,不仅在专业知识上倾心相教,而且还将一些小订单发给他进行练习,所以他心存感激。而且我们也比较谈得来,从而,我们俩的关系处于同事跟朋友之间。

对于“皇亲国戚”,保持良好的关系是很有必要的。

渐渐的,他和我走得越来越近了,也开始对我敞开心扉,给我印象最深的一句话是:“您平时对一些公司机密绝口不提或者私人话题守口如瓶,我反而觉得您是比较安全的,所以有些话,可以对您说。”在我依然保持着一些底线的状态下,我们成了真正的好朋友,虽然他已经调入了市场部。

Rony来到市场部之后，也看出了Terry的重要性，又因为他和我走得较近，Rony很想让Terry成为他的“嫡系”。所以，性格爽朗的Rony主动和Terry进行了沟通，并且将一些部门机密和市场方面的敏感话题对Terry和盘托出、毫无保留；还将一些重要的任务交由Terry来做，以获取Terry对他的信任。但是，Terry表面应承附和，心里却保持着一份警惕。他见Rony不分场合而说一些敏感的话，或者不顾人情而做了一些容易造成暗流涌动的决定时，他的警觉性告诉他，不该深入到Rony的“漩涡”之中。

Rony做事雷厉风行，能力不错，然而情商不高，在表达方面过于直白，没有心计，经常得罪人却浑然不知，这也影响了他的职业生涯。最终，Terry没有成为他的“嫡系”。

之后，老板决定升任Rony为营运部副总监，但却没有说明他的职责范围，实际上这是一种明升暗降，虽然老板欣赏Rony的工作能力，却对他的处事方法颇有微词，这一招也是无奈之举。

一周后，Rony离职了。

职场复杂，毫无心计的人并不适合当领导。

再来看看Aron的案例。当时公司需要一个网管，Aron是我的一个朋友推荐的，符合条件所以加入了公司。

我们分属不同的部门，但因为我算是引荐人，所以他和我的关系不同寻常。然而，身处职场，引荐人和被引荐人的关系其实很敏感，不要想当然认为他一定会成为你的“嫡系”，否则你会输得很惨。而我就是秉着这样的想法，在维持友情的同时，和他保持着一定的距离。

Aron 进公司后，做得很出色，首先把公司的网络系统重新梳理了一遍，工作得当，老板很满意。

这时问题来了，除非是一家超大型的公司，网管岗位是极其重要的，但我们公司属于中型企业，在网络和后台管理稳定之后，网管似乎成为可有可无的职位。Aron 也意识到了，向我提出了类似的想法，觉得该岗位不确定性太强，没有归属感。我给了他一个建议：归属于一个部门，然后监管网管的工作。他欣然接受了，最后也很顺理成章地选择我的部门——业务部。

当时我刚接掌业务部不久，部分业务人员依然属于前任的“嫡系”，而他们对于我的到来肯定会心存疑虑，而我要做的就是打消大家的疑虑。Anny 是业务部的老员工，和我极其谈得来，久而久之，她成了我的得力干将，也算是半个“嫡系”吧。对于一些事情的处理方式，彼此间也有不少的默契感。

Aron 进入业务部后，我特意指派 Anny 去带带他，而不是我直接来带领，其中的深意，Anny 是很明白的。所以，她很悉心地教导他。

当 Aron 对业务熟悉了之后，他的业务能力很快就发挥了出来，业绩也开始提升了。有时，我还特意叮嘱 Anny，让她把某一笔业务交由 Aron 去谈，Anny 也明白我的用意。

三个月后，Aron 成为了业务骨干，我对他的信任度也逐渐提升。渐渐地当我跟 Anny 讨论一些业务问题时，甚至涉及一些敏感话题，都不会避开他。Aron 也感受到了我对他的信任，渐渐成了我的“嫡系”。

一个主管的领导力，在开会时是可以察觉出来的：

其一，当领导发起一些讨论话题时，总有几个会积极响应并热烈讨论的；

其二，当领导发布一些决定或者安排时，也总有人表示支持或者应和。

这就是“嫡系”的作用！因此，每当我讨论一个问题时，Anny 和 Aron 就会积极发表自己的意见，每当我宣布一个决定后，他们就会表示“马上去做！”

那么，如何物色人选呢？并不是一两句就能讲明白的，需要时间的积淀，没有多年的工作阅历，是很难看透一个人的。在物色嫡系的过程中，很多人都吃过亏；但不要怕，人是最复杂的，看不准很正常，但是如果你想成为一名优秀的领导者，就需要不断历练，不断试错。

● 通过拉近空间距离进行深度了解。心理学家纽加姆做过一个实验，证明在初期相处的过程中，空间距离决定了人际关系，例如同宿舍的人关系明显更好。这是第一步。作为团队的领导者，在物色“嫡系”的过程中，一定要主动出击，频繁接触目标,这样才能更深入了解对方。然而,千万不要急于作出判断,因为人际交往的后期,空间距离便不再起作用,而是由相同的性格、价值观以及处世态度等因素决定的。

● 寻找特征相似,价值观相同的人。人们喜欢与自己相似的人交往,这是人性的特点。所以作为优秀的领导者,一定要具备敏锐的洞察力,找到特征相近的人,然后进一步寻找价值观相同的人。一般来说,这些候选人更容易成为你的"嫡系"。

● 日久见人心,遇事见真心。如果不想看走眼,最好不要着急,时间是最好的判断标准。如果你想缩短时间,就需要制造机会考验下属,因为遇事的时候最能看出一个人是否忠诚。

建立"嫡系"友情

一个团队的领导者,能力一定要过硬,这样才能让跟随你的人看得到未来;团队领袖,要有对整个团队建设的明确思路和短、中期规划,比如团队人员的构成,各个人员在团队里的不同属性和作用,等等。而这些人员之中,你的"嫡系",起到了至关重要的作用,有助于团队稳定,增强凝聚力,为团队发展提供坚实的基础。所以,刚刚接手一个团队,首要工作就是物色人选,建立"嫡系",然后进入培育"嫡系"阶段,加强和"嫡系”的友情，从而实现稳定团队的目的。

我跳槽到一家上市集团公司时接手了一个团队，人数很少，并且有些人跟总部的高级干部有着千丝万缕的关系。我作为一个空降的分公司总经理，除了熟悉公司的状况，还要面对这些“皇亲国戚”，而这些人大部分都在混日子。

这样的情况较为棘手。我的初期工作必须放在人员的整合与团队建设上，特别是挖掘和培养自己在团队中的“嫡系”。

Mark 的皮肤黑黑的，长得胖胖的，有些喜感。因为他之前在保险公司做过两年多的销售。保险销售人员，平时需要跟大量客户接触，所以拓展客户经验这方面没问题。正因此，我比较看重他，亲自面试。

他是外地户口，只会讲普通话，简单攀谈之后，知道他从小随父母来到了上海，会说一口流利的上海话，因此显得亲切了不少。我让他向我推销保险，他显得很专业，富有激情，因此我录用了他。

学习专业知识时，他表现得不活跃，但在专业考试时，他是第一个交卷的，并且成绩也很不错，因此我也更加关注他。

之后他开始拓展客户并涉及具体的业务操作，他的勤奋与悟性体现了出来，无论是电话拜访还是登门访客，都做得很专业，而业务方面也无需过多指点，都能操作得井井有条，让人较为放心。

我觉得他是可塑之才。

一次与他讨论业务，当谈到关于客户方较为敏感的话题时，他的明理和识时务，给了我深刻印象，让我觉得他的悟性极高。

之后,我们交往逐渐多了起来。一起去客户处谈订购案子,参加一些协会举办的活动,或只是坐在陆家嘴的露天咖啡馆闲聊,由此感情开始加深。

很快,他成了我的追随者,我也开始把他划归为自己的“嫡系”。而更为重要的一点,他的业绩开始显著提升,并有迅猛发展的势头,因此他在公司里也有了不少底气。

经过一段时间后,我向老板提出了整顿上海公司的想法和请求,他欣然批准了。因此,我开始“清理门户”,逐步将一些人员请出了公司,开始正式建立自己的团队,当然首先扶植的就是Mark,提升他为团购经理,并帮助他组建团队。

每当进入一个新的环境,组建自己的团队是非常必要的,一旦时机成熟,就要毫不犹豫地“清理门户”,挖掘自己的“嫡系”。

人和人相处久了,友情会越来越深,Mark已经成为上海分公司的骨干,也成了我的挚友,很多决定我都会征求他的意见,并且在发布之后,他会积极地响应和实施,力度和效果可圈可点。

我接手这个分公司已经近半年了,业绩得到了快速提升,团队也已经逐步稳定下来,而他也是功不可没的,我的“嫡系”——Mark。

再来看一个案例。这是一家上市公司,我加入时K是公司元老,主要负责公司柜点方面的运营,在这个行业也有几年了,和一些大型商场的商场经理和老总关系都不错,因此公司柜点维护得不错,也正处于发展的势头中。他的性格比较低调,但其实混迹于商场圈的人,都是“老油条”。

我进公司后担任业务部副经理一职，由于积极开拓客户，在短时间内业绩得到了迅速提升，之后我的上级离职，我被升任为业务部的经理，全面负责团购业务、渠道业务，以及柜点的维护与发展。

但在柜点的经验上我较为欠缺，而K则是这方面的行家里手，我要依托于他也是很自然的，更何况K在公司里的资历比我老了很多。所以，柜点方面的工作，完全放手交给他来处理。

放手二字，基本概括为阅读每周柜点销售报表，分析销售数据，在柜点的维护上积极倾听K的意见和建议，而我不会发表任何意见，全权交由他来处理；在柜点撤换或者增加方面，和K讨论一些重点问题，双方讨论有定论后，我基本只是偶尔关心一下，遇到重大的决策，也是先听取他的意见，在没有违背总部意愿和规划的情况下，一般他的意见就代表了决定，也由他去执行。

在柜点或商场出现一些问题时，我会陪同他前去洽谈，协商之后由K来具体执行。

某天午饭时间，在楼下的咖啡馆里遇到他，于是坐在一起用餐，所以话题就多了起来。当聊到关于孩子的话题时，我们双方的意见是那样的契合，所以隐隐中多了一份默契和亲近感。临用餐完毕起身时，他突然对我说了一句："你是合格的领导，老板没看错你。"

我问道："怎么说？"他笑了笑，没作答。

之后的一个星期，我们之间的业务讨论更多了，他也经常拉着我去见某商场的老总或者柜点经理，我开始进入到他的圈子里。之后,我也进入到他的朋友圈,我们成了朋友。

虽然我和他越走越近,但当遇到一些业务问题时,他来和我商量,而我依然像过去那样,给他充分的自主权和执行权,而没有因为我已经掌握了资源与信息而横加干涉。他心里很明白这点,所以经常向我说一些心里话,这时我意识到,他已经可以算作我的"嫡系"了。

K 在柜点的维护上做得很稳定,销售额也在逐步攀升,在柜点开发方面也不错,并在两个月内顺利拓展了两个五星级商场的新柜点。随着私人感情的升温,K 对我也是鼎力支持,积极地拥护并执行我的决定。因此,我的工作顺利了许多,也为我带来更大的信心。

某天晚上接到一个电话,是 K 的老婆,她慌张地说 K 住院了。我没想到,K 会让妻子第一时间打给我,说明了他对我的信任,而我绝不能辜负这份信任。我挂下电话,连夜赶往医院。此时,我的心情已经不是上级关心下级的情理举动,而是一个挚友之间的急切心情了。

到了医院,K 还躺在医院的走道上,挂着水,他妻子在边上十分焦急,并说因为住院部没有床位,所以只能留在观察室的过道上。我赶忙打了个电话给我的一位朋友,并等待他的消息。

为什么会打给我?不仅因为私交不错,还因为 K 知道我有资源。

十分钟后,朋友来电话说搞定了,床位已经弄好,心脏方面的主任医师也在赶往医院的途中,我深谢后转告了这个消息,K

的妻子非常激动，连声道谢。

忙了一个晚上，后来我在椅子上睡着了。醒来后，K的病情已经稳定下来，我也回公司上班了。

他出院时，我正好在外地出差，特意安排助理买了一束花前去问候，我也在外地给他打了电话。

这件事之后，我们的关系更加稳固了。对待下属，尤其是自己的“嫡系”，能帮忙的尽量帮，你的一个电话，也许就能换来对方的以心相待。

人和人之间，如果有过这样一段经历，彼此之间的感情会非常牢固。所以，K对我的忠心再也不用担心。我们之间几乎无话不谈，甚至还包括很多的个人隐私之类的话题，我们还成了“通家之好”，两家人经常一起聚餐，甚至外出旅游。他的妻子和我的妻子，私下里约着一起逛街，俨然一对很好的姐妹了。

年之后，我到了另外一家集团公司，担任上海分公司的总经理，他义无反顾地跟随我而去，在新的公司里担任柜点部经理，新公司柜点方面得到了有效的整合和快速的发展，在柜点问题上，他已经成为我的得力干将，我也将这个项目及其放心地交予他全权打理。

一位领导者，只要善于识人，并善待下属，才能培养出自己的“嫡系”，加深和他们的感情，从而保证团队的稳定。

物色人选属于第一阶段，培育“嫡系”则是第二阶段，关于如何维系与“嫡系”的关系，我也跟大家分享一些经验：

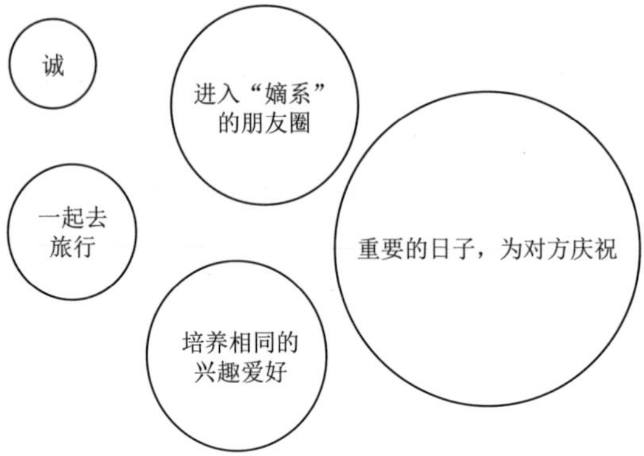

●频繁接触,以诚相待。如果你对自己的“嫡系”藏着掖着,除非你玩得好,让他们察觉不到,否则很快就会失去人心。既然确定了“嫡系”,就应该以诚相待。同时,平时要频繁接触,这是维系关系的基本原则。不止限于工作上,增加私下交流的时间更有效。

●进入“嫡系”的朋友圈。当你能够进入“嫡系”的朋友圈,甚至是两家人成为朋友之后,你们的关系就会更上一个层次。

●培养相同的兴趣,增加交往机会。真正的朋友往往是志趣相投的人,想要跟“嫡系”走得更近,就要关注并努力培养跟他们相同的兴趣爱好,这样更容易走进兴趣圈,从而增加接触的时间。

●一起去旅行。尤其是带上双方的亲属,一起外出旅行。利用旅游的机会,可以更好地增进感情,同时可以更深入地了解一个人。

●重要的日子,为对方庆祝。这要根据对方的性格而定,例如有些人不喜欢热闹,不喜欢被关注,就不适合这种方法。不过,对于绝大多数人还是奏效的。例如对方的生日,除了私下庆祝之外，还可以邀请同事们一起。这样一来，下属就会觉得备受重视，从而心生感念。

通过放权表达信任，提升团队战斗力

《三国演义》中，诸葛亮的智谋和才干是十分出色的，但他最终却因为事无巨细的操劳和劳累而终其一生。我想，他对属下是信任的，也会放权，但却没有解决内心的猜忌，从而身心疲乏。可以说，他并不是一个优秀的领导者，而只是一个辛勤的耕耘者。

职场中也是同样的道理，当你的左膀右臂始终没有真正得到你的信任和放权，那你也无法真正感到轻松，渐渐地导致身心俱疲。

宏全企业有限公司是一家大型的台资企业，公司里等级明确，我在进公司后的第四个月，升任为华东区的区域主任，团队中有近 10 个人，分别负责不同层次的客户。

刚刚上任时，因为华东区是公司业务的主要区域，业务量很大，所以我要管理的事情特别多，团队中每个人的具体业务情况，我都要事无巨细地过问。因此，管理这个团队使我每天非常忙碌，也非常劳累。

某天午餐时间,和华南区的主任一同用餐,他算是公司的元老了,对公司的深层情况都比较了解。和他说起我的团队时,他给我的建议是:信任和放权。

我问他具体的做法呢,他说比如你团队中的×××,负责这个属性的客户已经有近一年了,你只要掌握他工作的大致进度和情况,每周的销售报表,其他的细节一概不用多管,只要加深彼此之间的个人感情,而使团队稳定,富有战斗力,就完全可以成为一个出色的团队了。

我觉得他说得极有道理,连连地点头。

接下来的一周内,我试着和团队中的每个人加深感情,还包括组织一些集体活动,在活动中加强团队的凝聚力,和每一位成员进行良好的沟通,而且不局限在工作层面。至于每个人的工作,我不再过问具体细节,只是对个案进行讨论,或者共同寻找解决的方法。

就华南区主任所说的J,进公司已经快一年了,说起来资格比我老,所以我对他比较尊重。他负责的是华东区的一些大型酒厂,每月的销售额较为稳定。而他本人的性格属于偏内向型的,话不多,很少发表意见。

某天下午,他来到我的办公室,向我提出了某大型酒厂订购合约灰色部分的处理方式,并说了一些具体的细节和比例,而且对方要求以现金进行结算。虽然灰色收入的问题很常见,但因为之前从未涉及过,所以还是要向公司请示后再做决定。然后,我征询他的意见,他思路极为清晰地向我分析了订购总金额,大致的利润比,以及今后长期订购的可能性等要素,说完就起身离开了。

我立即打电话向业务部的经理请示这件事，Z经理听了关于本次订购的总金额和具体数量，以及整个订购协议的实效时间后，给我的回答是：你根据利润比自己把握吧。

对于此类敏感而棘手的问题，我没想到Z经理的回答这样含糊，在我感到无法决断时，忽然想起了华南区主任之前说的一番话，所以猛然就明白了其中的道理。

我再次仔细核算了成本和利润后，立刻把J请来，将公司决定告知了他，而且还把这部分的比例（告诉他时，我留了1%的空间作为退守）也告诉了他，让他在这个比例范围内自行把握，并说洽谈完毕后只要将结果告诉我就行，随后就可以具体执行了。

我用Z的手法，将责任转到J的身上。这不是推卸责任，而是放权，因为J很有经验，我不懂就不必掺和了。

他听后一口应承"是是是"，并笑呵呵地表示满意。

午餐时，我特地坐到了他的边上，边聊天边吃饭。自然说起了工作上的事，我就顺口问他关于这次订购，我的答复你还满意吧。他笑了笑，接下来他说的话，令我有些吃惊："自你升任主任以来，我一直认为你的工作过于繁重了，我们区域内有十个业务，分管不同的行业和区域内的小区域，而你事无巨细都要过问，我个人认为没这个必要。"他特地加了一句："别怪我多嘴啊！"然后又说道："如果你管得太多了，不仅自己太累，而且下属也会有意见，会认为你对他们的能力不信任，从而导致他们只能被动地听指令，时间久了就会变得消极怠工。虽然我们只是一个华东区，但却是公司业绩的重头区域，业务量一向很大，所以你要信任你的属下,学会放权,发挥他们的主观能动性,这样团队的凝聚力乃至战斗力才会更强。”他停顿了一会儿,又刻意加上了一句:“真的算我多嘴了哦。”

一位下属如此直接的告知上级该如何做,可见底下的意见不小,我必须引起重视。

我听后感触相当的深,没说话,只是在咀嚼他的话和思考之中,而他闷头吃着,还时不时地稍抬眼看看我的反应……

那会我刚进入职场,只有三年的工作经验,虽然在之前的公司里也做过区域主任并带领不止十人的团队,但这一次的感触是最深的。

之后,我接受和运用了这种模式,在掌握原则和了解每个人工作走向及业绩的情况下,不多加干涉,而是表现出信任的态度,让他们在原则范围内大胆地去工作。没想到,我的华东区团队却焕发出了意想不到的热情,在三个月后,团队的业绩有了30%的大幅提升,公司为了表彰我们的业绩贡献,特地拨钱给我们区域,组织去外地旅游了一周。

Bony的性格是属于那种较为张扬的,虽然他只是一个业务员,但说话和行事风格都很高调,所以在公司里,包括一些其他部门的领导在内,都不喜欢他。在他们看来,这种性格的人做事不牢靠,我也是这么认为的。

当我接手这个团队时,业绩不怎么好,也没有任何士气,特别是Bony,我觉得他不仅过于高调,而且看上去十分懒散。刚进入这个团队,因为要维护团队稳定,我并不准备高调开除任何员工。所以,在和每一位团队成员谈话时,我都会以鼓励为主,对 Bony 也是。

送到天津的标签出了点问题，由于天气较热，标签有些收缩，厂商来反馈甚至投诉，这类事情司空见惯但也较为棘手。我对 Bony 说和他一起去天津解决此事，而他却信誓旦旦地对我说，他独自前往就可以了。我疑惑地望着他，但他的表情和眼神却很坚定。

第二天的下午，他从天津来电话，说此事已经顺利解决，使用后尚有10000张实在不能使用，厂商也没有坚持要索赔，只是要求我们补齐就行。

此事，解决得很漂亮啊。从此，我开始对他另眼相看了，以前的观念，淡了下来。

在经理级以上会议上，我特地提了一下此事，虽然只是例行公事般的汇报，但其实还有其他的含义。我的用意有两个：

其一，说明我接手这个团队后，最散漫的人也能很好地处理事情；

其二，为 Bony 挽回一些声誉，也有利于我的管理。

Bony 接了一个酒厂的大订单，限期交货，不得有误。但工厂在生产时，标签上某个颜色却出现了小比例的偏差，酒厂坚决要求退货。这次，Bony 依然主动请战，说他只要独自前往，便能很好地解决此事，我同意了。在他出发前，我对他说道："这批产品的颜色偏差，肯定是我们的责任，你先去谈，解决的方案如果没有大的出入，你在客户那里拍板就行，速战速决为上。"他听后，狠命地点了点头。

两个小时后，他发来短信，说为了某个问题还在僵持着，但应该没什么大碍，我回答了他一个字"赞！"

快下班时,他打来电话,说问题已经解决,对方提出本批产品折价80%结算。我说本次产品先用着,按照原价结算,而下一批产品则按照本次的价格打九折。在僵持一段时间后,对方同意了,问题彻底解决,未给公司带来损失,又增加了下一次订购的预期,算是比较完美的结果了。

第二天,我在会上再一次提到此事,肯定了Bony的能力,老板听后大加赞赏,大肆地表扬起Bony来。其实,那不就等于在表扬我吗?

之后,我的团队逐渐恢复了战斗力。人都是有能动性的,之前散漫的团队,只要领导者善于激励与管理,就会将大家的士气提振起来,而一旦信心上升,能力自然就会发挥出来。我对他们的信任与放权,其实是一种尊重,使他们被激励,从而更加努力地工作,创造出更好的成绩,这也是我所希望的双赢结果。

通过多年的管理经验,我意识到信任与授权真的是非常重要,否则不仅自己会被累死,整个团队也会失去进取的动力。我总结了几点经验,与大家分享:

01 全程知情

02 限制权力

03 授权给“嫡系”

04 授权给得力干将

● 当你不放心的时候,授权给自己的“嫡系”。培养“嫡系”的目的之一就在于此,处理一些重要任务时,找你信得过的人去做。

● 对于复杂的任务，授权给能力最强的人。这时你需要衡量，如果是完成任务最重要，那么就不要考虑其他方面的因素，交给手底下能力最强的业务员，这样可以确保此次任务的完成。

● 放权可以，但是要全程知情。想要做到这一点，就需要有人帮你监督，"嫡系"的作用再一次发挥出来。需要注意的是，知情但是不要说，尤其不能让被放权人察觉，否则你们建立的信任就此土崩瓦解。

● 放权容易，限制难。如何限制权力往往更加困难，不限制的话肯定不行，搞不好就要出乱子。限制的话，员工会觉得没面子，同时影响积极性，最主要是影响既得利益，导致团队出现不稳定。所以，放权之前就应该先制定好相应的制度，这样就会减少很多不必要的麻烦。

下属出彩，实际上是给领导者脸上贴金

放权，是一种信任，而勇于让下属出彩，是一种更直接的鼓励，如何适时把握这样的机会，是每一位管理者应该注意的细节。

很多人虽然身处领导者的位置，但并不代表哪方面都很出色，只能说明某一方面有过人之处。例如有一些领导者不喜欢

让下属出彩,怕他们抢了自己的风头,这就是一种低情商的表现。

真正高情商的领导者,敢于让下属担当重要的角色,鼓励下属出彩。他们很清楚,这样会为团队带来意想不到的动力。

当年我在琉璃工房的时候,公司和某新闻出版集团一直保持着紧密合作,包括对一些媒体活动的赞助,以及媒体高层的招待活动等。

半年前,我们就联合举办了类似的活动,由他们订购一部分礼赠品,我们再赞助一部分,为此我们可以在活动过程中宣传自己的产品。

活动举办的过程中,客户情绪很高,我们也收集了不少客户信息。新闻集团也表示,这样的活动不仅新颖,而且也容易带动现场气氛,他们十分满意,达到了双赢的目的,也希望以后面对不同的群体,可以再度合作。

当时,我在现场介绍了琉璃知识,客人们也都积极地参与其中,现场气氛很不错。

时近半年,新闻集团的 K 总又联系了我,说有一个活动要举办,招待的是华东区的一些文化名人和收藏文玩大家,希望我们能精心准备,积极配合本次活动。K 总提醒我,因为这次活动参加的群体不同,所以 PPT 和讲解的内容要偏文化气息,要不同于上一次,区别对待。我听后,点了点头。

我随即吩咐设计部和市场部,快速制作出一版文化气息浓厚的 PPT,并且指示 Simon 尽快和新闻集团的 K 总接洽本次活动礼赠品的采购方案。

三天后,新的 PPT 制作完成,我将初稿传送给了 K 总,没想到他在第一时间就肯定了这个稿件，顺利通过了。我指示Simon开始熟悉这份PPT的资料，他一下子就明白了我的意图。

与此同时，订购也在有条不紊地进行中，目前已进入了工厂烧制阶段，等待出炉。外包装的样品也被确认，交由供应商批量制作，就等一切完备后交货。

Simon性格开朗，善于表达，客户往往会觉得很好沟通，并且他也有着俊朗的外表，让人看着也比较舒服。因此，由他上台演讲，是再合适不过的了。但是他却很犹豫，也向我说出了他的担心：本次活动的来宾都是文化界的名人，还有一些文物收藏的大家，他怕因为年轻，镇不住他们。而我却对他说："你虽然年轻，但你要想一想，如果靠你的能力，把他们镇住了，那你必将声名大噪。"他听后点了点头，很赞同我的想法。

他很刻苦，对着那份PPT，在小会议室里练习了好几遍。我也看了一次，觉得很不错，只是精彩程度有所欠缺。

新闻集团的订购作品顺利交货，一切准备就绪，就等着明天的活动了。这时候Simon却向我表露出退缩的想法，我不断地鼓励着他，帮他打消了这样的念头。

第二天，我刻意安排了出差，我的用意只有一个，我不在场反而会体现出对Simon的充分信任，同时不想给他造成任何压力。在他上台演讲的一个小时前，我特意打电话再一次鼓励了他。

快傍晚时，他打来了电话，说演讲很成功，活动也已经圆满结束了。我问他有什么感受，他笑着说道："因为演讲的成功，已经和多位收藏大家交了朋友，我也可以尝试着进入他们的圈子啦,效果很不错。”我再一次表示祝贺。他在电话那头,深深地说了一声“谢谢!”

他成功了,由于我的鼓励和推动,他出了彩,同时扩展了自己的客户群。

Sammy 原来是市场部的,后来转到业务部担任助理,她的助理工作做得很出色,在沟通和协调方面为我分担了很多。三个月后,她提出想做销售业务,我同意了,并且带着她一起拜访客户,洽谈订购案子,相信她能学到不少的知识和技巧。

同时,我把一些老客户交由她来打理,业绩也较为稳定。因此,她的信心开始增强起来,并努力开拓新客户。

起初开发的几个新客户,我都没有陪同,而是鼓励她自己去拜访、洽谈。一周后,她行色匆匆地跑来对我说,她找到了一个比较好的客户,知名度很大,实力颇强,订购的意向比较明显,希望我能和她一起去洽谈一次。我问她这家客户订购的具体意向,她说前期先小批量订购,也没有强调调换外包装,使用我方的包装形式就行。我听后,觉得订购量不大,于是鼓励她独立完成。她迟疑了一番,勉强答应了。

第二天,她又向我汇报说,该客户的回款条件不合适,要 30 天的账期,而我们公司的规定是 15 天之内,希望我能前去和他们洽谈一番,我答应了。

在去的路上,我一再鼓励她,相信她能够把这个案子顺利洽谈完毕。她只是点了点头,但似乎并不自信。其实,我决定一同前往是给她信心,并没有要自己谈的意思,还是希望她能独立完成。

到了客户那里,他们的市场总监、采购总监和管理部经理以及几位职员，都坐得满满当当的，现场的气氛一下子就紧张了不少。我们落座后，开始谈起这个订购案以及货款的关键点，Sammy望了望我，示意由我主讲，但我将手掌往前一伸，然后又拍了一下她的肩膀，意思已经很明确了，我相信你会处理好的。

她有点吃惊，但还是开始讲述起来，包括本次订购的价格组成："为了能和贵公司达成长期合作，我们公司的报价已经很低了，因本次订购数量较小，我们公司的利润是极其微薄的，如果在货款方面再有拖延，那相形之下，在利润方面就会更加微薄了，也希望贵公司能体谅我们的难处。我们公司规定的是款到发货，但就如我刚刚所言，我们期望能和贵公司长期合作。所以，同意在发货后的15天内结算货款，充分表示了我们公司的合作意愿，也希望贵公司能予以配合。"她刚说完，我已经在边上鼓起掌来，太精彩了！

因为Sammy的出色表述，以及所述内容合情合理，最后对方的采购总监决定，接受我方的关于发货后的15天内结算货款的方案，洽谈圆满完成了。

从客户那出来后，她开始埋怨我，为什么当时不说话，说她当时有多紧张，多么担心。我听后只是笑了笑，说道："你今天不是冲出去了吗？而且表现极为精彩，我都很佩服你。"接着我又说："能力都是逼出来的，如果没有第一次尝试，就永远不会再有第二次，尤其是做销售的，没有信心也就没有业绩，是不会成长起来的。而如今，我相信你已经可以独当一面了，难道你不为自己感到高兴吗？"她听后，狠命地点了点头，表示同意。

作为团队的领导者，不仅要适当放权，更要懂得如何鼓励下属，发挥出下属的潜能，敢于让他们出彩，当他们树立起信心之后,就会创造出更大的业绩。对于团队,对于领导者都是有好处的。不要像有些小肚鸡肠的领导者,将功劳都揽于一身,不给下属机会,这会极大损伤团队的士气。长此以往,只会毁掉你的团队。

在这里介绍一些鼓励下属的方法,让他们得以加速成长:

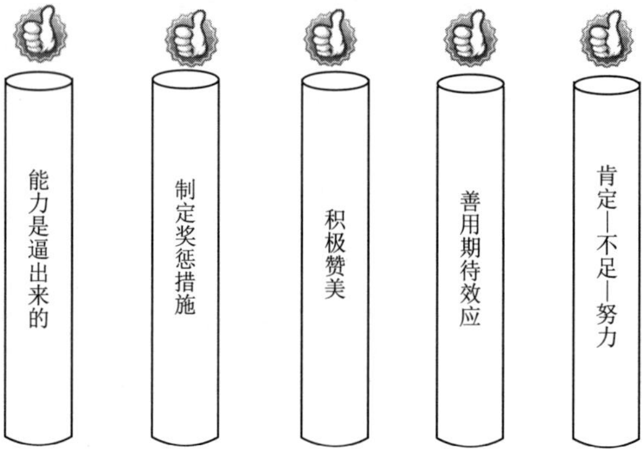

- 创造机会,然后彻底放手,逼他们一把。能力都是逼出来的,鼓励下属放手去做,这样成长速度是最快的。

- 制定奖惩措施。所谓重赏之下必有勇夫,重罚之下也能降低惰性。需要注意的是,一定要有章可循,不能只是嘴上随便说说,否则领导者会失去人心。

- 积极沟通,多赞美,多鼓励。虽然是做业务的,但并不代表每一个人的内心都异常强大,大部分人还是需要积极赞美的。减少批评,否则只能削减他们的自信心。

- 利用期待效应鼓励下属。这是一种心理暗示技巧,当你对一个人寄予厚望时,对方就会激发出潜能。同理,当你不看好一个人时,对方就会表现低迷。

● 表示肯定—提出不足—继续努力。这种赞美套路尤其适合职场新人，首先一定是肯定做得好的地方，接下来提出不足之处，从而让他们继续努力。这是帮助新人自我提升的经典套路，能够起到加速成长的作用。

最大化激发团队潜能，设定行而有效的奖励机制

团队的人员属性要靠管理者去规划和整合，团队的战斗力也是要靠激励的。“老大制度”不是一成不变和不可触及的，而是可以加以改变，从而更好地激励团队成员，使这个团体的战斗力得到一定程度的提升。

当年进入台资琉璃企业，我是从副经理的职位做起，虽然面临业务部经理的打压，我依然坚持开发客户，在取得了不错的成绩（先后拿下世界三大外资银行）后，业绩得到了迅猛的提升，而老板考虑到我的能力和前景，又因为我的上级薪水更高而业绩平平，所以决定请他离开，由我取而代之。我在进公司半年后，升任了业务部经理。

在担任副经理一职时，因为是台资公司，而我又不是台籍，处于弱势地位，所以对于公司的一些制度，特别是业务部的奖励

制度有些意见而不敢提出自己的看法。这套奖励制度沿袭了一年,对整个业务部没有起到丝毫的提振作用,造成业务人员的积极性尽失。而原业务部经理对于业务的做法又趋于交际化,利用宴请和赠送来拉拢客户,而后又将意向客户分发给业务人员。所以,大部分业务人员每天都翘首以盼,希望上级能下拨一些业务给自己,也造成了业务人员的主观能动性较差。

我想,上级这样的做法不无道理,至少树立了自己的威望,但却不利于公司的长远发展。况且,业务人员由此产生了严重的惰性。

业务部原有的业绩奖励制度分为两个部分:其一是个人销售业绩的提成奖励,其二是该月度个人销售额中利润比的奖励制度。看似合乎逻辑,但却少了两个最为重要的问题:团队责任感和个人荣誉。

对于一个团队来说,成员缺少了团队意识和个人荣誉感,那么这个团队的斗志将无法被激发出来。我在升任业务部经理后,做的第一件事,就是修改奖金制度。

拟定了方案后,先和人事行政经理、财务经理进行了初步沟通,得到了他们的赞成和支持。根据他们提出的小部分意见进行修改后,正式发布:

其一,整个团队设立一个月度的业绩目标,如果超额完成任务,每位业务将根据自身业绩在团队中的比例得到相应的奖励;

其二,每位业务每月的奖金将提出小部分比例作为部门的共有基金,来奖励在月度中业绩或者利润提升比例较高的前三位;

其三,团队月度业绩和利润比垫底的一位,除了按公司奖金规定扣除相应奖励外，还将扣除一部分比例，用来奖励业绩第一的团队成员。

此公告一出，不出所料，大家反响强烈，平时业绩较好的坚决赞成，而业绩平平混日子的则强烈反对。不过，规定已出，势在必行，所有人要么接受，要么走人。

规则的效果立竿见影，在接下来的一周，大家开始频繁地在网络上找客户资料，甚至还托朋友分享客户。整个团队呈现出一派繁忙的景象，积极性在修改奖金制度的公告发布后得到了迅速的提升。办公室里嬉笑的场景不多了，在网络上闲逛的时间变少了，大家都在忙着找客户。

人事部经理和财务部经理平时都是在总部（厂部）的，偶尔来业务部和我开会，一走进办公室，惊讶和赞叹的表情溢于言表。在开会前，人事部经理还特地说了一句："景象很不错啊！较之前大有焕然一新的感觉。"

第二个月，业务部的业绩和目标持平，稍微超出了一些。老板为了支持我的做法，特地拿出了一部分钱作为奖励，而原有的共有基金按照原则继续奖励各个业务人员。垫底的那位，脸有羞色。我鼓励他道："加油，把失去的损失在下个月夺回来。"他狠命地点了点头。

从此，我的业务部战斗力持续提升，业绩也越来越好，在达到了我向董事会保证的业绩金额外，还超出了不少，并且向着第二目标、第三目标，强有力的挺进着。

而最为主要的并不是当下业绩的提升，而是整个团队的战斗力和凝聚力得到了前所未有的巩固和发展，也为今后一段时间的业绩提升，打下了坚实的基础。

奖金制度,关系到每一位业务人员的切身利益。转言之,也关系到我的利益。所以,这样的激励机制是极为有效的,而它的执行在根本上则是为了团队的长远发展。

S是易趣网招商部里负责电脑设备采购的副经理,有六位下属。电脑在当时属于新兴行业,并且在公司的成交额上也占有不小的比重,所以电脑设备部是极为重要的部门。

我在担任招商部经理时,虽然职位高于S,但如果按照行业划分和工作属性来说,其实是和他平行的,只是他的职位是副经理。

之后,我升任了招商部总监,电脑设备部是我重点关注的,确实占了很大比重。但是,该团队的销售额却始终没有实质性的突破,而在某个数字上下来回波动,虽然较为稳定,但看似却难有发展。

我找到S,想听听他对这个团队现状以及未来发展的看法。他回答道:"电脑设备的发展很迅速,其实要找新产品也是轻而易举的,但是竞争过于激烈,而且价格也越来越透明,所以较难操作。"

我说道:"公司的网页上是需要一些常规设备和配件产品的,是不是可以和供应商保持密切合作的同时,能从他们那里得到一些最新产品的资讯和产品信息;另外,还可以找一些当下流行的,或者即将成为趋势的产品,只要和电脑概念相符合的或者接近的,都可以上这一部分产品的。"

他点了点头,没有接我的话。

我接着又说道:"你知道,我刚刚升任总监,希望能得到你的支持,而电脑设备在招商部里是属于权重产品的,所以就更加需要你的大力协助了。另外，公司也在考虑将你的团队升级为部门，如果在近期你的团队有较为明显的提升，我们将考虑升任你为电脑信息部经理。因此，你的级别会上升一大步。”

他听后，眼神有了一些闪烁。我又接着说：“现在电脑部的销售额基本每月稳定在300万左右，我想如果能花一些精力和心思，提升100万是没什么问题的。我相信这个100万，将是你的团队升格为部门的最好契机。”

他的表情开始活跃起来，并说道：“既然你这样说了，我就谈谈我一贯的看法吧。第一，既然电脑设备是招商部甚至是公司的权重，为什么之前没有想到对我的团队升级呢，所以我一直很郁闷；第二，如果电脑产品要发展，还是有很多新产品和热点的，比如最近较为火热的MP3，和即将会出现的电子机器娃娃等，还是很容易引进这些产品从而实现业绩迅速提升的目的。”说完，他的心情好像舒展了不少。

看来他是有情绪的。激发员工说出心底真实的想法，有助于更好的掌控全局。

我边听边不断地点着头，表示完全赞同，眼光露出了欣赏的意味。

我说道：“这些想法很好啊，你是电脑设备的行家了，你会掌握一些及时的信息，那就这么去做吧，我相信电脑部的前景会很好。”他又点了点头，点头的姿势变得自然了很多。

电脑部很快就找来不少新颖的产品，比如改进版的MP3，比如正要流行的跳舞毯，之后还引进了智能机器娃娃等产品，业绩也迅速得到了提升，部分产品也成了整个公司的热点，公司的同事们也被这些新奇的产品所吸引,并踊跃地购买。

之后,电脑部比以往更加活跃了,似乎突然之间被激活了。新产品也在不断地增加,销售额也在迅猛攀升。三个月后,电脑部升格为了真正的部门,S实至名归地担任部门的经理,他和团队成员的工作欲在不断升温之中,呈现出非常忙碌的景象。

团队激励机制的运用有不少方式,要根据不同的情况找到重点,对这些问题进行改革或者触发,这样才能在根本上消除消极的一面,激发出积极的状态,从而使团队恢复活力,甚至提升战斗力。销售业绩自然会得到快速增长,这才是一个团队管理者要做的。

行之有效的奖励机制是非常重要的,这才是大部分人最关心的问题,不过由于销售部的负责人不能完全做主,需要跟公司商量,所以只能在自己职权范围内,设定一个合理的机制。由于每家公司的情况不同,具体怎么设定就不讲了,只分享几条设定原则:

01 合理的奖励制度

02 不能只奖不罚

03 不要频繁改动制度

● 奖励制度一定要合理。如果你没有太多经验,就需要多学习,借鉴其他公司的做法,然后通过不断试错找出适合自己团队的方法。

- 不能只奖不罚，惩罚机制也要跟上。奖惩机制是相辅相成的，有奖励就要有惩罚，这样可以末位淘汰掉那些低效能员工。

- 确定一个大多数人都认可的制度，不要频繁改动。频繁改制最容易失信，有些领导一旦发现制度有不合适的地方，就会随意调整，这是不可取的。如果是照顾员工利益，可以调整。反之，则不建议调整。

让团队整体目标化整为零落实到个人

> 团队的含义是一群人在战斗，而不是团队管理者一个人在战斗，为团队设立整体的目标，带给下属明确的奋斗方向，才能使你的团队更有凝聚力和战斗力。

团队，就如同一个家庭，团队领导者是家长，而团队成员就是家人。如果一个家庭，没有家长的带领，没有和谐的氛围和明确的目标，那将是一个没有活力的家，团队又何尝不是如此呢！

团队的领导者之所以成为领导，是因为人格魅力、出色的工作能力以及示范效应。团队领导者具有独到的眼光与规划能力,能让团队保持旺盛的生命力。

规划和目标是团队存在的理由,也是团队运作的核心动力所在。团队的目标可分成近期目标和远期目标,短期的具体目标,长期的奋斗愿景,都可以成为激励团队的因素。

有一家规模不小的民营上市公司找到了我,那时我刚辞职,这次能否顺势接上,要看洽谈的结果了。到那里后,来到老板的办公室,正好两位副总也在,老板一一做了介绍。因为是同行业,所以我的简历不必复述,于是直入主题。

首先,老板介绍了一下上海分公司的大致状况、人员结构等情况,随后就问我以目前的情况,在多长时间内能够达到多少业绩。我大致计算了一下,然后对他们说:“首先,分公司的状况不太好,要重新组建团队,特别是销售团队,应该会有个短暂的培养期,然后才能真正出业绩,而仅靠我一个人的业绩肯定是无法实现的。因此,我估计三个月后的业绩应该在 200 万左右,半年后的业绩应该在 500 万左右。”

我说完后,气氛陷入停滞状态,似乎我的“报价”低于他们的预期。随后,我特意加上了一句:“如果我现在向你们表现出雄心壮志或者超凡的业绩预估,我相信你们也不会认为我是一个可靠的人,对吧?”

老板点了点头,面试结束,上任。

三个月 200 万,我是根据之前同行业经验推算的,只是稍稍加上了一些“争取量”,可能这一点就是老板同意的原因吧。但对我来说,一个未知的团队,一个未知的新环境,其中可能还有不少难处理的内在问题,甚至一些隐性的纠葛等,都会阻碍业务的开展,说不定团队的整合时间会大大超出我的预期。

走进分公司,一个长得不算漂亮但很清秀的女孩迎了出来,说是我的助理,将我直接引进了办公室,一个男子正在里面整理东西,应该是我的前任吧。

交接后,前任抬着箱子走了。助理开始向我大致介绍了一些情况,包括大概的人员结构,以及可能是为了赢得我的好感,透露了一些人员底细,比如××是集团某位部门总监的小舅子,××又是集团某位副总的亲戚,之类的吧。

初次进入这家公司,给我的第一感觉就是这里的人员都是一些“皇亲国戚”,整合这个队伍任重而道远,并且时间会拉得很长。

第三天,老板打来电话问情况,我说一切正常,只是人员方面有些小问题,他一听就明白了,在电话的那头笑了笑,然后说道:“昨天董事长向我指示,集团要向国际化、正规化改制,怎么做,你懂的!”

我“嗯”了一声,说道:“我会朝着既定目标去努力的。”他听了,也嗯了一声,就挂了。

和每位成员的谈话是必要的,首先可以初步了解一下每个人的大致性格,聊得好说不定还可以知道他们的某些想法;其次,还可以了解到他们在公司,在集团里的部分底细,当然这需要使用技巧,用话语去套出这部分内容。

如何套话完全要看个人经验了,随着资历的增长,技巧也会相应增加。

鉴于了解后的情况,以及近几日对于办公室氛围的观察,我拟定了一份工资和各项费用支出总额的比例改革草案。也就是说,一个人的工资加上他的社保和其他辅助费用的总额,乘以一定的比例基数,就是该成员每个月应该完成的销售额。斟酌了几天后,提交到老板那里。

过了两天,老板打来电话,说这个方案十分的新颖和实用,他将上报集团营运部,予以讨论和审核。而我同时也将这个计划多少透露给了下属,并且提示他们应该为这个计划的实施做一些准备了,也就是暗示他们该加紧工作了。否则,如果销售额没有完成,可能连保底工资都会打很大的折扣。

我觉得这个计划的即将出台和我之前的提示,对他们有很大的促进作用。首先,他们开始行动起来了,利用在集团内的各种关系,打听这个计划是否要实施和目前的进展情况;其次,他们开始了一些业务上的行动,打电话给一些老客户,最为重要的是,开始了寻找新客户的动作。

我觉得时机成熟后就召集大家开会,把全年目标公之于众,并且明确指明了每位业务员的月度(根据他的工资和各类费用总额的比例数)业务指标。宣布后,紧张的气氛弥漫开来,但似乎他们的工作热情也相应提高了。

在对每位业务人员的业务范畴和客户属性有一个大致了解之后,我提出了"深耕行业"的战略,尽可能发挥出每一位业务的特点。因为之前对这个行业较为了解,所以就应该深挖这个行业的客户、朋友,从而持续拓展,形成良好的行业局面。正所谓把客户发展为朋友,朋友就会越滚越多,就是这个道理。而不要漫天寻找客户,这样的努力只能是事倍功半。大家听后,觉得十分有道理,都欣然接受了。

我的那个计划，集团已经批复下来，并且可以正式实施了，我也在公司里做了正式的公告并在大会上宣布了。我提醒大家，对于前几天为每一位成员划定的行业区域，可以开始大的动作了，希望大家取得好的业绩和回报。

这些员工可能都是“皇亲国戚”，对靠山的依赖是难免的，他们在公司混了好几年，面对我这个“空降者”，有几分的不服甚至不屑是很自然的，但在我的计划得到了集团批准之后，所有反对的迹象都消失了。

这些人还算务实，看到集团这次是来真的了，紧迫感骤增。

一方面，我关心着每一位业务的进展。另外一方面，也在着手对他们进行必要的业务培训。比如，如何突破对方公司的前台，怎么样找到这家公司的“利益部门和决策者”，甚至还包括职场商业礼仪的培训，和临场的一些小技巧的运用等。

团队的整体目标，化整为零到了每一位业务人员的身上，从而整个团队不是领导者一个人在战斗，而是充分发挥全体成员的能动性，这才是实现团队整体目标的最好方式。

两个月之后，我的团队每个月的业绩已经接近200万。三个月后，已超越了这个数字，而每一位业务人员的斗志和精神都被不断地激发，能动性也被不断地发挥出来。我的团队，在整个集团已经成为举足轻重的部门了。每一次老板过来，都会笑呵呵地与团队成员握手，并鼓励他们。而且，还特意拨了一部分的款项，每月以外勤补贴的名义，奖励每一位业务人员，这在公司里是绝无仅有的。

我进公司已经一年了，业绩在稳步攀升之中，而且每年按照一定的比例提升着。之前的团队已经很成熟了，并且人员得到了补充，一些老的业务人员，现在已经是一个个团队的领导者了，他们带领着新人继续冲锋，每一个团队都显示出活力四射的动能，一派繁忙而快乐的景象。而这一切，都取决于团队的整体目标。

公司依然在执行这个费用和销售额比例的政策，依然在执行一个个新的团队目标，并一个个地被攻克下来。而我呢，已经没有之前那么忙碌了，因为团队已经成熟，大家也都明白自己的任务，不用我去追问进度。所以，我要做的只是掌握整个公司的大方向，设定新的团队目标。

那么，如何让团队整体目标落实到个人呢？

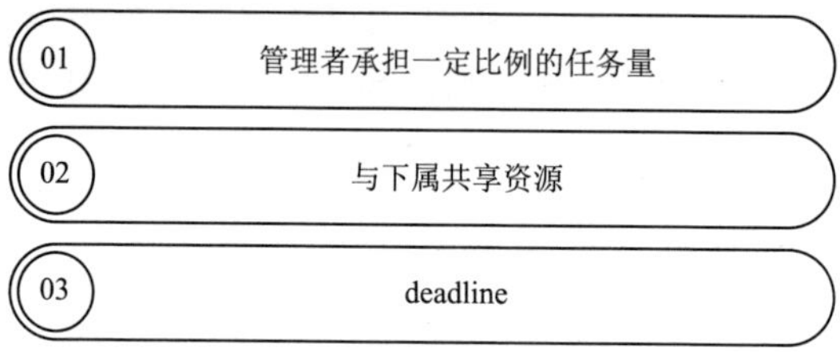

● 首先管理者要承担一定比例的任务量，比如完成50%，剩下50%的任务则要落实到每一个人身上。

● 领导者要与下属共享资源与信息。团队管理者由于拥有一定的资源，完成目标相对容易，这就要求管理者分享一些资源、信息给团队成员，帮助他们更好地完成目标。

● 设定截止日期(deadline)。必须让每个人形成紧迫感，积极行动起来，才能完成个人目标，从而实现团队的整体目标。

忠言逆耳,但不得不听

善治者必先取其智,善谋者必先纳其言。要治理一个团队也是如此,领导者不能独断专行,要善于获取别人的智慧,倾听下属的意见,特别是反对的声音。不仅可以获得更多的思路,而且还可以从中知道他人的各种想法或者动向,何乐而不为呢?

当年我加入一家上市集团公司之后,手底下有一个不到十人的团队。通过一周的接触,我发现每个人的性格都有天差地别的特点,有的很激进,有的很圆滑,而有的不愿发表言论但心里却像明镜似的。这样的团队其实很难把握,本质并不是团队展现出来的样子,但总比某些没有活力的团队要好一些。

J在这个团队里待的时间较长,从他的做派来看,属于资历较深的业务员,说话也带着一副老资格的官腔,着实让人厌恶。当你对一个人没有好感甚至厌恶时,他的所言所行就没有任何可取之处了。

我刚到时,他表现出一定程度的敬畏和礼让,而一周之后,彼此之间稍微熟悉了,就开始在我面前展现出以往的做派了。此时的我,反而不怎么讨厌他了,相反倒觉得他很真实,能充分体现出真实的自我。

某天的业务会议,讨论的是业务开拓方向问题,罗列了十个行业,对每位业务人员进行细致的讨论和划分。当谈到银行保险和投资公司划分时,J 提出了较为激烈的反对声音,表示金融本为一体,不可分开,况且金融体系中的人员频繁跳槽,如果分开将不利于对客户群体的把握。言辞越发激烈,情绪也激动起来。

按照惯有的思路,我会觉得很没面子,甚至恼怒起来,但我却没有。我笑了笑,说道:"我觉得 J 的思路有他的道理,大家也可以多多谈谈自己的想法。"

众人一看,J 的极力反驳并没有得到打压,所以情绪也都放开了。每个人都谈了自己的想法,讨论也开始活跃起来,讨论的气氛得到了升温。

这次讨论会之后,我反而对 J 产生了一定的好感。首先他敢于直言,相对来说是一个直爽的人;其次,这说明他对业务范畴和客户的情况有深入的了解,才能提出这样的观点。这样的人,业务能力定然不会差,或者说今后他将是团队的中流砥柱。所以,我倒是更加看好他了。

Y 是这个团队中话最少的一个,属于较为内向的那种,和同事讨论问题时也不积极,大多数时间都在听别人说。当工作中出现一些小差错时,同事和他沟通,他也显得唯唯诺诺地接受。真不知道,他当时是怎么招进来的,显然没有做业务的潜质。

某天,K 反映说自己跟进的一个客户,因为电话打到办公室时,是 S 接到的电话,随后就顺势开始了洽谈,觉得很不合理甚至委屈。我知道此事后,将两人叫到办公室询问情况,然后指示 S 将昨天洽谈的情况向 K 做个介绍,明天一起去客户那里,做一个内部的交接形式。其实,就是告诉客户,现在依然由 K 来接洽。

临近午饭时，我去茶水间倒水，正好遇到Y，他跟我打了声招呼，然后开始向我说起了K和S关于争抢客户的事情。Y觉得这件事对K很不公平，跟进了那么长时间，却因为一个电话而丢掉了客户，S的行为显然是违背原则的。

首先，我很惊讶，Y向来很内敛，而且表现出一副与世无争的姿态，但今天却主动和我说起了这件事；其次，他和K或者S肯定没有交流过，否则不会不知道我已经做出了决定。所以，我对他说："我已经找他们两个谈过了，并且做出了将客户归还K的决定。"他听后连连地点头，但没说话。

正当我端着杯子要离开时，他又说道："我认为，我们应该设立每周跟进客户的登记和进度表，公之于众，这样就不会发生类似的事件了。"

我听后很惊讶，其实Y是一个很善于表达的人，并且思路清晰，我对他的看法得到了改善。其实，我在之前的公司就是这么做的，但因为刚刚来到这里，所以还未实施。我怀着欣赏的目光对他说道："这个建议很好啊，我会考虑实施的，以后多多提出宝贵意见。"

从第二天开始，我仿佛觉得Y开始活跃了起来，在办公室里能听到他的说话声，甚至有嬉笑的声音。我想，昨天的谈话，起了不小的效果吧。

领导的肯定与鼓励是非常重要的，下属的建议一旦被重视，就会表现得更加积极。

这个团队，在我来了十天之后就开始展现出活跃的气氛。我相信，我随和的行为和J的标杆作用，是起了决定性作用的。

我对公司之前颁布的业务部门奖金条例是持有不同意见的，其中的几条看似很不合理，但因为刚刚到来，所以隐忍不发而已。

性格较为直白的J隐隐向我提过一次，我也只是笑了笑，没有展开这个话题。因为现在谈及此事还为时尚早，即使讨论出什么新意，也是无可作为的，我个人觉得要等待恰当的时机。

恰当时机指的是当某些业务个案将会触及这些问题时，这时采取行动的成功率更高。

一个月后，原有老客户的订单开始多了起来，而一些新客户也在不断加入进来，分公司的业绩很快提升上来。而其中好几笔订单都涉及奖金比例问题，所以奖金制度中关于回款比例和奖励比例的奖惩办法，就突显出不合理的地方。这时，我觉得机会来了，可以提出意见了。因此，就邀来J和Y，共同商讨这些问题的细节和建议。J当然是直抒己见了，举出了几条不合理的地方，虽然部分有些偏激，但大部分还是可取的。而Y呢，他不怎么说话，等我和J的讨论稍告段落后，他腾的一下站起，说道："我觉得现在讨论这些虽然不晚，但这些问题其实早就存在了。"他用手指着我说道："你作为分公司的领导，既然早就知道这些问题，就应该早做准备，提前上报总部以修订奖金制度，这是一位领导应该做的嘛。"

我和J都惊了一下，如此激烈的言辞无疑是不合适的，这是冒上直谏吗？J坐在边上，不断地用手去拉Y的衣袖。

我故意顿了顿，笑着说道："Y，我只是觉得，现在是提出这些问题的最好时机，你明白吗？"

言下之意是，我处的位置，不便过于激进，而现在已经到了最佳时机了。

J不住地点着头，表示理解，好像要刻意地表现自己的情商。而Y显然还在气头上，愤愤难消的样子。我当时觉得有点好笑，所以一直保持着微笑的神态。

会后，J把他说到的几个问题整理成文档交给我。我在下班等电梯时遇到了Y，他继续跟我讨论关于奖金制度修订的话题，并且特地强调了一点——年度业绩考核条款的修改。接着他就不再说话了，临别时他只说了声："经理，再见。"我想，这就是老实人吧！

这类老实人情商较低，但比较直率，与他们相处要多包涵。

将J和其他人的意见归纳后，提交到了总部。在之后的一周，我去总部开会时，老板提到了这个问题，一番商讨之后，最终采纳了六条中的五条，并答应在三天内完稿下发，包括下发到全国所有的分公司。我胜利了！

团队在半个月的时间内快速融合，大家畅所欲言，各抒己见，沟通十分频繁且顺畅。

面对性格迥异的团队成员时，领导者必须能够考虑到每个人的性格特点，学会理解与包容，而一味地以某些标准去衡量个人，将不利于良好的沟通，也就不会有人敢于"纳谏"了。

我的团队，已经很有战斗力了，又充满了活力和能动性。两个月后，团队如我预期那样步入正轨。

善于纳谏，显示的是一位领导者的度量，尤其在来到新环境,带领新团队时,你必须要知道每个人的想法,这样才能做出进一步的改革措施。所以领导者要做的就是放下架子,引导团队成员说出心里的真实想法,从而根据大家的意见做出调整与改变。

一位高情商的领导者,不仅要能够虚心听取下属的意见,还要学会诱导他们说出内心的真实想法,这样才能更好地开展工作,管理团队。在这里我介绍一些经验:

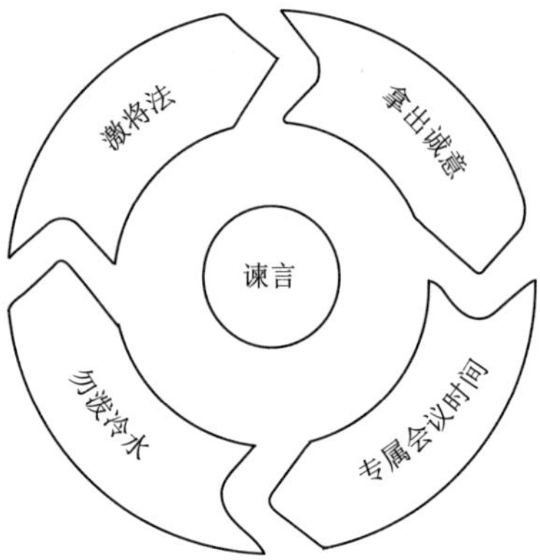

● 拿出诚意,鼓励下属提意见。作为管理者不能只是嘴上说说,要拿出诚意,最好是设定奖励机制,例如谁的建议有效,给予一定的物质奖励,以此增加下属谏言的积极性。

● 设定专属的会议时间。例如每周开一次会,大家积极谏言,然后投票选出可行的方案。

● 对下属勇于谏言表示感谢,不要泼冷水。一般来说,下属只要有一次因为提建议被批评了,下一次就不愿意再多管闲事了。所以,只要态度认真,无论建议合理与否,都不要泼冷水,领导要学会讲道理,好好说话。

● 根据每个人的性格特点进行有针对性的谈话，关键时刻可以使用激将法。一般人在生气的时候很难再做掩饰，但是这种方法不宜频繁使用，除非团队面临严重问题时，否则会影响上下级的关系。

打造团队凝聚力，让下属崇拜你

> 一支凝聚力强的团队，一定会做出优异的成绩。然而打造这样一支队伍却不容易，需要一位综合素养很强的超强领袖。不仅要在业务方面让人信服，其他方面同样要让下属崇拜。

作为一名管理者，如何管理下属，而使这个团队更有凝聚力，是每一位团队领导者的难题。其实，作为一名部门经理，除了在业务能力上能让下属信服，还有几个极为重要的关键点需要把握。比如，爱才爱将，充分的信任和授权，该分肉时绝不独食，等等。

此处，我们从善待下属这点说起。

小魏是我们琉璃工房业务部新进的员工，当时招收进来是因为他之前的工作经历，我们正在计划开拓建筑行业的客户，而他有这方面的人际资源。实际上，他在建筑行业的开拓，没有想象中那么顺利。

某次,一位建筑业的公司老总打来电话,开口就说道:“你们公司的一位销售,电话都打到我这里来了,我告诉他认识你们的经理,但是他还是一再地打电话。”我打着圆场说:“这小孩是新来的,不懂事,但是真的挺努力。”说完,还假装哈哈笑了几下。其实我知道,这位老总的意思,嫌弃小魏打扰他了,让他有些烦。

然而,对于一位业务员来说,这是最基础的工作,所以没必要刻意提醒小魏,否则会限制他的工作,甚至会影响他的自信心。因此,我不仅没有提起此事,反而对他进行了鼓励。

某天中午,小魏一个人在茶水间坐着,面前摆着午饭,但看似毫无胃口。我过去坐下,问道:“连午饭都不吃,是不是身体不适或者有什么心事?”

他先是缄口不言,随后想了一下又脱口而出:“经理,我是不是不适合做业务?”我问他为什么有这样的疑惑,他说道:“上午去拜访了一家建筑公司,当客户问我一个安装方面的专业性问题时,我因为不了解,所以回答得支支吾吾,结果就被客户骂了,我感到很失败。”我一听笑了起来,说道:“小魏,没事的,你再约一下,我和你一起去。”他点了点头。

在去那家客户的路上,我对他说了两点:“第一,我做这一行时间较长了,客户提出的问题我基本都能回答,然而我也有不了解的地方。而我刚进公司时,除了公司正常的业务培训,其他方面的知识点我也是一点点慢慢积累的,而不是一蹴而就的,所以你完全不用着急。第二,既然你上午没有很好的回答,那么等一下到了客户那里,就应该把颜面补回来,还可以在客户面前表现出认真的态度。”

这么一说，小魏稍微放松了一些，但是依然有点犯怵。我什么也没说，只是拍了拍他的肩而已。其实，当他弄懂了客户的问题之后，沟通还是比较顺畅的，只不过之前表现得有些慌乱而已。回公司的路上，他对我说：“经理，我知道在回答不出客户的提问时，应该怎么应答了。”我笑了笑，以示肯定。

三个月后，小魏的工作有了重大进展，签下了两个建筑装饰公司的大单，我们都为他感到骄傲。他逢人就说，经理是怎么一步步地帮助自己的。因此，我在其他员工的心目中留下了这样的印象：一位愿意扶持新人的好经理。

大家看到我这样对待新人，觉得我是一个很负责且平易近人的领导，所以跟我的交流越来越多，我也用自己的专业性以及随和的性格赢得了他们的爱戴。

人在职场，除了薪水、待遇之外，最关心的就是发展前景了。说白了，员工就是想看到晋升的希望。作为一名领导者，要意识到这一点，给员工希望，他们才会跟着你一起努力奋斗。

小许，当时被我招入琉璃工房时，是因为之前她在酒店做销售的工作经历，我不仅看重她在酒店销售方面很有能力，更为看重的是她在酒店行业中的人际资源。因此，招收她进公司，主要是想让她利用资源来开拓酒店行业在礼品方面的需求。

其实，当时我刚接手业务部，由于业务部领导变更，虽然我通过努力挽留住几位老业务，但人员的离去也会是必然的。因此，我招收了一些有潜力的新员工进公司，小许就是其中一位。她入职后，我对她进行了扶持，从业务知识到一起外出洽谈，再到策划书的制定等，我都十分用心。我希望把她培养成一个业务上的能手,成为我的得力干将。果然没有让我失望,在她进公司的一个月后,通过和她的一起努力,就签下了一笔不小的订单,而且通过进一步洽谈,还成功地将销售柜点进驻到了这家酒店中,成了一个销售和展示的窗口。

小许业务能力日趋成熟,业务量也逐渐增加。半年后,我做的第一件事就是让她带徒弟,一位新进的业务员。让她带徒弟,其实至少有两个好处:第一,她会认为,领导已经觉得自己的业务能力不错了,才会带徒弟,有着一种自豪感;第二,她会认为领导在重用她,看到进一步晋升的前景。

果然,小许的工作比之前更加努力,每天都非常忙碌,干劲十足。现在的她,无论业务能力还是管理能力都非常出色,已经成为我的得力助手了。三个月后,她晋升为业务部的副经理。此时,距离她进公司才九个月,但这次晋升,却是名副其实,大家也心服口服。

一年后,由于我管理业务部的良好成效,被公司晋升为销售总监,分管业务部、柜点部和市场部。当公司老总问我,什么人可以担当业务部经理时,我自然会提携小许,但为了避免操之过急,我还是向老总提议,让她先担任业务部的代理经理。小许心知肚明,虽然是代理经理,其实也就是业务部经理的一个试用期而已,因此更加积极地工作。

作为一名领导,一定要公平,施恩是不可以偏向某一方的,所以在提拔她的同时,我还征求了她的意见,之后还提拔了两位业务部同事,担任业务部副经理的职位。随后,我给小许的建议是,让她主抓整个业务部,让两位副经理分管不同的人员和经营领域,既可以减轻她在管理上的压力,还可以让两位副经理感到被重用。之后，业务部在她的带领下，团结一心，创造了很好的佳绩。

我记得，在紫江集团时，业务二部的一位下属曾经对我说过这样的话："您是一位好业务，但却不是一位好领导。"当时问他为什么，他笑而不答。之后，我参加了经理人的培训，才知道管理部门的一些窍门和要点，也理解了当时那位下属的意思。

作为一名领导，不仅要有很强的业务能力，更重要的是要善于经营团队。你要让每一位成员看到希望，让每一位成员对工作感到满意。

我相信很多人都看过《亮剑》这部电视剧，主人公李云龙的队伍骁勇善战，李云龙更是凭借个人魅力与能力赢得下属的爱戴。

李云龙一定是一位优秀的领导者，善待下属，爱惜战将，善于授权。战士们被李云龙的个人魅力所折服，佩服他的作战经验，因为被领导重视与善待，而充满斗志。可以说，李云龙是一个当仁不让的领导者，所以才能打造出一支战无不胜，败而不摧的部队。

经营团队是一件很复杂的事，很多业务精英晋升为领导者之后，都很不适应，有些甚至因为团队业绩太差而被降职或辞退。业绩好是一方面，但是如果想要成为团队领袖，打造出一支凝聚力强的队伍，就要在各个方面做到位，要让团队成员崇拜你。以下这些方面虽然不一定做到面面俱到，但至少可以朝着这些方向努力：

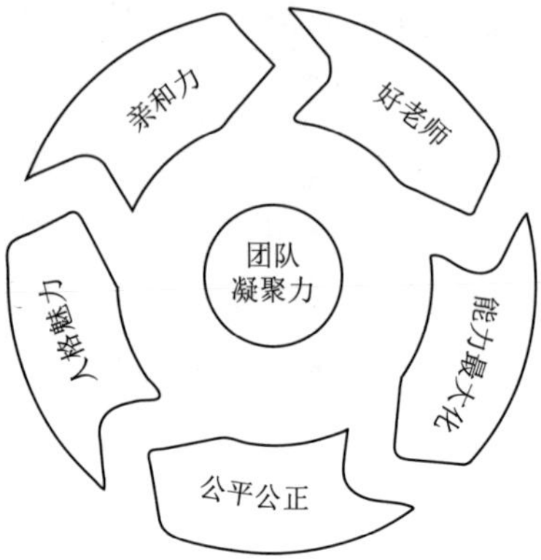

● 人格魅力。领导者的人格魅力决定了是否能成为真正的领袖,做人是一生的艺术,需要不断摸索与精进。

● 亲和力。无论领导者性格如何,都要具备一定的亲和力。如果你能做到待下属如家人、朋友,一定会得到他们的爱戴。

● 成为一位好老师。对于员工来说,除了薪水待遇之外,最关心的就是未来的发展。如果你能成为一位优秀的老师,引领下属一步步成长,相信一定会有更多人愿意追随你。

● 让每个人的能力得到最大化的发掘。根据每个人的特点分配任务,让他们将个人能力最大化地发挥出来,充分实现个人价值。同时,保证他们拿到相应的奖励。这样就可以保证团队的干劲了。

● 团队内部一定要做到公平公正,领导者不要偏袒任何一方。

第六章

我的 21 年管理心得

这一章的内容主要是分享我从业 21 年的一些管理心得，希望这些经验能够帮到大家。这些经验都基于我自己的工作与认知，难免有偏颇之处，请大家谅解。

目标要有可行性，有希望才有动力

有雄心壮志是值得称赞的，但过于激进就等于在给自己挖坑。那些不切实际的目标，无非有着两种目的：其一，是为了哗众取宠而得到人们暂时欣赏的目光和期许，或者是为了得到一些短暂的利益；其二，是为了进一步提振自己的信心而强制设定的高目标。

J是我在台资琉璃公司时的上级，当年正是他一手建立的销售团队，算是公司的元老级人物。不过，销售队伍自建立至今，业绩并不理想。董事会的容忍度是有限的，长时间没有业绩，对J的压力是非常大的。在董事会的高压与期待之下，J制订了一个宏大的计划，将业绩目标翻了个番，这不切实际的目标暂时帮他脱离了窘境。

公司的业务部门自成立至今，每月的业绩一直徘徊在100万左右，如今目标定在了200万，难度可想而知。落实到个人，每位业务员的业绩指标等于翻番了。J知道自己的目标有些离谱，所以将压力转移到每位业务员身上，包括每天早晨的晨会，汇报、总结、预期……他都紧盯不放。

那会我刚进公司不到一周，还在学习专业知识，当然不在其列了。但在我看来，J的举动完全是走走形式，根本不可能完成。

自J宣布了整个业务部的宏大目标后，同事们一改以往散漫的作风，或者说至少表面上收敛了不少，办公室里再也听不到嬉笑的声音，同事们的桌上堆着密密麻麻的客户资料，打电话联系业务的也多了起来。

然而，这样做是否有效果，真的能如期完成目标吗？我想J的心里是很清楚的，但在他的地位变得岌岌可危之时，向董事会抛出一个宏伟的目标，也是权宜之计，至少暂时保住了自己的职位。

他这样做的目的很简单，完成目标需要时间，至少还能拿半年的高薪。

别以为高管就不混日子了，大家都一样。

在我进公司的第二周，我为自己设定了一个目标，每天打100个开发客户的电话，不包括回访电话。无论如何，要在每天下班前打完。因此，办公室里经常能听到我的声音，同事们私下对我说："这么认真干吗。"

J也问过我关于未来一个月业绩目标的问题，我没有说具体数字，只是说开拓业务刚刚开始，先努力然后看成效吧。

半个月的时间，J的200万目标只完成了四分之一，显然可以看出他焦急的心情。而我还是坚持开发客户，并且开始接洽一个大客户，也就是世界三大外资银行之一的汇丰银行全球董事会项目，并有了正式报价和"打样"等实质性的进展。J和公司知道这个项目后，觉得这类客户是世界顶级品质，对公司的客户质量会有大幅提升，并且订单金额也非常大，所以在业务操作和工厂配合度方面都给予了我大力支持。我也不负众望，顺利地拿下了这个订单，销售金额达到了80万元，我在公司也算是一举成名吧。

在拿下汇丰银行后，可能因为这个客户的质量比较高，名声比较大，所以在一个月内又拿下了另外两家银行(渣打银行与花旗银行)，世界三大银行都成了我们公司的客户，订单也源源不断地下来。业务部的业绩一下子就上来了，达到了将近300万左右。所以，包括公司老板在内的不少部门领导，都对我刮目相看。

J的目标完成了，但老板都很清楚，大部分业绩都是我一个人做的，再加上J的薪水与费用很高，公司早就有了想法，如今我来了，给了公司一个更好的选择。

不久，董事会把我叫了过去，黄董问道："如果你来执掌业务部，业绩会怎么样呢？目标是多少？"

我回答道："我觉得业务人员的基础和工作机制都不是太好，需要一小段时间去调整和培训，作为业务部的领导，应该对部门的方向和行业拓展进行规划。我的目标是在三个月内维持现有的200万业绩，而今后半年到一年内，实现300万的业绩目标，因为毕竟现在银行的订购业务基数是可以保证的，所以200万的业绩目标是比较稳定的。"

他们沉默了，明显是对我提出的业绩目标不满意。随后我接着说道："我是一个干事情的人，如果我现在拍着胸脯说，下三个月的目标是500万，这可信吗？我不会这么去奢望的，而要务实。”

我的表态没有任何的松动，而董事们则笑呵呵地说道：“这个目标确实比较实在和直观。”随后，几位董事也纷纷点头称是，老板随后说道：“就这样吧，我们将任命你为业务部的经理，公告下班前就发出，三个月的目标定位在200万。”

就这样，J走人了，因为不理智的目标，也因为长期的业绩不佳。而我并没有像他一样，新官上任，许下一个不可能完成的目标，而是非常务实的制定合理的目标，虽然没有给董事会带来惊喜，但他们最终选择了我。

在我上任后，对每一位业务人员的目标进行了细分与调整，按照行业进行深挖，而不再是漫无目的地到处撒网。

一个月后，业务部的每位成员都有所起色，订单纷至沓来，业务部的业绩保持在200万之上，两个月后已经逼近了300万的销售额……

作为一名团队管理者，在设定目标的时候一定要务实。为了迎合管理层或者为了满足自身短暂利益的人，必将失去长久的职业生命力。那么，如何设定一个可行的目标呢？我推荐使用SMART法则。

SMART原则，是一项很著名的目标管理法则，最早由管理大师彼得·德鲁克在《管理实践》一书中提出，具体包括五项原则：

- 有时限的（Time-bound）
- 具体的（Specific）

- 有相关性的(Relevant)
- 现实可以达到的(Attainable)
- 可以衡量的(Measurable)

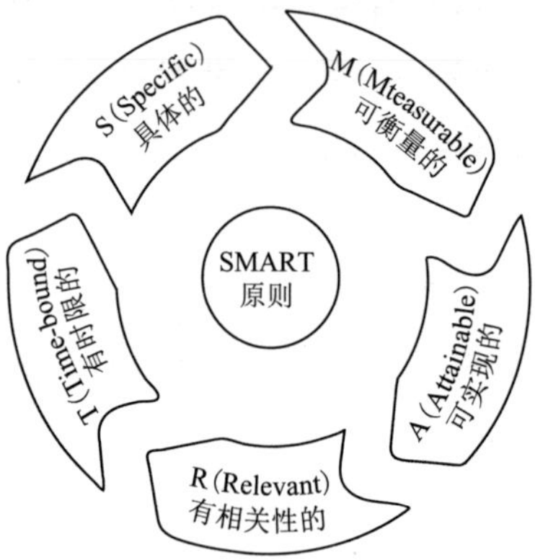

- 有时限的(Time-bound)

目标必须是有时限的,不能无止境等下去。领导者在设定一个目标的时候,一定要告诉团队成员截止日期,这样才能给他们压力。

- 具体的(Specific)

模糊的目标不利于被执行,假设你说自己的目标是要更好地完成业绩,这样的目标就不符合 SMART 原则,到底完成多少业绩没有说清楚。一定要数字化,例如完成 200 万的业绩指标。目标具体化,才有利于执行。

- 有相关性的(Relevant)

高效能人士的职业生涯都是有延续性的,他们不断积累,不断成长,而且目标从不间断。这些人设定目标都是相互关联的,三年目标、五年目标、十年目标,这遵循着一条主线。所以,管理者在设定目标时，也要遵循相关性的原则。

● 现实可以达到的（Attainable）

也就是可实现性。作为团队管理者，任何不可实现的目标都是没有意义的，只会打击人们的积极性。例如 J 设定了一个业绩翻番的目标，手底下的人都知道根本不可能，即便每天很卖力地工作，也只是做做样子而已。

● 可以衡量的（Measurable）

前面提到了目标要具体，那么目标可衡量就是要通过数据作为衡量标准。例如团队管理者在给业务人员设定目标时，就要结合上个月业绩给出具体标准，例如上个月完成了 50 万的业绩，这个月至少要提高 20%，也就是达到 60 万的业绩。可衡量，就是要有参照标准，一旦有对比，就会有压力，就会更积极的付诸行动。

控场力：领导者必备的管理技能

控场力，也就是指对场面的把控能力，是一个人成熟的表现，也是一项重要的能力。作为领导者，这是必须具备的一项素质。因为场面一旦失控，后果可能不堪设想。

某次,因为亲戚的孩子满月,我去赴宴祝贺,现场一派喜庆祥和。当孩子妈妈抱着宝宝来到我们桌时,大家都称赞她是个大美女。我一位表妹的孩子刚刚十岁,她看了小婴儿后,就大声说道:“小宝宝很可爱啊,但是没有我表姐家孩子好看。”在座的人哑然无声。

真是童言无忌啊,女孩的妈妈赶忙拉了一下她的手说道:“别胡说,小宝宝很漂亮的。”当然,小孩子的童言无忌,大家都可以谅解,虽然会让人有些不快,但谁也不会往心里去。

小孩子无心之言并不要紧,然而成年人这样说话就不好了,尤其是身在职场,不会说话就会导致场面失控,这就是一个人不成熟的表现,甚至会影响个人在职场的前途。

一句话说错,或者一件事做错,人家就会给你贴上不懂事的标签,从而会远离你,甚至鄙视你,还会成为别人茶余饭后的笑谈。

我在紫江集团工作时,认识了天津可口可乐公司的T总,他很喜欢喝酒,虽然酒量不怎么样,但却爱和人拼酒。每次聚会他都要显示出自己的海量,很多人都知道他的脾气,所以都让着他,特别是我们公司,因为他是我们的“衣食父母”,因此,每次聚餐时,我们都会很配合地夸赞他的酒量。

我和他没什么接触,因为天津不属于我所管辖的华东区,所以不在我出差的区域之内。

当时华北区经理刚好辞职,由我兼管华北区域。而那时恰逢他们的到来,所以老板指示我前去接机,然后中午进行商务宴请。临别时,老板可能以为我不知道T总的习惯,所以特别嘱咐了我几句,我连连点头,回道:“知道了。”

宴席摆开了，当时老总级别的都在，好酒好菜摆满宴席。T总看了很是满意，并且一副跃跃欲试的劲头儿，急忙让服务生打开酒瓶，满上，开喝。

我作为东道主，当然是先行敬酒，然后提请大家多吃菜。这时 T 总又端起酒杯对我说道："主敬客，客回主，来来来。"我一边叫着"T 总随意。"一边先干为敬，然后刻意搀扶着 T 总坐下，他随即把手臂一甩，示意不用我搀扶，再次举起了酒杯，开始跟在座的每个人敬酒。

我很担心，看他的样子明显已经快喝到位了，可还是在劝大家喝酒。不过转念一想，让他喝美了，事就好办了，所以任由他尽兴。

我边上的同事一直在拉我的衣袖，并对我微微摇着头，但我却假装没感觉到，一边继续喊着"T 总随意"，一边和他继续畅饮……

那天中午，他真的醉了，我们扶他去了酒店楼上的客房，他倒头就睡着了。

在回办公室的路上，同事对我说："经理，知道他是这样的人，还怂恿他继续喝，现在他倒了，场面上不太好看啊。"我听后，对他笑了笑，没作答。

对于场面的把控我心里有数，当时的情况，让他喝美了对我们更有利。

回到办公室，老板问我 T 总的情况，我回答说"倒下了"，他略显气愤地说了一句："去忙吧。"

下午，我回到酒店，进门后见 T 总似睡非睡的状态，就端了一杯水叫醒了他,然后将手中的水杯递给了他,他猛喝了几口,然后对我说:“其实,我知道你们都让着我,但是我就是喜欢热闹,喝倒了没事,高兴。”

我回答了一句:“T 总,我事先知道这些情况的,但看你兴致很浓,所以想配合你大醉一场,也未必不是人生快事吧。”他听后哈哈大笑起来,并且对我说道:“还是你了解我,人生难得快乐,有一醉何必要错过呢。”

第二天早上,T 总来到了我们老板的办公室,我也站在边上作陪。T 总跟老板说道:“他不错,我很喜欢这个年轻人。”老板惊讶之色一闪而过后,问他:“你都醉了,我觉得不太好意思啊,他不太懂事了。”

T 总一听,连连对着我的老板摇起手来,说道:“恰恰相反,哈哈哈。”

之后,我监管华北区的事务开始忙了起来,但天津的业务拓展和货款回收却一直很顺利,每次去天津可口可乐时,T 总也对我极为热情,称兄道弟,每次都要大醉一场。

场面,要分性质,如宴请 T 总这样的场面,就要顺势而为。既然他想大醉,我何必要强人不为呢,毕竟每个人的性格有着各自的独特性,而 T 总就是一个爱玩的人。

场面控制是一种能力,需要善于察言观色,良好的悟性以及临场应变能力,这不是一朝一夕能够学会的,要靠经验积累,在多年的实战中历练而来。

接下来,让我们学一学如何提高控场能力:

01 场面与气氛的把控

02 同频共振

03 做一个会讲故事的人

04 灵活应变

05 跟主持人学控场力

● 掌控场面与气氛。一位控场高手，自然是一位社交红人，始终要有能力控制住场面，随时能调节气氛。什么时候该热闹，什么时候该收敛，都要做到收放自如。

● 同频共振。由于业务员平时应酬较多，不可能做到跟每个人处于同一频率，但是一定要跟重要客户实现同频共振。也就是说，你只需要将精力放在重要客户身上，仔细观察，然后找到彼此的相似点进行切入即可。

● 做一个会讲故事的人。谁不爱听故事呢？尤其是冷场的时候，一个吸引人的好故事就可以打破尴尬的局面。

● 应变能力。作为领导者，平时应酬的场合较多，一定要具备良好的应变能力。没什么好办法，只有多实战，积累经验。不要怕出错，但是结束之后一定要及时总结，下次不要再犯同样的错误。久而久之，应变能力就会提高。

● 跟主持人学控场力。节目主持人由于工作性质，普遍具备很强的控场能力，所以平时多看一些综艺节目，尤其关注那些主持风格灵活的主持人，跟他们身上可以学到很多经验。

充分发挥行政部门的作用

不要小看公司的行政部门,它是公司的支柱。制度的建立与执行,人员的招聘与管理,公司的稳定都要靠它。因此,如何运用好行政部门的职责和作用,是非常关键的。

在台资企业时,S一直是我的助理,她隶属于业务部,但她的工作属性大部分属于行政范畴,因为她管理着部门的出缺勤、每周报表的回收和统计,以及一些业务人员的具体安排等。工作内容繁多,但她做得很好,应对自如。

S刚到我部门的那天,正值她的生日,我随即让人买了蛋糕,并在办公室为她简单庆祝了一下,她很感动。

之后的一周,我出差在外,正值业务部业绩奖金计算,她拨通了我的电话,说道:"财务部对于本月奖金发放的部分细节存在疑问,这个提交表格要重新做,还要你重新签字……"

我当时正在处理事情,忙不过来,她听出了我烦躁的情绪,于是表示一会儿再打来。没多久,铃声响了,她简单地说道:"老大,这个事解决了,他们可能事先不知道你的安排,所以有些小误会,我和他们沟通了,现在已经没事了,你安心出差吧。"

其实,类似的情况还有很多,她运用自己的聪明才智和良好的语言沟通能力,帮我处理了很多琐事。

作为业务部的助理,她不仅负责行政上的工作,还在部门内人员的稳定上起到了不小的作用。因为她是一个随和开朗的人，来了没多久，就和业务部里的同事打成了一片，给团队带来了活力。同时由于跟大家的私交不错，很多同事甚至会找她谈心。

Owen是一位新业务，没什么工作经验，基本属于新手之列，他是一个外表俊朗却很内向的人，在专业知识培训过后，他开始了开拓业务和寻找客户的阶段。不知道是因为他内向的性格不善于深入沟通，还是害怕遭到客户拒绝，总之他最近情绪很低落，虽然在我的督促下有气无力地工作着，但精神状态已大不如刚开始的时候。

还好，S看出了我的担忧，于是陪他一起吃午饭、聊天，并且互相以姐弟相称，在工作上不断地鼓励他，使他又重新拾回了信心，又开始了积极开发客户的工作，而且干劲也显现了出来。在一个月后，开创出了很好的成绩，这一切都与S的帮助有很大关系。

如今，业务部里已经习惯了S的存在，很多事情都需要她来处理，有时候她请假了，业务部就会觉得缺少了什么，如今她就如同我的支柱一般。

我跳槽到了一家上市公司，因为是同行业，所生产和销售的产品也和我之前的公司一样，所以并不陌生，只有新同事比较陌生。Shirly是这家公司的行政经理，我第一天入职的时候就是由她来接待的，随后她介绍起这家公司的情况，但也只是浮于表面，没有涉及实质性内容，或者一些敏感隐性的方面。

当时，我也很能理解，因为毕竟我刚到。第一，人家不了解我的秉性；第二，还有一个深层次的担心，我是不是会在这里待长久;第三,也不知道我在老板或者总部高层心目中的位置。所以陡然和盘托出,是极不明智的。

之后的交往也很平淡,一般都是基于工作层面的,特别是一些琐碎之事上的处理,等等。而互相之间保持着适当的距离,当然推心置腹就更无从谈起了。

我进公司后渐渐发现,一些业务人员都是公司总部的“皇亲国戚”,俗称“老油条”,他们在工作方面一点都不积极。而要改变这样的现状,就必须在总部支持的前提下,对某位进行开刀。偶然一次我去总部开会之后,和董事长及一些高层会餐时,酒到半酣,董事长问我分公司工作上有什么困难,我就借着酒胆对他说道:“分公司的业绩一直不好,难以上升的原因就可能是人的因素。我可以努力激发他们的斗志和工作情绪,但某些问题,就不是我能解决的了,所以很为难啊。”

董事长听后点了点头,不无保留地说道:“这也是我面临的问题啊,公司要大力发展,总会有这样的情况,我想你是可以着手解决的,我支持你。”这是得到了“圣旨”啊!

回到公司,我立刻找来了 Shirly,隐隐约约地向她说了董事长的决定,然后推心置腹地问了这些人员的敏感情况,她被我的直接吓到了,竟然半天支支吾吾的,没有说出一句完整的话来。我又说道:“董事长说了,公司要发展,就一定要改革,你明白了?”她在听了这个基调后,才一一道出了分公司所有人员的底细和一些细节,并且提出了不少的建议和意见,我觉得很是受用。

随后,我对她说道:“你作为行政经理,要修正一下出缺勤的制度,严格控制工作纪律,包括上班时间吃零食、上网闲聊天等诸多方面。这点，我想你的执行应该驾轻就熟了，但不能有所徇私，要公正地一致对待，先从纪律开始抓起。”她点了点头。

第二天开始，她执行关于纪律上的管控，并且认真地记录下每一次违规的行为，除了作为惩罚性的罚款外，还留下了案底，以作为年终奖金考核标准的一条因素。在办公室，一些工作外的行为都得到了有效的禁止，这和她严格的执行是密不可分的。

在整肃纪律的同时，她也向我提出了不少“相关人员”的管控方法，都收到了很好的效果，而对于个别抵触纪律执行或者工作开展的人员，我最后决定予以坚决的劝退或者辞退，以起到警示作用。

经过一个月的整顿，并且开除了2名业务人员，又在Shirly的支持下，招聘了几名新进人员，从而重新焕发了业务部应有的活力。

分公司的业绩开始提升了，并且显示出很好的上升势头，在如此短暂的时间内就能走出低谷，也得到了老板的大力赞赏，更得到了董事长的肯定。在一次联席会议上，Shirly随我一同参加，在董事长表扬我的时候，我也向董事长介绍了Shirly工作的出色，并说如果没有她的大力协助，是不会有今天的成绩的。董事长和我的老板对她频频地点着头，表示了对她的明确肯定。

如今，Shirly已经跟我的助理S成为好姐妹了，她们两个是公司的支柱，一个处理和维护着日常的行政工作，一个负责销售层面的事情。在团队中，她们两个已经是我的左膀右臂了。

行政部门的工作人员，工作性质其实比较琐碎，而且在某些层面上又较为敏感，他们是公司领导层的协助者以及相关政策的执行者但他们却是较为特殊的人群，不仅知道很多公司的机密,而且在执行某些任务时,也因为这些敏感问题而变得举步维艰,谨小慎微。但作为公司的领导层,就要给予他们充分的信任,多多的鼓励和表扬,从而使他们能发挥出应有的能量,也可以真正成为你的左右手,处理好棘手的问题,为你的团队稳定做出贡献。

与财务部门搞好关系

销售部门是公司的命脉,财务部门同样是公司的重要核心部门之一,因为财务部关系到公司的资金问题,其中又涉及公司内部的很多机密。所以,对团队管理者是必须重视的。

C总是易趣新招的公司副总,主管公司的运营工作。C总为人热情、赋有战斗力,但也有些大大咧咧、不拘小节,因此在和同事们的沟通上一向较为马虎,从而经常忽略其他人的感受。

小Z是C总带进来的,是公司的财务副经理,主要负责公司往来资金的统计等计算汇总工作。虽然只是副职,但其工作属性的重要性是不言而喻的,因为这些工作关系到公司的资金,从而也掌握着公司的不少内在机密,甚至可以称为举足轻重。

C总主管的市场部将要搞一次大型活动,让小Z准备出该部分的活动资金，小Z在迟疑之后，点了点头走开了。

C总的活动预算报告迟迟没有批准下来，在财务总监那里卡住了。C总再一次找到小Z，指责她工作不力，小Z还是迟疑了一番后默默地离开了。

周一开会，领导们悉数到场，会议开始。每个部门的总监一一做了总结，以及今后一个月内的计划汇报。C总也总结了市场部的初步工作，当谈到计划时，他说道："我于一周前就提出市场部即将举办的大型活动，活动和预算报告也提交给总裁办和财务部了，但却迟迟没有批复，目前市场部关于本次活动的所有计划和准备工作都已就绪，就等批复以及资金落实了，然后可以立刻执行。"他在气愤难平中，收住了话语。

作为高管，在高级主管群中，表现出这样的气愤态度是大忌，也是一种不善控制情绪的表现。

老板听后笑了笑，说道："计划我已经批复，也转了财务部，但关于预算的问题，我相信你可以和财务部做良好的沟通。"老板回头又问财务总监："预算上有什么问题吗？"老板可能觉得这样问话有责问财务总监的意思，于是又加上了一句："你可以根据最近的财务状况再做处理。"老板的态度已经很明显了，他表示同意这个计划，但觉得没有急切执行的必要，或者换一句话说，这个计划"还算"不错，但吸引力显然是不够的。所以，他把皮球踢给了财务总监，明眼人都已经体会出老板的意图。

财务总监是美国总部派驻公司的，当然属于投资方的"嫡系"。他为人低调，却是一个职场老手，听了老板的话，说道："我已收到老板批复下发的这个计划，也正在积极筹划资活动资金，但由于公司最近的业务在快速上升期,要用钱的地方实在太多,等现金流方面稍稍宽裕时,马上划拨资金。”(他的话,很在“路子上”啊,既应承了老板,同时又以冠冕堂皇的理由拒绝了划拨预算的请求)他回头问小Z说:“是不是最近的现金有点紧张啊,财务部的人都知道。”

小Z狠狠地点了点头,并说道:“C总一味的指令我划拨这笔款项,但却不知财务的现状,我也很无奈。”(话语中有抵触C总的味道)

财务总监很老练地点了点头,表示赞同小Z的话,同时也显示自己对小Z工作的强烈支持和肯定。

此时,C总的怒火急剧上升,他也听出了财务总监和小Z的话外音,但他处境被动,也无可奈何。于是,尽管他现在很生气,但也只能压制怒火,保持风度。因此,把头一低,会上再没发过言。

会后的几天,C总的情绪一直很低落,而且有点自暴自弃的意味,上班时间跑到咖啡馆打发时间。

当一个公司高层出现这样的举动,也就意味着他彻底失望了,离开只是时间问题。

一周后,他辞职离开了公司。

我刚到目前这家公司时,就知道财务部经理是总部某位高管的“嫡系”,这在职场中很常见,毕竟财务是一个公司的重要命脉。

财务部经理J为人很沉闷,每次和她聊天都没有多余的话语,表情平和,看不出任何起伏,只能从她的眼神中体会出心情的变化。或许,这是一个财务的特质吧。

某次，和J去靠近城隍庙的一家公司洽谈关于财务审计的问题。一路上，她的话不多。我是一个爱享受的人，贪恋美景，独爱美食。顺利谈完后，我向她提议可以去逛逛城隍庙，她点头同意了。我们在城隍庙熙攘的人群中漫步，闻着各种美食的味道，欣赏着街上的景色。

走着走着，来到了南翔小笼包的华美店堂上，点上几笼特色的小笼包，美味的汤羹，饭后喝上一壶茶，实在惬意。不一会，天色阴暗起来，即刻下起了倾盆大雨，服务员前来关窗，我说不要关了，正好欣赏雨景。此时，J露出了一丝笑意，说道："挺有诗意啊。"之后，我们没多说什么，只是在美食、雨景，以及互相揣度之中，结束了这次午餐。

第二天，她对我的态度明显变得温和，在讨论财务问题时话也多了起来，开始涉及一些实质性内容了。从此，我们的沟通渐多，气氛也变得随和，友情随之升温。

经过了两周的磨合，我们成了朋友，有不少关于财务的问题请教她，她也倾心相授，并且在闲谈中，也会说一些公司以及总部的机密，这说明我已经得到了她的信任。

总部的几位副总和财务总监来分公司开会，期间谈到财务和现金流使用及控制的问题，我这个分公司的领导自然会成为现金使用者的考核对象。J就说道："他很配合我的工作，协商为主，尊重为上。"这明显在向着我说话，语气上也丝毫没有客套和敷衍的意思。

我在这个公司已经半年了，在整合公司人员、建立销售团队、提升业绩的过程中，她已经成了我的支持者，还会不时给出一些建议，成了我的左右手甚至是智囊，而且由于她对总部的了解更深,所以建议都很实用,让我受益颇深,同时也少走了很多弯路。

如今,分公司的业绩大幅提升,销售团队的扩充,行政人员和财务人员也相应地扩大了,她已经是我们公司的财务总监了,管理着财务方面的所有项目。

我想,正是那次城隍庙里的游玩,让我们彼此加深了沟通,从而愿意更多地交流,最终发展为朋友关系。

财务部是公司的重要部门,在私企,财务部的工作人员很可能都是“皇亲国戚”,因此与他们保持良好的关系是非常必要的。C总就因为不懂得这里面的道理,所以没有得到财务部的支持,最终郁郁离开。

作为一名团队管理者,想要更好地开展工作,不仅要把自己部门的业绩搞上去,还要跟其他部门的老大搞好关系,这样才能得到他们的倾力配合,开展工作也会因此顺利很多。

如何让部门斗争发挥正能量

所谓物以类聚,人以群分,办公室出现各种小团体以及争斗都是很正常的。一位优秀的领导者,应善于处理各团体的纷争,让本来具有破坏性的事,发挥出正能量。

历史上，一个朝代在兴盛后，其官员的班底自然会越来越健全、稳固、壮大，但同时也会因为一些利益的驱使而带来争权夺利，甚至派系斗争。睿智的君王，一般都会容忍这些现象的出现和存在，而非严厉打压，并且能充分利用这样的派系争斗，有效控制住局面。

其实，在职场、在公司里也是如此，某个强势部门和其他部门发生争斗，无非是为了一些个人的名誉、利益，甚至为了一些小事而斗气。

我在台资琉璃公司那会，Mike 是我们工厂里的厂务经理，管理着工厂里大大小小的事务，毫不夸张地说，他要负责工厂五百个人的“吃喝拉撒”，包括班组的构建和稳定，生产工段流程的制定和管控，以及一些人事方面的问题。工人大部分来自河南和四川，老乡相亲，结盟抱团是再自然不过的事了，而最让他头痛的则是宿舍的安排、如何分工等问题。有时只是为了一份津贴的发放，都会引起不小的纠纷、吵闹，甚至大打出手。两个团体间一直处于剑拔弩张的态势，因此 Mike 的精神非常紧张，生怕闹出大乱子来。

某次经理级会议之后，我和他在楼下的咖啡馆里小坐，在香茗四溢的氛围中，他说起了自己的忧虑。我开导他说：“康熙面对明珠和索额图的激烈党争，并不急于压制，在某种程度上容忍并加以利用，只有在无法容忍之时才会下狠手治理。”他听了，觉得很有道理。

Mike 回到工厂后，首先召集两个团体的代表人物开会，表明公司的立场，他说：“公司不希望发生恶性事件，如果有什么问题，可以直接来找我，我将会做出公正的决断。不过有一点要注意,有任何问题,记得首先来找我。”此言一出,大家都听明白了,如果再吵,最后都没好果子吃,而且“生杀大权”在 Mike 手中。所以,有问题都要及时汇报。

在之后的工作中,Mike 表现出积极倾听的态度,渐渐地,两个团体的人,都慢慢地靠拢到他的周围,他也成为两边的黏合剂,减少了争斗。Mike 不仅对双方的动向了如指掌,也很好地利用了他们的不和,在工段安排以及工分的计算上大做文章,并且提出了额外的奖励制度,哪方成员的成绩好,将这部分的奖励便划归于谁,从而使两方进入良性竞争态势,你追我赶,工作效率大大提升。

当然,设立奖励其实还有一层含义,就是使两方依然保持分化的状态,这样就能够更加有效地对他们进行控制。而如果他们团结在一起,融合成一股力量了,反而难以把控。例如,如果遇到某件事,他们团结起来和公司对抗,公司和 Mike 也将面临更大的压力,更加难以解决了。

如何利用好不同团体的力量以及矛盾,把握有度,并充分发挥出他们的能动性,是很复杂的学问,很讲究技巧,需要在实战中慢慢积累与摸索。如今,Mike 的工厂里,两个团体之间还会时不时发生小摩擦,但是对于 Mike 来说已经无伤大雅了,因为他已经完全掌控大局了。工厂那边再也没有传出工人争斗的恶性事件,更没有人罢工,工厂运转正常。

这不仅是公司期望的,更是我们业务部想看到的结果,使我们能安心下订单,没有了后顾之忧。客户方面得到了保障,也敢大批量下单子,因为不必担心到期交不了货。

财务部总监 Jack 是代表投资方派驻公司的,虽然本次投资方的投资总额只占了公司股份的百分之三十，但依然属于大股东，所以Jack的到来，无疑会表现出强势的一面。

Jack是美国著名大学毕业的硕士，所以在学历上甚至于在公司阶层方面都有着不少的优越感。Tony是市场部经理，来公司半年多了，工作能力还不错，在市场方面也做出了一些成绩，属于实干派的那种。虽然和老板交流较多，但绝对算不上老板的“嫡系”。Tony为人谦逊，但骨子里属于心计较多、心狠手辣的类型，从市场部人员整合方式来看，其使用职场“冷暴力”的方式以及果断裁人就能看出来。期间，他牢牢掌握住了市场部，并赢得了两位追随者，其中一位是市场部的副经理Jessica。

市场部的任务除了维护日常的宣传品制作，就是搞一些针对公司未来发展方向的活动，用钱的地方很多，因此跟财务部也有交集。

某次的经理级以上会议，老板也参加了。Tony用十分客气的语气说道：“上周，我的活动报告已经提交到了老板那里，之后老板出差了，但我从老板秘书那里得知，报告已经批复并转达到了财务部，却迟迟没有下拨这笔款项，我想，Jack白天实在太忙，而且晚上应酬也多，于是不便打扰，所以我只能等待着……”其实，言语中略带着些许的揶揄。

Jack听着，没说话，只是冷笑了一下。Tony继续说着关于这个活动的细节问题，似乎没人仔细听……此时，Jack站起来说道：“我作为财务部的总监，肩负着整个公司财务和现金管控的任务，而Tony，你作为市场部的经理，自然只关注自己的部门，所以，何时下拨资金是需要从全局考虑的，而不是我在夜生活时就能拍脑门决定的，OK?”说完后，他用略带不屑的眼神望了望 Tony。

他这段话的主要意图有三个:其一,我是总监,你是经理,你 Tony 哪有资格来催我?其二,我要从全局考虑,而你只是一个部门;其三,反讽,表明自己的夜生活是在应酬,也是为了工作。

Jessica 看到气氛不对,随即应和了起来,并说了财务的具体难处,等等。

Tony 似乎从 Jack 的话里听出了一些什么,他只说了一句:"要按照级别来说,我无话可说。"而 CiCi(Jack 的助理)立刻说道:"我觉得这不是级别的问题……!"

之后,Tony、CiCi、Jesiica 的话都交织在了一起,会议室里也显得吵闹不堪,有的部门经理在暗自偷笑,有的则加入劝架的行列,场面十分热闹并且有些滑稽。

老板终于摆了摆手,等大家渐渐停下后,他说道:"在这样的会上,我很喜欢你们这样的讨论。这样吧,会后财务部先到我的办公室,然后是市场部吧。散会!"

大家积极投入到工作之中,这是老板最希望看到的,即便是吵架,也说明大家都在用心干活。

老板约两个部门的领导分别去办公室,难道要在彻底了解情况后,进行调解吗?不得而知。

第二天,Tony 依然在财务部和 Jack 高声争论着什么,互相之间的话语中不无讽刺与挖苦……之后的状况并没有得到改善,财务部和市场部这两方斗得不可开交,但老板却依然笑呵呵地坐看风云,丝毫没有出手解决的意思,只是偶尔出来说了一句:“声音轻点”。

作为一个睿智的老板,他希望看到这样的景象,因为大家都在为工作努力,受益者自然是老板和公司。老板从不表明心迹,不会偏袒一方,而是有效利用两方的争斗,使公司的利益最大化。

作为管理者,如何处理团队内部的斗争呢?

● 管理者要摒除先入为主的观念,具体了解之后再做判断。作为管理者,不要急于作出判断,尤其是先入为主的判断。也许你对某方的印象不好,就将责任归咎于他们,这样做只会让团队更不稳定。管理者要花时间进行深入了解,然后做出一个公平的裁决。

● 了解双方争斗的目的,如果是有利于团队,有利于公司的,就不要急于调解,静观其变。因为无论如何,对自己都是有利的;如果有损团队和公司的利益,就要及时插手,阻止事态进一步恶化。

企业文化的建设

说起企业文化,大概包括企业的标示、氛围、奋斗目标等。但其实,很多企业的文化建设都浮于一些表面的动作,看似完备之下却忽略了根本性的内容,比如真正有效的激励机制和个人榜样的大力表扬,等等。

新跳槽到同行业的这家上市集团,第一天来到办公室,给我的印象是一间很标准的办公室样式,毫无新意,大不如之前的那家公司。

前一间公司的办公室很有特色,富有艺术性的隔断,雕刻着花纹的横梁,墙上还有各种蝉纹的印花装饰,整个办公室显得十分典雅,身在这样的环境中,就会自然而然地被这种气息所感染,心因此而静了,言因此而雅了。不久,你就会发现,自己彻底融入这样的环境之中,十分享受。而如今这间办公室显得如此苍白,缺乏一种独特的东西——文化!

我认为,一个企业的文化,最基本的就是完成这些表面的装饰,然后才是深层次的内涵。所以,当我加盟新公司之后,最先做的就是对办公室进行了一番装修。首先,在正面墙上贴上企业的口号,六个大字赫然在目;在墙的四周,装饰上一些有古代器皿和公司产品的大幅挂画;在一些墙角转弯处,贴上一些有古典气息的颜色典雅的剪纸,之后办公室就凸显出文化的韵味了。

在这些初步工作完成后,接下来文化建设的对象就是人了。因此,我在行政经理的积极配合下,组织大家进行企业员工手册的全面学习,还让行政经理出了一个考卷,安排某个午后进行员工手册知识考试。总的成绩还不错,也上报给了总部的行政总办,此部分的工作也完成了。

进入公司两周之后,人员整合的方案通过了总部的默认,对分公司的部分人员进行了辞退或者劝退后，又开始着手组建新的团队，特别是销售团队的建立，将原有的得力干将招致麾下（把自己的老部下带过来是首要的，这些人都将成为我的“嫡系”），招收一些新的销售员工，从而，几个部门的团队和公司基本机制都完成后，进入了重拾乃至开创销售新局面的阶段。

重新建立并且加紧和公司原有客户的联系以及开拓新客户都开始显现成效时，业绩也开始体现了出来。相应之下，通过这段时间的共同努力，团队在私人感情和团队合作等方面都得到了不少加强，因此团队开始趋于成熟与稳定。

企业或团队内在文化和精神之一——共同目标。

在我感到时机已经成熟之时，在分公司的某次全体会议上，我首先介绍了公司最近销售方面表现出的良好成绩以及即将要落实的订单前景；随后，我介绍了集团各个分公司每月销售的数据和分析结果，并因此提出了三个月的销售目标，并争取在半年内能成为整个集团内销售业绩最强分公司的宏伟目标。我的员工对拿下集团销售第一名的目标充满信心，气氛达到了一定的高度。

会后，我找来团购经理和柜点经理，对刚刚在会上提出的目标进行了实质性的讨论，包括出击方法、应对策略和一些潜在能量的发掘等话题，他们都表示再重新审视一下客户资料，然后在当天下午拿出具体的实施方案。我觉得团队的状态，已经到达了一定的高度，相当满意。

目标是企业文化的一部分，在团队初期建设完成之后，就要通过可行性目标激励团队，有助于让团队保持战斗力以及形成更紧密的凝聚力,这才是企业文化的根本——向心力!

办公室的装潢、公司产品的外包装等,这些都是表面因素,而真正的文化则体现在团队共赴目标、携手向前的精神方面,这才是企业文化的真正内涵。因此,在半年后,我的分公司实现了这个目标,成了集团所有分公司里销售业绩最为出色的团队,也得到了总部的肯定和嘉奖,集团董事长还特地下拨一部分专用款项,用于奖励分公司。之后,我征求了大家的意见,他们都认为这笔钱可以组织去一次旅游,一方面可以放松心情,另一方面,还可以提升团队的凝聚力,这也是企业文化的一部分。

适时奖励团队同样是企业文化的一部分,既能起到有效激励的作用,同样也可以让团队放松。毕竟,不能总是让队员紧绷着神经,放松也是非常重要的。

企业或团队内在文化和精神之二 ——发扬榜样的作用。

我的团队逐渐成熟,业绩也在稳步上升之中,集团董事长对我们寄予了厚望,也提出了更高的要求,这些将是我的团队下一步奋斗的目标。

此时,正值年底,集团即将举办大型尾牙年会,工厂派出代表参加,而分公司由于人数较少,所以全体参加。总部行政部要求每一个部门都要表演节目,征求意见也下达到了分公司。关于这个活动,我在分公司全体会议上征求大家的意见,有的说集体唱歌跳舞,有的提议说一段相声之类的节目,但我却提出了一个方案——请一个人代表分公司发表一段感谢词。大家觉得不错,并一致推举我上台,我摇了摇头说道:“其实,团购在我们公司是主力军，并且也确实做出了很大的业绩贡献，我觉得应该让M经理上台，这样最为合适，甚至可以说是实至名归。”大家一听，都纷纷赞同，达成了一致。于是，由行政经理上报予总部此项“节目”。

年会选在五星级酒店大厅里举办，会场上挤满了集团员工，场面十分热闹，集团的领导、精英全都来了，没想到的是，我们的“节目”被排在了第一个。于是，M上台发表了感言。随后，M即兴为大家演唱一首《朋友》，并引领全体员工高声齐唱，场内气氛达到高潮。整个会场沉浸在团结合作、共同进取的励志氛围里，集团高层非常满意。

行政经理悄悄对我说，唱歌之前没提到啊，我只是对她笑了笑，然后又将头转向了台上去了。

歌声未落，集团的营运部总监跑到我的座位旁，对我竖起大拇指，表示赞赏。

M唱完后，没想到董事长站起，一边摆手让M不要急着下舞台，一边快步走了上去，然后笑容可掬地开始询问M怎么会做出如此出色的成绩。当然，M就以一些谦虚的言辞来应对了，随后他很严肃地说道：“其实，我的一些成绩不算什么，关键还是在于有一个好的团队，有着共同的团队目标，我们才能携手努力、同行奋斗，身处这样的团队和集体，我很高兴，我相信分公司在H的带领下，将会得到更大的提升。”话音刚落，董事长带头鼓掌，气氛再次达到高潮。

M带着荣誉和在场所有人的目光下了舞台，回到我们身边，我也对他竖起了大拇指，对他的出色表现大加赞赏。他悄悄在我耳边说道:“谢谢您。”

我相信,M的感激之词发自肺腑,是这个团队给了他今天的成绩,他也在这个团队中感受到了快乐。这就是我想要的企业文化,让员工感受到正能量,让他们全力以赴为公司出力,把公司当做自己的家;也只有如此,才能创造出更好的成绩。

真正的企业文化并不仅仅是响亮的口号、漂亮的装潢这些表面内容,而是一种团队向心力、凝聚力的体现,一种为共同目标努力奋斗的精神。其中,个人榜样的作用是显而易见的,将他们的作用最大化,有助于激励其他员工更努力地工作,创造更好的业绩。

企业文化的建设并非一朝一夕之事,需要相当长时间的积淀。在此,引用企业管理专家张国祥老师,关于建立企业文化的十个步骤,希望对大家有所帮助。

第一步:确定企业使命和愿景;

第二步:确立企业核心价值观;

第三步:建立企业价值观念体系;

第四步:梳理完善企业规章制度;

第五步:调整优化企业做事方式;

第六步:理清企业内部风俗习惯;

第七步:建立企业健康伦理道德;

第八步:规范企业内外形象;

第九步:统一企业宣传用语;

第十步:编写企业文化手册。

高端人际资源的打造攻略

当你晋升到一定职位之后，就会遇到更多复杂且棘手的问题，那么原来的人际资源很可能无法帮助你，所以我们必须结识并储备更高端的人际资源，以备不时之需。

比尔·盖茨说过一段话，大致意思是：一个人永远不要靠自己花100％的力量，而是自己只花1％，剩下的就让99个人各花1％的力量来帮助自己。虽然这段话有些夸张，但比尔·盖茨想告诉我们的是，人际资源对于事业成功的重要性。而当你在事业上已经小有成就时，你就应该有意识地规划和发展你的高端人际资源圈。

首先，建立高端人际资源圈，应该从同行入手。你有一个店面，想试着做服装生意，那么你可以去结交一个正在做服装生意的人，和他成为朋友，他或许可以告诉你，去哪里进货，什么地方的货源价格便宜品质又好；如果你想成为一名服装的批发商，那么你就去结交其他的批发商，他们会告诉你，服装批发的经营之道，以及服装行业内的一些信息。

我进入琉璃工房后的半年里，通过自己的努力和人际资源，获得了不少优质客户，比如世界三大银行（汇丰、花旗、渣打）和一些大型著名国企等。人们常说，同行是冤家，但我在实际的业务工作中却发现，我的同行们很愿意结识我，当我们在拜访同一家客户相遇时,总是会礼貌地打招呼,甚至可以一起坐下聊一聊,说说自己的艰苦,谈谈自己的经验,甚至分享一些信息。一点都不像是冤家,更像是志同道合者。

渐渐地,我在同行业中认识了不少朋友,而我认为最大的益处是,当你把他作为朋友了,彼此的防备心理就会降低,对方也会分享一些行业内的珍贵信息。

张总是某大型水晶制造厂的业务总经理,和他认识时,我还是一个名不见经传的新人。那是在一个奢侈品的展会上,我作为观展者四处观看,由于被他们公司的产品所吸引,张总走上前来跟我详细介绍。就这样,我们交换了名片,他也并没有因为我们是同行(我所在的公司是他们公司的死对头)而拒绝交友,反而相当的热情。

张总开始介绍起他们的公司,讲得津津有味,我作为一名新人,当然只有听的份了。就这样,我们成了朋友,他会经常打电话给我,随便聊几句,我也会在路过时去他们公司拜访。表面上,我们的友谊很平和,但其实却在发展着。

某天,和几位朋友在陆家嘴喝茶,其中一位朋友谈起了一个水晶的作品,说他们公司的老总很喜欢,我通过这位朋友的描述得知,这个作品的工艺需要特殊的机械,而我们公司却无法生产,因此就想起了张总。于是我马上打电话,张总听后爽快地答应立刻赶过来。到了之后,张总仔细介绍了一番,表示绝对可以接这单活儿。

朋友们走后,我和张总单独聊了起来,他很感谢我,还要给我提成,被我婉拒了。不过彼此心知肚明,这个人情可不是白给的,身在同一行业中,来日方长嘛。

在之后的一年中，他也介绍了两单业务给我作为回报。他们公司以做水晶为主、琉璃为辅，当时张总接了个订单，觉得琉璃产品的生产很难胜任，就介绍由我们来制作，他们只做水晶的部分。

后来，我升至总监，并且在业内也有了一定的名气，所以我们的交往就更多了一些。某天下午和他闲聊时，说起了公司正在研制高纯度金属和琉璃结合的产品，目前正在小规模准备阶段，他听后感到十分吃惊，因为在遥远的广东地区，有一家厂子也在研制，但他们在金属件上的优势却相当明显，所以劝我和公司高层沟通一下，最好放弃这个计划。

我听后也觉得很吃惊，回到公司立刻向总经理做了汇报，并且把自己的想法说了出来：目前行业内金属件和琉璃结合的产品还没有，而我们在金属件上毫无优势，倒不如找到这个厂商，要么我们单方面提供琉璃产品给他们，要么我们可以做个双赢的合作，两家的产品做一个互换。

总经理听完，觉得这个信息很重要，表示他会立刻处理。过了一周，总经理遇到我就说，幸亏有这个信息，我们公司少花了添置机器设备和研发的费用，对我一番夸赞。

当然，在行业内建立高级人际关系，还有一个好处，就是为将来可能的跳槽做好铺垫。

沈总在基金和投融资行业内有些名气和人际资源，和他的初识是在上海交大海外学院的 MBA 班上，当时也只是互加了微信，但我们互相关注朋友圈后才发现，因为我们都比较喜欢文学，就彼此增加了一些黏合度，一来二往，就成了真正的朋友。

我到这家上市公司任职后没多久，集团就布置了各个分公司对股权划分的任务,虽然集团对分公司派驻了股权划分的协助人员,但对此我还是一头雾水。因为我对公司内部的人员结构不是十分了解,毕竟股权划分关系到分公司的股份组成和每一位中高层人员的切身利益,因此我刻意地去了解了他们以往的资历、业绩、工作评估报告和最为敏感的阶层关系(该人员和集团高层之间的关系)。

当全部了解完毕后,就轮到沈总出场了。因为我在了解上述情况以后,有些决定和取舍是很难去做的,所以特地约了他,把一些问题向他说明白,听听他对这些事的处理意见。沈总在这方面是相当有经验的,因此经过几次研究、推算与权衡,最后才整理出一套较为满意的方案。对我这样一位资本新手来说,沈总的帮助真是如大旱中的甘霖一般啊。

最后,在沈总的大力帮助下,在集团协助人员的再一次演算后,我的分公司股权划分方案被批准了。集团的行政副总表扬了我,但其实我心里明白,我这样的新手如果没有沈总的帮忙,是很难做好这件事的。

不仅如此,沈总还为我介绍了不少投资界的朋友,丰富了我的人际资源。

张总是沈总介绍的,他是某保险公司的老总。认识后,我做了礼节性拜访,当时还带了三件样品前去。我拿出样品,他对其中的一件很感兴趣,似有爱不释手的意思,我建议他留下,他坚决不肯,我就没再勉强。

一个月后,从沈总那里得知,张总的公司得到了一部分融资回购股权,我就把他最喜欢的这件作品当礼物赠送给他。他拿到手后异常感动，因为我的上心，他把我当作真正的朋友了。

公司要进行股权激励的计划，而经过之前的股权划分，虽然我对股权有所了解，但依然是个门外汉。因此，我又去咨询沈总。他在电话里说，虽然他对股权划分比较在行，但是股权激励却属于股权作业中的证券范畴，他并非行家，他说会为推荐一位资深的行家。

第二天见面后，经过沈总的介绍，才知道这位行家原来就是张总的妻子，在证券投资研究所工作，对股权激励很有研究，我喜出望外。

经过行家的指点，分公司的股权激励顺利完成。一个门外汉能做得如此出色，靠的就是我的高端人际关系圈。

人往高处走，当一个人达到一定的阶层之后，人际资源也会迅速积累并不断提升质量。随着工作层次的提升，遇到的问题也会越来越复杂，这时候就需要结识更高层次的人际关系，利用他们的资源、能力、经验、信息等帮助自己更好地成长。

如何建立高端人际关系，以下这些经验可以借鉴，但是在具体操作方面，还应该根据个人具体情况而灵活对待。毕竟，人际关系是一项极为复杂的艺术。

01 展现个人价值

02 打造良好口碑

03 互惠互利

04 自我提升

● 展现个人价值,才有贵人搭理你。如果你没有任何价值,再努力去结识人际资源也无济于事。有一句话说得好:不怕被利用,就怕你没用。当你的价值体现出来之后,自然会有人找到你,从而逐渐积累高端人际资源。

● 做人际关系就是做口碑。尤其是在圈子里,打造良好的口碑,就相当于打造个人品牌,让更多人知道你,也就意味着更多的资源与机会。

● 坚持互动互利原则。互动,指的是频繁走动;互利,就是互相帮忙。你帮别人一把,下次别人也会帮你,因为人们都有一种回报心理。

● 不要急于寻找高端人际资源,找到这些人不难,但是人家凭什么搭理你?你的价值决定了你的人际关系圈的质量,你应该将精力放在自我提升方面,平时要在多方面投资自己。当你达到一定的水平之后,自然而然就会进入更高一级的人际关系圈。

第七章

客户攻心术:轻松玩转客情关系

高情商的业务人员,都是客情关系的高手,他们明白一个道理,让客户高兴,就是让自己高兴。

客户聚类法:提高工作效率的客户分类法

按部就班的行事方法并不能使你成为一名优秀的销售人员,唯有灵活多变的处事方式才能给你带来意想不到的机会。尤其是在客户分类上的灵活运用,将为你带来更多的契机。

关于客户分类的问题,一般的做法是将客户分成几类:

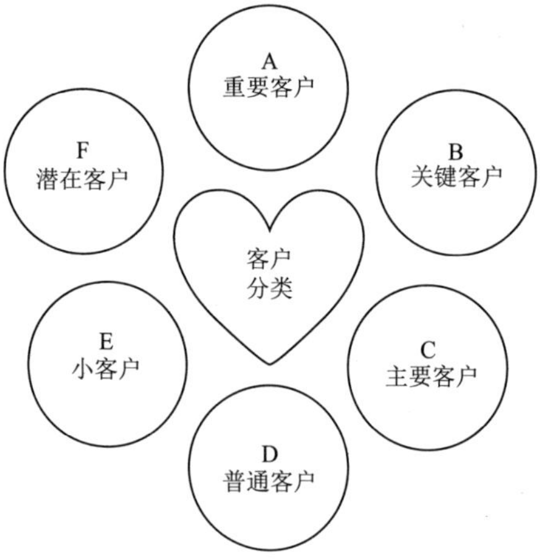

- 重要客户
- 关键客户
- 主要客户
- 普通客户
- 小客户
- 潜在客户

在职场里较为流行的是将客户分成 ABCDE 之类的等级,重要客户当然是 A 级,关键客户是 B 级,以此类推。这样的分类方式有助于销售人员跟进客户。这种方式很有效,并且普遍为广大销售人员所采用,简称“聚类”。

客户分类的真正目的在于企业或者销售部门对客户的统一识别,支持销售部门以客户为中心的个性化、区别化营销。

实际上,在实际应用过程中,可以对这种方式加以衍化和改进。每一位销售员可以根据自身情况,做出灵活的客户归类。

而我采用的做法,有的比较传统,有的则很新颖。我一般也会将客户分成几类,继而对不同的客户采用不同的处理方法。但是,对于某些客户则另作处理,比如一些常规客户,就要根据他们的规律适时跟进。

H 银行是世界性的大型外资银行,他们的做法一般是在银行的内部平台上建立一个系统,然后把提供不同产品的供应商列出一张表格,一般相同产品的供应商会有几个,供需求部门进行甄选。或者对不同的主题、形式,在这两个供应商里选择适合的产品。这样的客户,我的做法是将他们列在 A 级客户,但不会频繁对他们做产品营销,而是不时地用邮件的形式发布一些新产品或者促销品,偶尔会打几个电话,仅此而已。私下里则会约见相关负责人一起吃饭,进行一些联谊活动。这样的处理方式是极为得当并且有效的,原因有两个:

其一,他们上班时的工作节奏都比较快,所以在他们繁忙时推销产品,只会适得其反;

其二,作为供应商,当他们需要相关产品时自然会联系我,所以只要保持好私人关系,那么他们绝不会忘记你。

综上所述,保持适度推介,既不会让他们厌烦,也不至于将你遗忘。

Brent 的性格比较开朗,也很善于交朋友,他作为 H 银行市场部的活动经理,会有很多项目案子,当然每一次的活动主题和预算都会有所不同,因此需求的产品也不同。和他相识,是因为我不时地向其他活动经理推介公司的一些新产品,所以在他有需求时,自然而然地找到了我。初步洽谈时,开场白很短,交换了名片,寒暄数语,接下来便直入主题了。根据事先在电话中所述的大致要求,我拿出了几个样本供他观看,在一番讨论之后会面就结束了。

按照常规思路,既然遇到有需求的客户,就要穷追猛打,但我却没有这么做,而是在第二天将相关报价和应用说明做成 PPT 发给了他。

第二天,我去陆家嘴的其他银行谈业务,洽谈完毕后就致电 Brent,说正好在陆家嘴,路过你们大厦,一块喝杯咖啡吧,他欣然接受了。在大厦的露天咖啡座,品着香气四溢的浓郁咖啡,望着路上的车来人往,和他随意地聊上几句,话题并没有涉及具体业务。这种随心闲聊的意境,让彼此都很惬意。可以看出,在繁忙的工作节奏之下,难得的小憩他是非常享受的。就这样,我们坐了近两个小时,然后愉快地道别了。

第二天,Brent 主动打来电话,对报价做出了几点修正,并等待修改后的版本。我迅速修改完毕,用邮件发给了他。之后我依然没有紧催,而是以平常心等待着。三天后,订单落实了下来,我和这个 A 级客户顺利地签订了订购合同。

A 公司是一家大型电信运营部件的生产商,每次订购的销售额较大,但次数较少,根据以往的订购记录来看,他们订购的时间点无外乎三个:每年 9 月的周年庆、年底年会、每年 3 月的经销代理商的答谢会。对于这样的客户,可以将其列为 C 级客户,只要保持联系,偶尔地提供一些新品信息就可以了。

这是 C 级客户的处理方法,但我却没有慢待他们,理由有两个:

其一,既然他们的订购很有规律性,那是不是有打破这种规律的可能呢?

其二,他们有这么多经销代理,能不能从这里找到突破口,从这些经销代理中找到属于我们的客户呢?

所以,我特意加紧了拜访和联络的频率,收到了很好的效果。

L 是这家公司的公关部经理,她看上去是一位标准的职业女性,言谈举止间很有职业素养。最初和她交流,都是关于工作的话题,很公事化,但我一直保持着一定的交流频度。

三月是他们公司常规的经销代理商大会,我们顺势谈起了该大会的礼赠品需求。在洽谈期间,我试探性地向她提出了一个建议:我们公司(台资琉璃企业)可以在这次会议上提供一些小赠品作为答谢,她听后点了点头,没有作答。

当时,我觉得她还是有些迟疑,于是打消她的这份疑虑是极为关键的。随后,我谈到了与一些知名公司共同举办活动的成功先例,她听后说道:“这个我觉得可以,但我们公司还是要讨论一下,过几天给你一个最终的答复吧。”我点了点头,说了声谢谢。

果然,在他们本次常规的经销代理大会上,我们公司被允许参加了。会场里,我们展示了很多代表性的作品,特别是为一些大公司制作的赠品,体现出我们公司的实力和信誉度。同时,还在每一个玻璃展柜上都放置了公司的宣传资料。参展的客户除了得到了A公司的礼品外,还额外得到了我们公司的赠品,很多客户都表现出兴趣,纷纷前来索要宣传资料。在本次大会结束后,我们又多了好几家客户。

本次会议一周后,我去A公司结算货款,L女士很真诚地对我说道:“我们公司的几位领导都对这次会议大加赞赏,其中你们的贡献不小,领导很满意。”我笑了笑说道:“我们公司一直和一些大型客户搞类似的联谊活动,所以在这方面有些经验,你们满意,我们也很欣慰。”

她又对我说道:“我们领导希望你们能在明年的经销代理大会上做一次产品鉴赏讲座,你觉得如何?”我立刻就答应了下来。此后,我们的联系增多,关系也变得更加紧密了。

我想表达的是,按照常规的方法进行客户分类之后,并不代表一成不变,完全可以根据形势自行判断,对于有潜力的客户,完全可以自主提升级别,说不定就可以带来意想不到的利润。

维系客户的关键技巧:记录客户特征

即便你的记忆力再好,也不可能记住每一个人的特征,因为做业务的人,每天都要面对很多客户。这时你就需要记录客户的信息,尤其是客户的特征。

曾经听过这样一个故事:

三位科学家由伦敦去苏格兰参加一个座谈会,刚刚越过边境不久,看到了一只黑羊。

"真有意思。"天文学家由此认定,"苏格兰的羊都是黑的。"

物理学家纠正道:"这样的推论不可靠,我们只能得出这样的结论,在苏格兰有一些羊是黑色的。"

逻辑学家立刻反驳道:"我们真正可以肯定的是在苏格兰至少在一个地方有一只羊是黑色的。"

虽然只是一个玩笑却耐人寻味,因为你所看到的每一只单独的羊,都会给你留下深刻印象。

在一些现场招待会或者主题活动中,我们会遇到很多人,而作为销售人员,要刻意地记录这些人的特征,因为他们中的某个人可能会成为你的潜在客户。

你可以根据习惯选择记录方式,例如用智能手机或者是记在本子上。然而如果是在一些展会上,你需要跟很多客户交流,根本没时间详细记录,这时候就需要简单记录客户最明显的特征,用一句话或者几个关键词进行记录。

在一些正式场合,我们会遇到各种阶层的人,作为优秀的销售人员,寒暄之后一定要记住客人的特征,如果你无法记住这么多人,那么就要拿出你的智能手机,将每个人的信息记录下来。这样回去之后才能有的放矢地整理信息,从而决定哪些客户值得跟进。

我们公司作为Cartier(卡地亚)新品发布会的协助展商,在适当的时机介绍一些公司产品是很有必要的。某外资银行总行的副行长Stephen,在我们的展柜前看了半天,我适机上前,发现他对一件“神乎麒技”的作品非常感兴趣,便开始介绍起来。随后又顺理成章地介绍起一些水晶的专业知识,他听得津津有味,主动拿出了自己的名片和我交换,我也征求他的意见,是否可以明天带些样品去他的办公室详谈,他爽快地应允了。

于是,等他离开后,我在角落里取出小本子和笔,记下了他所关注的作品名称,以便于明天前去时,带上这件他颇有好感的作品。

虽然智能手机效率更高,但我还是习惯于记在本子上。

第二天,我如约来到Stephen的办公室,我发现偌大的办公桌左边堆着不少文件显得很挤,而右边除了放了一个手机却显得空荡荡的。我坐在了他左手的宽大木椅上,几件样品置放在长茶几上。我首先拿出他最感兴趣的那件“神乎麒技”的作品,他看到后频频点头。我开始介绍起这件作品,工艺、含义、零售价格和相关数量的团购价格,等等。说完,我将这件作品小心地放入锦盒之中,特意盖了起来,然后取出另外一件开始讲述起来,我发现他的兴致显然没有之前那么高了。

其实,我心里很明白,他希望我将这件“神乎麒技”送给他。

赠送没问题,但拿不到订单就是问题了,毕竟我们的产品价格不菲。所以,我快速装入盒中,言下之意,他或许也明白了。

在告别时,我特意重申了我们的工艺和质量,以及这件“神乎麒技”团购的价格,并在最后半开玩笑地说:“订购一百件以上,将免费赠送一件。”

这里采用的是加强暗示的方法,不要觉得客户明白了,有些人听不懂,所以必须加深暗示,但千万不要把话挑明了,这样客户会感觉很没面子。

看来 Stephen 真的喜欢这件作品,第三天他的秘书发来传真,真的采购了一百件“神乎麒技”。

Gucci(古驰)的展示会,我们公司也是协助商,设计制作一些纪念品。可以说,至少在某个时段,我们成了真正的主角。

发布会当天,有一位进出口股份公司的王女士,身材修长,甚至有些瘦弱,可能为了弥补她的瘦弱,在得体的妆容上眉毛却画得有些粗。她对我们公司的展品饶有兴致,在交谈之后我在她名片的背面写上“粗眉毛瘦长美女”。

过了几天,我又跟进那位王女士,并有幸前往她的公司拜访。几句寒暄之后,进入正题,我取出了“炫舞系列”中的一件作品,是那种古典美女长袖善舞的造型,优美的舞姿,细细的腰肢,色彩也很具有流线型。她看到后,显示出了惊讶甚至近乎痴迷的神采,拿在手中仔细观赏着,到了近乎忘我的境地。

因为之前在她的名片背面写上"粗眉毛瘦长美女",因此我特意带了这件作品。而今,不仅和她的身材相得益彰,而且和她办公室的其他圆润物件也形成了鲜明的反差,所以起到了极为理想的效果。当时,她就买下了这件作品,而我又继续介绍了其他产品。

根据心理学定律,每个人都喜欢与自己相似的人或物,我之所以选择这件作品,就是考虑到这位女士修长的身材。

一周后,王女士再次打来电话,问我这个系列一共有几件作品,随后又签署了50套(每套8件)的400件订购合同,用来赠送客户。

记录客户的特征也是有技巧的,需要注意的是,无论你用什么方法、什么措辞进行记录,都不能让第二个人知道,因为我们选择的是自己最习惯的记忆方法,目标只有一个——快速记忆,所以有时候可能会用绰号、体貌特征进行记忆。不让别人知道,是为了避免不必要的麻烦。

那么,如何快速记住一个人的特征呢?

● 首先需要记住的当然是姓名,如果你连客户的名字都记不住,还谈什么生意?

● 根据外貌特征记录。例如一个身材高挑的女士,可以写上"瘦高个";身材很胖却很可爱的女士,可以用"小胖墩"。这时候完全不必浪费时间去想一些高大上的形容词,例如"魔鬼身材""天使面孔",完全根据自己的认知水平记录就行。毕竟,做销售这一行的,文学水平可能有限,没有那么多华丽得当的词汇。

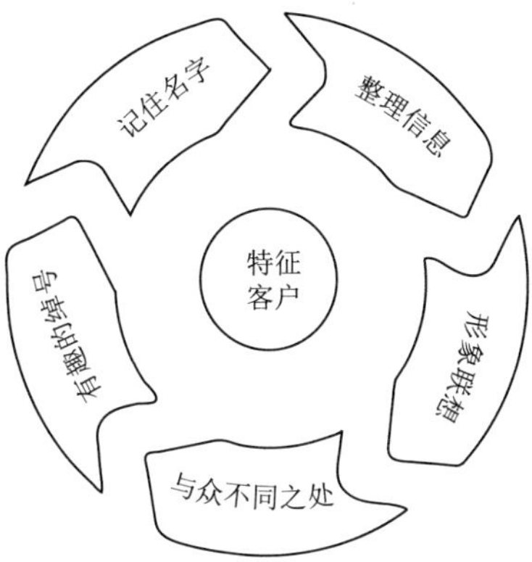

● 仔细观察,找到与众不同的地方。那么多客户,如果不能找出与众不同的地方,事后整理的时候可能会被遗忘。例如你在跟一位客户交流之后,发现他是左撇子,那么在一般性描述之后,加上这个关键词,就很容易区分了。

● 事后整理,补充记录。一句短语,一两个关键词,有时候很难记住是哪个客户。所以,在展会结束之后,第一时间进行整理,这时候还有一些印象,根据关键词很容易想起客户特征,从而完善更多信息。

● 形象联想。根据客户的外貌特征,或者交流时说到的具体事件进行联想。例如客户长得很像某个影视角色,将这个特征记录下来,一般都不会轻易忘记。

不同客户的款待之道

每个人的喜好不同,面对不同的客户,首先应该了解他们的喜好,然后区别对待,这才是招待客户的真正奥秘。毕竟,普通的宴请之道已经没有新意了。

招待客户是销售人员最寻常的工作内容,招待客户的用意无非有几种:

其一,临时来询价和即将订购的客户,为了留住客户或者达成订单而招待;

其二,老客户的到来,常规性的招待;

其三,客户已经成为朋友的,为了加深友谊进行款待;

其四,公关目的,或者为了解决某些棘手问题。

当然,还有其他目的的招待,不一一列举。

一般,提到“招待”二字,人们会想到的就是“宴请”或者“品茗,咖啡”之类的,也有 KTV 或者以度假形式来招待的,但一般宴请较为寻常。其实招待可以有很多种形式,不一定只局限于某几种,而有别于这些常规形式的招待,说不定会收到意想不到的奇效。

A 公司的老总 S,身材较矮,大腹便便,我起初有些厌恶这种人,认为他们是暴发户。他和助理来到我们公司(台资琉璃企业),表明对我们的产品很感兴趣后,谈到了较为深入的内容,因为他们下个月将有一个重大的楼盘项目奠基,到时会需要为数不少的礼赠品,并介绍了他们这个项目的具体规模,以及一些重要嘉宾,潜台词就是所需礼品的数量和规格都较高。我们对此也很重视,洽谈到达尾声时,双方就合同内容基本达成一致。

既然已经初步达成意向,中午的商务宴请是必不可少的,为了行地主之谊,我们特地挑选了带有上海特色的本帮菜。客户来自安徽,请他们品尝上海本帮菜是比较适合的。

菜上齐后,我们边介绍各式菜肴,边推杯换盏。这时,S老总举起酒杯大笑起来,我们都觉得有些莫名,接着他说道:“其实,我是上海人,后来因为在合肥读的大学,读完后就留在了安徽工作。”看到我们恍然大悟的神态,他接着说道:“我还会说上海话呢,你们介绍这些菜肴时,我只是不想打断你们!”顿时,亲切感油然而生,双方再次真诚握手,随后就是一通敬酒和品尝菜肴了。

他吃了一个菜,然后说道:“嗯,很地道,就是姜放少了。”又尝了一个,又开始评论起来,我们听着都笑了起来。当时我心里就在想,S总显然是一位很喜欢美食的人,所以大腹便便的样子也就不足为奇了。

一周后,他们过来签订购合同,我赶忙让助理搜罗较有特色的美食,以备之。合同顺利签订完毕,又到了宴请时间,在助理的带领下,我们进了一家装修很别致的饭店,包房内是一个硕大的原木八仙桌,还有原木的靠背椅子,桌上的碗筷也都是木质的,眼前的这一切都十分新奇。

落座后准备点菜,店小二跑来开口说道:“客官,我们店没有专门的菜谱,而只有套餐的价格,分为几档:288元,488元,888元和1188元,你们选哪一种?”正待我要问都有些什么菜时,店小二又继续说道:“我们的菜谱是根据客官所点套餐,临时配菜,大厨配成何等菜式,我也不是很清楚。”

我们听完不知云里雾里,感觉很新鲜,也就依他们的风格点了一个套餐。菜肴陆续端了上来,每道菜都是我们见所未见,闻所未闻的,其中有干烧猴头菇加香薯,猴头菇别致的味道和香气扑鼻的小薯,富有特色并且色香味俱佳,还有其他的几式菜肴,也皆有各自的特点。

S总边品尝边称赞,菜肴的特色、味道他都非常满意,并且还问我们,怎么找到的这家饭馆,可见他的兴致很高。

宴请结束,S总很高兴,在回办公室的路上,他还在念叨刚才的菜肴……

第二年,他们的楼盘即将开始预售,也要举行一个预算的庆典,我和助理前往安徽祝贺。当然,纪念礼品是从我们这里订购的。

仪式结束后,S总让我们先不要走,开车带我们去了他家。我跟助理都有些莫名其妙,同时也惊喜万分,这说明他把我们当朋友了。

S总一边邀请我们进去,一边说道:“今天请几位到我家,就是想让大家尝尝我做菜的手艺。”说完,就去忙活起来。

一共是八菜一汤,其中四个菜我们一看就是上海菜,汤是荠菜豆腐汤,也是上海特色,而另外四个我们不认识,正在我们细细看着并且揣摩时,他笑呵呵地说道:“这四个菜啊,是安徽的当地特色菜,我做四个上海菜和四个安徽菜,就是想让你们品尝一下我做上海菜的手艺,也可以让你们领略一下安徽菜的特色。怎么样,别客气了,举起筷子都尝尝吧。”

逐一品尝一番,上海菜确实做得十分地道,而安徽菜呢,又很赋有当地的特色,我们也算是大饱口福了。我们心里很感激,虽然说他也是上海人,但说到底毕竟只是客户关系,而他却如此大度地邀请我们来家里做客,这无疑说明他是很豁达的人,而且热情好客。我对他的感觉,也从最初的厌恶变为了喜欢,感觉这是一个可以倾心相交的朋友。的确如我预料,直到今天,我们都保持着亲密的联系。

和 Jason 很早就认识了,他原是我的客户,因为合作得不错,并且都喜欢文学,所以比较谈得来。

我和他很少一起吃饭,有时间的话会一起品茶,因为志趣相投,所以关系很好。

某天午后,他约好来我公司讨论一个演讲的 PPT。讨论很快结束了,他要告辞回公司,我叫住了他,笑着说道:“我带你去个地方吧。”

开车前往,道路越来越幽静起来,又转进了一个老式石库门的弄堂里,停下。

沿着吱吱嘎嘎的木板楼梯上到三楼,正待敲门时,一位六旬老者开门后,对我笑了笑。

一间不到二十平方米的木屋里,摆着一张桌子和一长排的木架子,木架子上摆放着各种各样的紫砂陶器,靠里有一个紫砂陶的大转盘,慢慢转动着。

我向 Jason 介绍道:“这位郑师傅,是宜兴紫砂世家之后,用制作紫砂的手艺在上海赚了不少钱,现在买下了这座房子,潜心制作紫砂制品,抛开了名利场的诱惑。我们今天就是来玩一玩,学一学紫砂的造型,怎么样,开始吧。”Jason 兴趣很浓,一副跃跃欲试的样子。

我们开始在郑师傅的指导下,在转盘上摆弄起紫砂泥来,横七竖八,随意造型。当然,最后也都是在郑师傅的帮助下,才勉强完成了各自的作品。

最后,郑师傅用娴熟而巧妙的手法,制作出了一件紫砂茶壶,并且用牛骨刀在壶盖上雕刻出一只晨鸣的雄鸡,非常精美。然后,转身对着 Jason 说道:“祝你生日快乐。”此时,Jason 惊呆了,刚想问“你怎么知道今天是我的生日”,但转而看了看我,笑了起来,又一边对郑师傅致以谢意。

因为紫砂在造型完毕后,还需要定型以及烧制,不能马上取走,所以我们用手机先拍了照,Jason 非常开心,兴奋的神态赫然而见。

这次经历,让我和 Jason 的关系更进一步,你来我往的相约喝茶、吃饭,络绎不绝,感情迅速升温。他在业务上给我很大的帮助,每每有活动时,都会想到我,因此我的业绩也上了一个更高的台阶。如今,他和我,已是通家之好。

我谨以上述两个故事,姑且表达一下关于招待方式的不同之处。即便是普通客户,甚至是过客,即使有一点点成单的端倪出现,也要真心相待,以期使他从过客变成常客;而一些老客户,传统的宴请显得毫无新意,倒不如寻找一些新的亮点,也许会成为友情升温的催化剂,从而带来更多的业绩。

和客户之间的真正友情,是每一位销售人员的财富。所以,面对不同客户,要根据对方的喜好选择不一样的招待方式,有人好吃,有人好玩。作为销售人员,要做的就是充分了解他们的爱好,并投其所好,尽可能将客户发展成为朋友。毕竟,供应商有的是,但朋友却没那么多。

对于如何招待客户,我介绍一些经验:

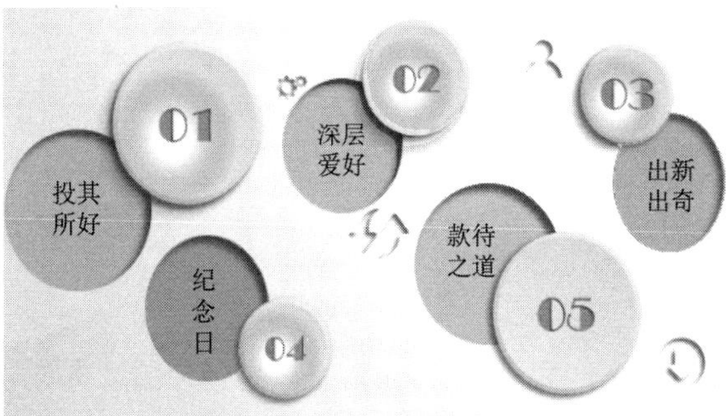

● 投其所好是最重要的,这就要求销售人员对客户十分了解,根据客户喜好进行安排。

● 客户爱好的深度挖掘。浅层次的爱好谁都能看出来,这样并不会让你成为受欢迎的销售员,只有找到客户深层次的爱好,才能让你们的关系更进一步。例如客户喜欢文学,处于浅层次的交往状态,人家肯定没必要说,这就比较复杂了,你需要在平时注意观察细节,然后激发客户兴趣,从而进行深度挖掘。当然,还有一些兴趣爱好属于灰色地带,这类需要谨慎对待。

● 出新出奇。普通的宴请方式已经没有任何新意了,想要让客户留下深刻印象,就要学会出新出奇,带客户体验一些从来没有经历过的事,效果肯定会不错。

● 记住重要的日子,带给客户感动。逢年过节就不说了,这些日子是必须要送礼的。一些重要的日子,例如客户的生日、结婚纪念日,或者其家人的生日等,送上一份厚礼,这样可以带给客户惊喜与感动,也会让他们记住你。

客户需要的是归属感

归属一词，显得很温暖，那么如何让客户有归属感呢？我觉得有浅层次的做法与深层次吸引力之分。客户一旦产生归属感，生意也就好做了。

我进入台湾这家琉璃公司时，是以副经理的职务任职的，自然而然跟经理的关系比较近，所以注意到了一个细节。

某天下午，一个男生走来，经理递了一张发票给他，这是出货和结算的发票，男生拿过来说了声谢谢就要转身离开，经理叫住了他，顺势递上了一张自己的名片，男生说道："我有您的名片。"经理笑呵呵地说道："我知道的，你可以拿着，等你集齐了十张我的名片，就可以换一个你喜欢的作品了。"那男生接过名片，笑呵呵地离开了。

这种半开玩笑似的做法，增加了客户和公司的黏性，这就是给客户归属感的方式。

归属感的建立并不容易，除非是不错的客情关系，甚至从客户变为朋友，然而客户真正能成为朋友的又有几个?! 所以，销售人员做好基本层面上的客户维护，才是最为重要的工作。

琉璃这种商品赋有艺术性，其内在的文化含义和价值是很多客户喜爱和追求的，而其晶莹剔透的特性，流光溢彩的吸引力，则是更多人爱不释手的原因。但琉璃也有其固有的弱点：其一，易碎；其二，因为是含铅的水晶玻璃，所以也有微量的毒性。

我们的业务人员由于受过专业的培训,所以在沟通时都会向客户提及,但大部分客户很难听进去,往往把注意力集中在器形、颜色、价格等因素上面,而却忽略了这些细节的提醒。特别是团购客户,因为订购数量较大,并且也不是自己收藏,所以很容易忽视,或者说并不在乎。

在我接任业务经理后,我向公司提出了这方面的问题及相关的改进建议,得到了老板的肯定和大力支持。因此,为了在客户归属感的"提醒"方面做出改进,之后所有出货的包装盒里都会加上一张小卡片,上面的内容就包括"如何以优美的手势拿取琉璃作品而防止掉落或者磕碰,还友情提醒一些杯状器形,请勿盛装酒类或者饮料"。在回访一些客户时,都得到了赞赏,并且我们在跟踪一些终端客户时,他们都称赞我们公司的服务很专业,由此收到了极好的效果。

客户资料一般是用来记录客户的姓名、电话、地址等联系方式的,当然也有一些细心的销售人员,会记录一些进度情况。但一张客户资料却不止这些内容,而应该把客户的生日,该公司的周年庆,甚至该客户的兴趣爱好,包括家人的生日等信息都记录在案。只有做到这些信息的时时捕捉,时时利用,才能使他们得到类似朋友般的关心,从而产生归属感。

Aay 是 H 银行的市场部副经理,之前没有和她正式合作过,只是询问过几次关于琉璃的报价,之后便没有了下文。虽然 H 银行是公司的 A 级客户,但对于 Aay 来说,也只能将其列入意向客户之列。随后的电话跟踪却无人接听,于是询问了她的同事,得知她因为离生产期只有一个月了,在家养胎。我又拨通了她的移动电话,她粗略地说了几句情况,电话就挂了。

半个多月后,我又打电话给她,问候健康状况,她说谢谢我的关心,健康状况良好。又半个月,突然接到了她的电话,说已经顺利生产,一个大胖小子。我想,她来电话向我报喜,应该是出于我前期对她的关心,之前的付出并没有白费。

一个月后,她打来电话,说今天是第一天正式上班,向我"汇报一下"。可见,我们的关系已经朝预期的方向发展。下午我就赶往 H 银行,约她下楼喝茶,随便聊聊。

从此以后,她开始主动找我聊天,并且开始跟我洽谈订购事宜,一切都变得顺理成章。同时,她还极力地推荐她的同事(也是具体负责活动事项的团队主管)也来咨询和订购我的产品。因此,我在 H 银行的市场部打开了新的销售局面(H 银行的市场部,分成不同的部门,每个部门中又分成不同的项目组),订单也在源源不断地到来。

上述故事虽属个案,但却是关于和客户建立"归属感"的一种方式——"关心",使客户能够感受到你的诚意,尤其是女性客户比较感性,体贴与关心很容易赢得她们的信任与好感。

易趣网规模比较大,有着上千名员工,还有各地的分公司,所以各方面比较规范,行事风格也更加专业,不过在某些方面却有所欠缺。

我在这家公司已经近半年了,对于各个招商团队来说,供应商很多,而公司一贯的意识就是供应商应该服务于公司,而公司不用去过多考虑供应商的感受,而只是靠招商业务人员和他们保持较为密切的联系就行了,而我却不这么认为。

在我升任为招商部总监后,我在经理级会议上提出了这个建议,并拟定了初步的方案供大家讨论,还特意请示了营运副总和老板,这个思路和方案当即就得到了大家的肯定。老板看后也很欣慰,在赞扬的同时,表示这个方案可以更加完善一些,随后就可以切实执行了。

我的方案,总体来说分成两个部分:

其一,每半年组织一些重要的供应商举行交流会,并且构建信息交流系统,使大家能及时和有效地进行信息互补;

其二,每年的年底,举行一次全体供应商大会,在交流、联谊、共享中,提升我们公司对供应商关心和回馈的意向,使供应商消除有求于我们的思想,而真正形成良好合作的平等思想。

信息交流平台的思路,其实是出于一些贸易型供应商的特点,他们以贸易的形式经营不少特类产品、进口产品、新奇产品,而这些类别的产品,往往会有雷同之处。所以,加强这方面的信息互换,虽然对公司来说失去了某些利润,但是却达到了两个目的:

其一,不造成恶性竞争而使该产品的市场变得混乱;

其二,使供应商在得到相关信息后,避免重复劳作,从而得到了实惠,对我们公司充满感激,归属感增加。

这个方案的实施,确实得到了很好的效果,在供应商中间获得了极好的口碑,也使供应商们对我们更加信任。另外,每半年和年底各举行一次的联谊交流活动,不仅体现出我们公司对供应商的重视,而且在公司和供应商的感情上也得到了提升。这种做法,在一些大型购物网站里算是首创了,也到了很好的效果。随后,其他的一些购物公司也纷纷开始效仿起来。

我的老板戏称道:“这是我们公司在互联网领域首先开创的新思路,值得纪念。”

归属感的建立,有很多种方法,体察、关心、提醒,等等。但总的来说,心系客户,能为客户着想,或者能换位思考,这就是建立归属感的方法。

除了上面说的,再介绍几种建立归属感的方法:

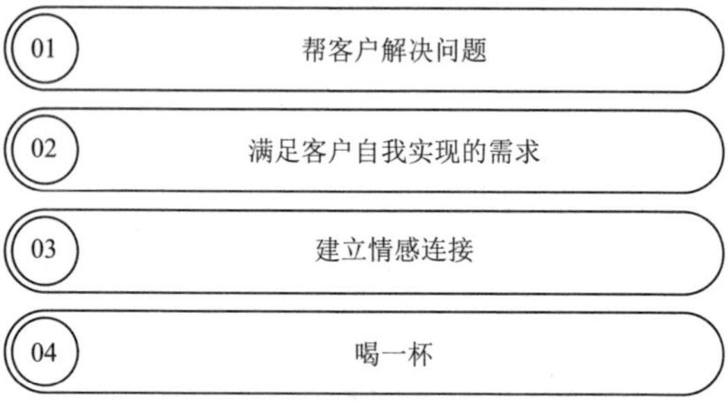

● 帮客户解决麻烦。想客户所想,急客户所急,只有保持频繁的沟通,才能实时跟进客户的情况,当他们有麻烦的时候才能最先知道。客户的麻烦就是业务员的机会,如果你能帮他们解决,就会加深彼此的情感联系。

● 重视客户,满足他们自我实现的需求。这一点要根据客户的性格选择性使用,如果客户是那种好为人师的类型,那么业务员就应该围绕客户擅长的领域,多向他们请教。客户也会从循循教导中得到满足感,销售人员不仅学到了知识,还可以让客户产生归属感。

● 工作之外,与客户建立情感连接。建立情感连接不能仅限于工作方面,可以从寻找共同点入手,两个兴趣相投的人更容易成为朋友。

● 有事没事,约出来喝一杯。喝酒容易加深感情,如果客户喜欢喝酒,这就是最好的机会。

从客情关系到友情关系

作为业务员,如果能将客情关系发展为友情关系,那么业务量一定会提升一个层次。只有具备多年经验,并且情商极高的业务员才能做到这一点。

曾经和一位好友聊天,不知不觉就说到了他的父母。他父亲是一位性格开朗,善于言谈,喜欢交际的人,因此退休后的生活丰富多彩。每天和朋友一起聊天、跳舞,活得很开心,从不会感到寂寞;而他的母亲性格则完全不同,不爱说话,沉闷内向,整日待在家里。他父亲也一直劝她一起出去走走,但她就是不愿意。某天,我朋友就问他母亲,你整天在家里,是不是会觉得很闷,而他母亲回答道:“我不喜欢人来人往,我就喜欢清静,这样挺好。”于是,朋友对他父母做了总结,就二个字“互补型”。

对待客户也是如此,他们的性格千差万别,优秀销售员要根据客户的不同个性开展工作。有人性格外向,爱交朋友;有人性格内敛,沉默寡言。但无论是哪一种性格,你都要试图接近他,并且让他接受你,这样才能拿下更多订单。

我在琉璃公司上班时认识了J银行的S,又高又瘦,总是笑呵呵的,我觉得他看起来很和善,应该比较容易接。因此,我就主动约他出来吃饭,喝茶。但实际接触时,我却发现他是一个很内向的人,不善言辞。

S话不多,但每句话都比较坦诚,也说明比较信任我,但是聊什么他都不兴奋,因此无法判断他对什么事感兴趣。根据我的经验,他是一个内向的人,喜欢安静。

某次,他来电话说,想邀请我们公司参加他们银行举办的一个活动,我们作为活动主体,为他们的 VIP 客户做一个关于琉璃产品的介绍讲座。我觉得这种机会比较难得,要紧紧抓住,就积极准备演示的 PPT 和一些演讲时的细节,同时也想利用这次活动和他加深友情。

活动举行的前几天,他显得很积极,关于本次活动聊的也很多,但往往都是我在主导着话题的进展。

活动当天没什么特别之处,只是演讲结束后,在与客户的互动交流环节,他主动跟我说"辛苦了""活动很成功""以后还可以多搞这样的活动"之类的话,我觉得虽然是出于工作原因主动和我交谈,但给我的感受却和以往有所不同了。至少,这说明了进一步发展关系的可能性。

之后,我们的交往依旧平淡,偶尔吃一顿饭,或者在哪里喝上一个小时的茶。或许,正像茶杯里的茶汤那样,我和他的关系淡如水,偶尔浓烈,随之渐渐变淡,但我们却始终保持着联系,这也为我带来不少的订单和机会。

热恋中的男女,感情升温是相当快的,而当两个人相处的时间长了,就会变得平淡。实际上,这是一种融合的表现,而不是感情变淡了。

与性格内向的人建立友谊也会遇到这样的情况,也许一开始进展较快,但由于对方的性格,很快会趋于平淡。这时并不用担心,这是他们的性格特点所致。

一日闲来无事在网上闲逛,进入了某网站的游戏大厅。人很稀疏,只坐了几桌玩家在打游戏,经常一起玩的几位朋友也都不在。由于玩家太少,所以我也没了兴致,一直在那挂着。

在我浏览网页时,突然听到了刺耳的尖叫声,原来是游戏大厅里传出的,一定是谁在召唤着我。我点进大厅看看,一个昵称叫“羽凡”的叫我,我不认识啊,他说自己是之前的“半夜”。原来是之前认识的玩家,就这样我们开始了游戏。

我们玩的是“上海麻将”,而这个游戏的玩家一般都是上海人,所以大家交流起来很顺畅,也很亲切。当谈到他即将要出差一个月时,我提出大家出来聚一聚。于是,结束了游戏,相约一个地点一起聚餐。

聚餐结束后,他约我去了一个步行街,在一个露天咖啡馆喝咖啡,他所表现出的兴致,可以用兴奋两个字来形容。当他聊到前几个月去过的杭州凤凰山时,兴致就更加浓烈了。我也很感兴趣,由此,我们当场决定前往。

说走就走,一路驱车前往,他不停地说着凤凰山的美妙之处。到了山脚下,我们开始登山,他更加兴奋起来,就仿佛到了自己的家乡一样。这个亭,那个峰,都可以说出很多传说和妙处来。我的情绪也被他带动了起来,并不断高涨。

以前和他就认识,但仅限于游戏中。通过这次见面,他的学识,特别是他的热情,都深深地打动了我。我们志趣相投,仿佛是一位很久未见的老朋友。

来到一片茶树边,见一位老僧正在俯身摆弄着,“羽凡”上前施礼。他们交谈起来,好像之前就很熟的样子,然后向我介绍道:“这位高僧是这里的住持,专门负责这 12 棵茶树,并潜心修炼。我在一年前得以认识,请教了很多问题,让我受益匪浅。”然后，高僧邀请我们品茶，清心寡欲之说，尽在浅谈之中，品着淡绿色的龙井茶汤，看着翩翩的茶仙子在杯中慢舞，心境自然就静了下来。而“羽凡”的谈兴很浓，他们谈及的某些话题，我较难理解，但我却越来越感兴趣了。

临别时，依然来到了那片茶树旁，“羽凡”问高僧，这里如何能看到高峰，高僧答道：“只要心在远方，高峰就在此亭间。”说罢随手指了一下凤凰山顶上的那个凉亭，我们都理解了。只要心远，高峰自在心中。如此高的境界，真是受益颇多啊，佛理禅意尽在那随手一指之间。

晚上，“羽凡”和我逛了夜市，在美食和人潮拥挤之中，他的情绪再一次达到了顶点。我们徜徉在人海之中，欣喜之情难以言表。那天晚上，我们都喝了不少，在如此繁闹的步行街，他开始引吭高歌，十分尽兴。可见，他骨子里是一个多么热情的人。

之后，我们成了挚友，可以推心置腹地谈心，可以嬉笑打闹一起逛街吃饭，而他也成了我的忠实客户。在他的引荐下，他们公司的市场部跟我展开了深度合作，不仅在产品的订购上做出了很多努力，而且在其他形式的合作上，也得到了长足的发展。因为他，我成了某行业协会的座上宾；因为他，我在诸多的领域中打开了可观的局面。所以，业绩方面也得到大幅提升。

人和人是有差别的，有的人性格内敛，属于慢热型；有的人性格外向，天生热情。一个优秀的销售员，无论自身性格如何，都要试着跟客户建立关系，向着朋友的方向发展，这并不容易，有时候需要一点缘分。然而，一旦有幸与客户成为朋友，那么会使你受益无穷。这就是为什么我们要跟客户努力发展客情关系，之后再努力成为朋友，这也是一名优秀的销售员应该做到的。

从友情关系到深情关系

和客户的私人感情达到了一定深度,就会上升到深情的境界,彼此会用心体会各自的需求,从而形成一种默契,这样还会使感情更加稳固。如果这样的客户能够成为好友,是极其难得且弥足珍贵的。

我到陆家嘴的金茂大厦时,遇到午饭后回办公室的白领们,有的快步,有的在街边自拍,有的悠闲地聊着天。

上楼推门,中化集团的 Bale 微笑着示意我坐下,他正在忙着处理文件,稍事忙完后就和我聊开了。和他聊的话题比较随意,侃侃而谈。

说起和他的相识,是因为业务的关系。当时他们公司订购了一批琉璃产品用来招待公司 VIP 客户,并由他提议搞了一个琉璃知识介绍和鉴赏的活动,我来主讲,活动搞得很成功,由于我的讲演风格较为活跃,现场的气氛很好。

活动结束后,我们单独坐下来喝茶,在闲聊中我们得知彼此都对文学感兴趣。于是,文学的话题多了起来。当谈到了《浮生六记》时,对芸娘的仲秋盼月一章尤为感叹,因此在爱好方面,两人的关系又近了一步。从此,双方的友情越来越深厚,已经达到了知心朋友的程度。

这次来找他是谈公事,正好下起了雨,很有意境,我们便找了一家滨江大道旁的咖啡馆,要了一壶香茗,坐在了一张大伞之下。各斟了一杯绿盎,香气开始飘散开来,心情也开始放松下来,大伞周围的雨滴在不停地吟唱着,微风使雨丝飘拂着,我们谁都没有说话,只是觉得"斜风细雨不须归"。

匆忙于文山会海之中,穿梭于高楼大厦之间,却很少有如此闲适的时光。我想,Bale此时也定然有此同感吧。

因为志同道合,所以友情更深,在业务上也体现得淋漓尽致。他工作中需要用到的礼赠品,基本都会有我的产品,他组织的一些公司活动中,我也会积极参与。我想,这就是友情到了一定程度之后顺理成章的事吧。

和Abel的认识,是一年前的事了。

那天外面很冷,风也不小,但屋里却很暖和。保姆小莲做的早餐很丰盛,一大片朝阳透过落地窗斜射在餐桌和金黄的面包上,显得有些刺眼,醇香的煎培根发出诱人的熏肉味道,可我却没有任何食欲。因为,我今天将要面对董事会的质询。

喝完了牛奶就出门了,车经过小区高大气派的拱门时,看到有群年轻人在寒冷中热情高涨地招揽着路人,介绍理财产品的易拉宝也在寒风中不停地摇晃,我禁不住对他们竖起了大拇指。

看到我的车停了下来,一位年轻人走向我的车旁,和我聊了起来,并递上了他的名片,我也跟他交换了名片,他叫Abel。

到了下午,他说就在我办公室的楼下,可否上楼来坐坐,我迟疑了一下,同意了。

这是一名优秀推销员的素质,主动出击。我猜,他是专程跑过来了,而绝不是碰巧路过。

令我相当意外的是,他进门坐下后,并没有介绍他们的理财产品,而是随意地聊了起来,聊的话题无非是问我做什么工作的,是不是压力很大,等等。足足聊了一个小时,他转身离开了。

随后,他经常来我的办公室,但从没提起过他所销售的理财产品,这令我更加意外了。

某次,我开玩笑地问他,怎么不向我介绍你的理财产品啊,他听后笑了笑,说道:“如果我把你当成客户,我会在有机会时第一时间向你介绍,但如果我想把你当成朋友,那就大可不必心急了,你说是吧?”我听后点了点头,觉得这个理论很正确并且回答得极为睿智。

他也喜欢文学,因此谈了不少诗词闲赋,聊起来兴致都颇为浓厚。人和人往往就是如此,当两个人有相同的爱好时,就会找到交集,友情也会随之加深。

某次,我主动让他介绍一下理财产品,他开始讲述起来。讲述时的神态、动作、语言,都很有感染力,我被他深深地吸引了进去,并觉得他是一个不可多得的销售人才。于是,就盛邀他加入我的公司,成为一名销售主管,没想到他却拒绝了。他说很喜欢现在的工作,而且他所带领的团队业绩刚有起色,对这个行业充满信心。他在表述时,表现出信心满满的样子,我没有再向他提出这类话题。

我们继续交往着,友情也越来越深,他把我当作大哥哥,而我也很喜欢这个小弟。

如今,经过一年的努力,他已经成了一家分公司的总经理,并且总公司的管理层都很看好他。他开始忙碌起来,和他吃饭时电话不断,预约排得很满,有时候很久都见不到他。

在业务方面,我也非常支持他,尽量提供更多的客户信息,而他也分享给我很多客户资源。我们两个互帮互助,携手共进。

某天下午,他约我出去喝茶,见面时他的脸色很不好,说最近公司里的人事纠葛很麻烦,争斗很厉害,让他进退两难,难以应对。究其原因,主要是因为公司换了营运部副总,而他却属于前任营运副总的班底,所以害怕“新朝换旧臣”。而新来的副总在一些业务作业的处理和要求上也和以前大有不同,如果曲解去看,大有刁难的意味。

我听后开始疏导他,说每个人都有不同的行事风格,或者并不是想排挤你,既然你如此看好这个行业的前景,并且已经做出了不小的成绩,就应该坚持下去,努力适应当前的形势。他听后,觉得很有道理,心情也放松下来,于是,我们开始了闲聊。

我们的友情深厚,几乎无话不谈,并在业务上不断地为对方提供着帮助。客户,大部分都很难成为朋友,然而却有少部分能够成为你的挚友,遇到这样的机会千万不要错过。其实,你不必刻意去把客户变成朋友,那样只会徒费工夫,人与人的交往,只要以诚相待,能否成为朋友就是水到渠成的事。如果有缘的话请好好珍惜,没有缘分也不必强求。

你敢拒绝客户?学会有技巧地说“不”就行了

一般的销售人员并不敢贸然拒绝客户,因此被“折腾”得非常疲惫。然而高情商的销售人员从来没有这方面的烦恼,因为他们深谙拒绝的技巧。

在与客户交往的过程中,都会面临一些请求或者要求,有时候我们能够满足客户的要求,但有时候因为能力有限,不得不加以拒绝。

我在琉璃工房时,有幸与中国银行搭上关系。虽然之前一直和几个分行有所接触,但这一次绝对不同,是与总行的行政部接洽,这就意味着将会产生超大订单,同时与其他分行的合作也将是水到渠成。因此对我来说具有里程碑的意义,我在洽谈前的晚上兴奋得一宿没睡。

和中国银行的何部长见面后,特意提到之前跟汇丰银行与花旗银行合作的案例,非常有说服力,因此第一道关就算顺利通过了。接下来,就是谈具体事宜了——中国银行的专属礼赠品。

何部长谈到设计意向时,希望以中国特色的“龙”和“凤”作为礼品的主要造型,作品的反面以中国银行的 Logo 作为背景,我觉得他提出这样的思路,是十分契合中国银行的标志风格的。不过,我在当时是有一丝隐隐的担忧的。

很快,我们提供出了第一稿的设计,设计稿上的布局是正面龙凤,反面是中国银行的 Logo,颜色是纯正的琥珀色,我觉得设计稿做得很精细,龙和凤在梅兰竹菊的映衬下,格外的突出却不失典雅的意境。

何部长看完后有些喜出望外,设计样品好像完全超越了他之前的想象,所以设计方案很快就通过了。当我要告别时,何部长似乎想起了什么,叫住我问道:“这颜色,就是单一的琥珀色吗?”我所担忧的事终于发生了。

我回答道:“是啊,琥珀色是琉璃最为纯正的本色了,是最有艺术感觉之色。”我本想以琉璃的专业来拒绝他对修改颜色的起念,但是我失败了,何部长说道:“琉璃,不就应该色彩纷呈、流光溢彩的吗?我们要彩色的那种。”我很无奈,但也只能点了点头表示同意,毕竟客户是上帝啊。

回到公司,我就和设计部进行讨论,立刻做出了新的方案,我将电子稿件发给工厂的厂长,但在邮件的末端加上了一句话“对颜色流动的结果,是不是不能把控?”

厂长收到邮件后,立刻来了电话,说这个颜色可以做到,但流动的方向和结果因为琉璃工艺的局限性,所以确实如我所说,很难把控。说白了,因为正面和背面都有造型,颜色的流动可能会不怎么自然。我只能笑了笑,对厂长说道:“当时中国银行提出了增加颜色,我就有这方面的担忧,果不其然啊。”厂长说道:“是的,如果客户一定要以这种方式来增加颜色的话,其结果我们是概不负责的。”我听着厂长生硬的话语,只能无奈地“嗯”了一声。

我意识到,现在该是我说“不”的时候了。我采取了以下的方式:

01 先肯定,后否定

02 强调后果

03 赞美客户

04 态度真诚

1. 先肯定,后否定

到了何部长的办公室,我先是对何部长在设计诉求上进行了肯定。比如龙和凤,是极能体现中国银行特色的,而且梅兰竹菊也颇有中国水墨风格和高贵儒雅的气质。但转而我又说因为琉璃工艺的局限性,所以如果硬是要用这样的颜色,结果难以把控,希望何部长考虑一下。

2. 用事实让对方明白这样做的后果

我拿出了三件设计稿,图案和布局完全一样,但颜色分别为:单一的琥珀色、作品两边各有流动的颜色、整个作品都布满颜色。第三种颜色虽然很多,也有流动感,但部分颜色有僵化的现象。然后对何部长说道:"第一种是琥珀色的,肯定没问题;第二种只是在两个边上有颜色,最后烧制出来的效果应该和这个设计样品差不多,颜色也恰如其分;而第三种,虽然是何部长您所希望的,但颜色的流动可能会不可控,还会有流动僵化的可能,希望何部长可以了解。"见他迟疑了一下,我又补充道:"如果我们按这个设计制作出产品,我相信咱们这边是不会满意的,各个分行如果收到这样的礼品,估计也不会满意。"他想了想,点了点头。

3. 夸赞客户,使方案通过

正当他的眉头紧锁,双手不自觉地慢慢搓动时(这是表示为难的肢体动作),我又说道:"从这次洽谈,我感觉到何部长的文化底蕴是相当深厚的,您一定能理解琉璃工艺的局限性,您说是吧?"他听完,不住地点头。

最终,何部长选择了第二个方案,我们和中国银行的合作由此开始。

4. 真诚地说"不"

陈总是一家五星级连锁酒店的高级行政经理,该集团在中国所有酒店的行政工作,特别是采购都由他负责,可谓位高权重。我去他的办公室拜访了两次,气氛还算融洽,但因为目前没有礼品的订购需求,所以就算是我的长线客户了。

某次,我在外地出差,陈总打来电话,说马上要去琉璃工房看看样品,我立刻安排了三个人,并嘱咐一定要重视,这可能是一个潜在的大客户。

过了半小时,我的助理打来电话,说陈总要借样品,而且要十多件,其中好几件都是大件作品。公司有规定,借样品是需要支付一定比例的押金的,因为有些熟客,拿走样品就不还了。所以后来公司规定,如果客人来借样品,都需要按照零售价格的 8 折支付押金,陈总拿的这几件样品,价值六万多元。

我一听,既可气又可笑,可气的是这位陈总也太不客气了,把我们公司的展厅当自家客厅吗? 可笑的是,如果向他要六万多的押金,也有点太扯了,对方肯定不干。所以我当即致电陈总,问他要借这些样品很急吗,还是可以缓一缓。他说明天下午要展示给他们集团的老总看,我听后没有直接回复,而是说一会再打给他。

我在离上海 200 公里外的地方,在征询了上级的意见之后,立刻又打给陈总:"陈总,您也是百忙中莅临我司,借样品也是为了工作,但这次借这么多样品,我们公司确实有规定,要求支付押金,而且数额不小,这不让您为难吗,也让我很难堪。所以,为了表达我的诚意,我可以连夜赶回来,明天带上作品去咱们酒店,绝不会耽误您与老总的会晤,您看如何?"

他沉默了一会,我接着说道:"毕竟我们的运输更专业,安全性更高,这么多样品来回折腾,还是由我司代劳比较好。再说了,今天没能亲自接待,明天怎么也得过去表示我的歉意。”陈总在电话那头,勉强挤出了一个字:“好。”

第二天早上,我一边联系陈总,约好具体时间,一边布置底下员工包装运输昨天陈总挑选出来的作品。到达陈总办公室后,我先是说了一些抱歉的话,表明昨天纯粹是一次误会。

当说出误会这个词时,其实我心里在想,幸好昨天我没在,如果在场的话,也没办法答应他的要求,场面一定会很尴尬。

我接着说:“今天特意带了您精心挑选的样品,一件不差地安全送达,希望您对昨天发生的误会予以谅解。”

在他们看完样品,我们开始重新包装,准备回公司。没过一会陈总往我手中塞了一张 A4 纸,说道:“快准备合同吧。”又加了一句:“你是个好业务!”

跟客户说“不”是有技巧的,一定要非常谨慎,否则很容易丢掉订单。

遇到单身女客户时,你应该怎么办

女性客户分成很多种类型,有娇小可爱的,有矜持小心的,有冲劲十足的,有“女汉子”型的,也有温柔体贴的。而如今,尤其是在外资公司,女强人特别多,有的老成,有的精干,有的高大上,但不管如何,她们都是女人!

H银行的大楼是灰褐色的,透出典雅之气,也很符合H银行的特质。这栋大楼里的人让我感觉很温暖,不仅因为有很多朋友在里面,而且很多都是跟我合作多年的老客户。

BCD是H银行各个分行的管理部门,这个部门的老总是一位中年香港籍男子D,属于老好人那种,待人和善,对供应商也很宽容,因此合作得还算不错。

当我走进他们的办公区,正巧D走了出来,他微笑着向我招手,这时一位三十岁左右的美女也走上前来,D就向我介绍起来:"这是S,是从青岛分行调任到此的,现在担任我们部门的副总,请多关照哦。"我们相互微笑示意。

S对琉璃产品一点都不了解,我表示可以带她去展厅看看,她欣然应允。一番讲解之后,临近午餐时间,我出于礼貌邀请她在公司共进午餐,她却说道:"今天是我来到上海的第二天,对上海很不了解,那就从美食开始吧。"言下之意,她并不准备吃工作餐。好吧,那就去有着上海特色的餐厅吧,最好的地点就是城隍庙了——上海老饭店。

我们在老饭店里吃了几样上海特色菜,饭后她说想要逛逛,我就带着她一路领略城隍庙古色古香的建筑。我们走在城隍庙的各个小街道之中,九曲桥、湖心亭……

之后,我们合作得很愉快,虽然她对业务不是很熟悉,但她女人细致的思路正好可以弥补这一点。

某天下午,她打来电话,问我有没有空,我应邀前往。

优秀的业务员，不会错过任何一次客户的主动邀约。

在 H 银行大楼附近的咖啡厅里，她对我说道：“我刚到公司才一个月，但在一些分行需求品的采购问题上，和管理部有诸多分歧，所以工作比较困难，你和管理部的关系很不错，能否帮我疏通一下？”

虽然我和 H 银行的几个部门关系不错，但说到底我也是一个局外人，我怎么会有能量处理这种事呢？然而，出于礼貌，我还是勉强答应了。

随后，我问了一些细节，知道情况后，以朋友身份和管理部经理进行沟通，竟然得到了积极的回复，不久她的问题就解决了。

她为了答谢我，请我吃饭。席间，她开始不断地强调一个人在上海很孤单，希望我能多陪陪她之类的话。对于这样的话题，我不能多做应答，望着她姣好的面容，却有一颗孤独的心，我也感到很无奈。

停顿了好一会儿，我打破了僵局，说道：“或许，我可以介绍一些朋友给你认识。都是年轻人，一起聚聚，你也不会感到孤单了。”她看着我，慢慢地点了一下头。

之后，她融入了我的朋友圈，大家一起 K 歌、聚餐、逛街，她的孤独感也有所缓解。某次，我们一起 K 歌，我的一位女性朋友凑到我的耳边说道：“我看 S 望着你的眼神有点奇怪啊，有一种说不出的感觉，或者这就是女人的直觉吧。”我对她笑了笑，说道：“我是有家室的人，你别乱猜。”她哈哈大笑起来。

对于 S 孤单的现状，我想时间会带来改变，她只身一人来到陌生的城市,孤独肯定会有的,再说了,刚来到 H 银行的总部,由于对各项工作不熟悉,工作压力也大,所以这段日子肯定会很难熬。但是随着时间的推移,她对这座城市,对身边的朋友和同事渐渐熟悉,工作也变得得心应手,孤独感会慢慢得到排解。

之后,每当我去她办公室谈事,她都会事先准备好茶水或者咖啡,并主动给我端上来,她的几位下属都会暗笑。而当我跟她的下属讨论业务难题时,她们都会抛出一句话:“S 能做决定的。”很显然,她的同事认为我们之间的关系微妙,为了避嫌,我们私下联系的次数少了,只谈公事。

我们成了忽远忽近的朋友,每当她有烦心事时会向我倾诉,我也会为她排解一番;每当她有一些单独外出的请求时,我都会刻意跟她保持一定的距离。其实,我觉得现在这样的状态很好,双方都保持着一份平和之心,而我们的关系依然是介于客户和朋友之间,或者说,朋友的成分更加多一点。这样的关系既不会影响我的生活,同时又会给我的工作带来帮助。

面对单身的女客户,尤其是所谓的“剩女”,一定要谨慎,她们可能很优秀,但也因此而找不到心仪的对象,而容易对合作伙伴产生好感。优秀的销售人员一定要把握好其中的尺度,尽可能做得专业,不要因此影响关系。这种度很微妙,很容易因为处理不当得罪客户,最终失去一个优质客户。所以,既要把握原则,又要控制好尺度,若即若离也是一门艺术。

和她相识有十年了,当初我身在互联网购物公司,和她洽谈成功后,他们公司几个系列的奢侈品都放到了我们公司的网页上,并且因为双方积极的合作态度,业绩也非常不错。

她是我的客户,身材娇小,气质优雅,娴静可人。

她拥有令人羡慕的生活，住着豪华别墅，开着高档轿车，有着高端的朋友圈。

三年前，她荣升“某奢侈品牌”副总，也在这一年，她的婚姻走到了尽头。于是，算是半个“蓝颜知己”的我，偶尔会陪着她，倾听、安慰、排解……

每一根弦
每一个键
每一个音节
每一个高低 Key
细细地去调试着，聆听着
才能弹出真正的，美妙的音符和旋律
有时候，人们需要的，只是静静地聆听！

某天下午，她来电话，说她离婚了，希望我能出来陪她吃顿饭，我答应了。

晚餐是在一间快餐店吃的，餐厅里播放着感人的爵士乐，屋子里飘散着烤肉和德国黑啤的香气。

我们相对而坐，随意点了餐，然后静静地享受着宁静的时光。我想，此时什么都不必说，因为她此刻太过敏感，安慰的眼神和悠扬的爵士乐已经足够了。

她轻轻地站起，走到了我身边的座位坐下，把头靠在了我的肩上。就这样，我们谁都没有说话，静静地过了两个小时。

自从那次“晚餐”后，我们都有意无意地开始疏远着对方。

有段时间没见了。忽然有一天，看到她发的朋友圈，我就回了一句，之后电话突然响起，她说在大卖场，约我见见。

当我到了大卖场，远远地就看到她正在一个长长的冷柜前，拿了一大堆冷冻食品，满满当当。我很好奇，帮她拎了三大袋食物回到家。打开冰箱，里面空似静潭。她开始静静地把食物放进冰箱。

期间，我们并没有过多交流，我依然保持静静的倾听状，并在她有需要时及时出现。

客户是“剩女”，这类情况是比较敏感的，如果处理不好就会出问题，首先你不能完全拒绝，既要保持一定的关系，又要谨守底线。如果越界，即便你是单身，也很可能发生意想不到的情况。一旦你们的关系恶化，同样会失去这个客户，甚至带来更大的损失。所以，保持一种介于客户与朋友之间的亲密关系，在她们有需要时送上必要的安慰，但绝不越界，这才是优秀销售人员需要做到的。

面对单身女客户，尤其是“剩女”，一定要警惕，几条建议仅供参考：

01 频繁关怀

02 设定原则

03 介绍对象

04 避免单独见面

● 这类客户群体实际上是比较容易搞定的，只要给予频繁的关怀就行了。然而把握好若即若离的尺度是最难的，你需要成为她们的朋友，但是仅此而已，不能再进一步了。

● 提前讲清楚,设定原则。在接触的过程中,当发现女性客户有进一步发展的意思时,通过开玩笑的方式提前说清楚,设定好原则,对方一般就会明白了。

● 尽量减少单独见面,可以带着朋友一起。约见的时候,可以带上朋友,或者同时约见其他相关客户,这样一来也热闹,二来也可以避嫌。

● 帮她们介绍对象,多带她们参加聚会。这类女性客户最大的特点就是孤独,所以如果有资源,可以帮她们介绍对象,或者带一起参加聚会,多认识一些朋友。这样,客情关系很快就会上升为友情关系,甚至是深情关系。

面对女性客户时的一些小技巧

女性在职场中发挥着极其关键的作用,她们有的在领导岗位上,具有很大权力;有的是中层干部,能起到承上启下的作用,做出决定性意见;有的只是一名小职员,但作用同样不可忽视。无论她们从事什么职务,都不能忽视她们的作用,女性往往比男性更需要关心,清楚这一点,只要付出多一些的关怀,就能赢得她们的信任。

我在某琉璃公司任职时,小 Z 是公司前台,很年轻,长相清瘦,为人和善,微笑总挂在脸上。和她走得较近的是几个小男生,经常围着她转,这也实属正常,毕竟都是年轻人,有着相同的话题并且相互吸引吧。

我作为销售部的副经理,虽然没有架子,但毕竟和他们的年龄相差较大,所以也聊不到一块去。

小 Z 是一个细心的女孩,内心却充满激情,渴望变化。正因此,在公司提出给我安排一位销售助理时,我便选择了小 Z,从她兴高采烈的神情就可以看出,她对这份工作非常期待。当然,她还需要暂时兼着前台的工作。

某天下午,办公室的门铃响了,小 Z 去开门,一位服务生手中小心翼翼地端着一个大蛋糕,说要找"Z"。小 Z 接下了蛋糕,放在了会议室的长桌上,打开一看惊呆了,是一个大大的生日蛋糕,正中间还插着一块巧克力做的牌子,上面写着"祝小 Z 美女生日快乐",正在她欣喜之际,我走进会议室,喊着"生日快乐",她喜出望外的表情显露无遗。

她疑惑地问我"你怎么知道今天是我的生日",我回答道:"这是秘密。"看她急躁的样子,我又接着说:"其实很简单,当你成为我的助理时,我看了你的简历,因此记住了你的生日,仅此而已。"她呵呵地笑了起来。

同事们都来了,分享着小 Z 生日的喜悦和诱人的蛋糕,欢乐的气氛一下子将午后的睡意一扫而光。小 Z 很开心,她很认真地对我说:"我会记住今天这个下午的。"

一个蛋糕,不到 200 元,却可以送出一份浓浓的祝福,可以使一位女孩子沉浸在幸福之中并且会永远记在心里。最重要的是，她成了我的得力助理，也成了我的忠实跟随者。

S是某大型银行市场部经理，她的上级是市场部总监（后升任总经理，其实和总监的职责相同），因此虽然一些活动是她策划组织的，但最终的决定权却在总监手里。虽然她不是决策者，但作用却很关键。

活动的预案已经出来了，虽然不是最终的决案，但大致基调是不会改变的。因此，她请我负责其中的一部分。我在看了预案后，对另外两条提出了修改意见，增加了订购数量。她看完后有些犹豫，没有立即表示赞同。

第二天，我约她下楼喝咖啡。星巴克的咖啡，咖啡豆比较一般，但研磨的温度掌握较好，因此香气四溢，而且还在咖啡里放了巧克力粉，所以喝起来的感觉比较浓稠。我很喜欢这样的味道，S也是。

当她开口要谈这个预案时，我却阻止了她，说现在是休息时间，只适合闲聊而已，她笑了笑，我们就聊开了。

不要在客户面前表现得急功近利，而是像朋友那样闲谈，之后肯定会有机会聊业务的。

S主动问及与银行的合作经历，我开始讲了起来，说到某些她不知道的事。她很好奇，认真地听着。就这样，一个多小时过去了，我们相互告别。

第二天，我拿着一个样品来到她的办公室，当取出那只精美的"水晶鞋"时，她被惊到了，连声称赞这件作品，我顺势结合预案中所提的修改意见阐述了起来。这一次，她接受了这些建议，并说修改预案后会呈报到总监那里批复。我顺手就将这只"水晶鞋”端正地放到了她的办公桌上,然后说道:“这个是公司赠品,就送你吧,让你保持住这种美好的感觉。”她推诿了两句,也就没再说什么,因为她确实很喜欢这件作品。

她没有决策权,但她有推荐权,因为她是活动的执行人,所以她的意见很重要。果然,三天后她来电话,说预案正式通过了,修改的部分老板也都同意了,接下来就是讨论具体的准备工作了。

下午,我带着一盒巧克力来到她的办公室,进门就将这盒巧克力放在了她的桌上,什么也没说,之后便开始讨论预案的准备条目和细节,交流很顺畅,讨论很圆满。

这个活动十分成功,银行上下也因为提供的精美产品而对我们大加赞赏。S对我说了一句:“谢谢你帮我完成了这么精彩的活动。”

其实,客户要的是什么?他们要的就是良好的服务,以及帮他们解决问题,这才是首要的。

S的上级B是市场部总监,香港人,人已中年,但穿着打扮却体现出女性的时尚和气质。因为之前这个活动的成功举办,所以她特地对我说了声“谢谢”。我邀请她参加公司的VIP招待会,她饶有兴致地同意了。我想,她不加迟疑就同意有几个原因,其一,想更深入地了解琉璃产品;其二,对我们公司的产品很满意,想看看我们公司;其三,对我的服务也满意,所以对我们公司有进一步的兴趣。

招待会在我们公司的概念餐厅举行,是以冷餐会的形式招待来宾,概念餐厅从玻璃大门开始一直到桌子、楼梯等每一个细节,都用琉璃进行了装饰和点缀,非常精美独特。

B在我的陪同下,楼下楼上,乃至各个角落都细细地观赏了一番,我也在边上为她做细致的讲解,并在品尝美食的同时,给她介绍了很多嘉宾,也让她收获颇丰,因此对这次招待会很满意。临别时她对我说道:"看来,我们的合作是很值得期待的。"

从此以后,在她的授意下,市场部举办的活动,基本上都有我提供的琉璃产品,我的销售业绩大幅提升。我也没有忘记B,并适时地给予一些回报。比如,我们公司在香港参加的拍卖会,我也会邀请她参加,这是扩展人际关系的好机会。对此,她从不拒绝。

这类高端客户,并不在意"小恩小惠",而更在乎的是人际资源。

就这样,我和她的友情逐渐建立起来了。同时,也为我带来了更多的销售业绩,甚至还包括他们银行香港分行的订单,并在香港分行里声名鹊起,其他部门的订单也跟随而至。我们的工厂开始忙碌起来,公司也产生了较为可观的利润,老板一见到我,就对我竖大拇指。

之后,B去了另外一家外资银行当市场部总监,随后她也召唤了我,让我继续做这家银行的核准供应商,并且为他们在上海举办的全球董事会活动提供产品。

身居高位的女人需要的是你能为她解决一些问题,当她对你的工作较为放心后,就会大胆地放手交给你。而你要做的,只是细心地做好每一件事,并且让她感觉到你对她的重视,这样她就会加倍回报你。

对女性客户的关怀不仅是指物质方面,平时的帮忙也是如此。当然,无论是面对普通职员还是公司高管,只要是女性,礼品是绝不能少的。一朵鲜花,一盒巧克力,都是她们喜欢的,也为之后开展工作提供了便利。

此外,女人最需要的是关心,在对客户有意义的日子送上祝福与关心,配上你的一点小心意,会让她们对你充满感激,并在工作上给予你很大帮助。

第八章

销售总监的谈判课：如何在谈判中赢得上风

谈判是一位销售人员的必修课，如何在这场博弈过程中赢得更多，取决于高情商的谈判技巧。在20余载销售生涯中，我经历过无数次谈判，以下是我总结的一些经验。

别让不懂职场术语坑了你

在职场以及谈业务的过程中，职场术语是很常见的，但是对于经验尚浅的新人来说，往往听不懂话外之音，所以经常在这方面吃亏。别让不懂职场术语坑了你，关于这方面的知识，你需要学的有很多。

刚进入职场的年轻人，或许会被前辈的术语弄得摸不着头脑，甚至苦思冥想不得其解。但随着时间的推移，领悟能力会逐渐提高，之后便会在不知不觉中开窍并且开始使用这些职场术语了。

职场上使用最普遍的就是管理型术语，如果是外企，英语方面的术语使用得比较频繁。如果不是这个圈子里的人，尤其是不懂英文的人，会觉得很烦人，认为你在装，但这些都是客观存在的。在一些特定阶层或者人群中，大家更乐于接受和使用，所以既然无法改变现状，那只有去适应，因为你身处这样的环境之中。

刚毕业之后，我进入了（美资）利得乳制品有限公司，公司的规模不大，特别是销售部门，属于刚刚组建的阶段。公司对销售部非常重视，老板会经常过来指挥一些具体的事务，对于销售部的员工都非常“关心”，而他最喜欢使用的一个专业术语就是“核心竞争力”，每每谈到关于个人能力或者销售目标时，“核心竞争力”一词就会被不断提出。有时候重复多了，大家都觉得有些可笑，而且私下里都在说：“公司刚成立，哪来的核心竞争力啊。”但那时，这个词刚刚冒出来，就如同流行词一般，迅速地被传开了。

公司来了一位副总，主管销售部。他胖胖的，为人和善，但在我们看来，这样的和善都是浮于表面的，如果你的业绩不行，他随时会变成笑面虎，请你离开。这就是职场残酷的本质。

某天，在销售部的会议上，当销售经理说到关于销售团队管理的话题时，他让大家多读读这方面的书籍，或者多和朋友聊聊，说不定可以得到“最佳实务”，当时真不知道他从哪里学来这个词，销售经理和我们都没听懂，但也不敢多问，就这样结束了这次会议。

我来到台湾这家很知名的琉璃公司后，先以副经理的职务入职，虽然不算公司的高层，但至少能够和几位高管甚至是老板搭上话。老板很赋有艺术气质，而且相当干练务实，他没有多余的话，总是行色匆匆。他经常提到一个词“授权”，甚至还会对这个词作出一番解释“后令压前令”，这哪是授权，就是对之前命令的否定。没办法，谁让他是老板呢，厂务经理(属于公司高管层)私下里总是对我抱怨老板的这个“授权”。

其实，“授权”一词，是属于术语范畴的，而老板却总是徘徊在放权和控制之间，表面上以“授权”作为让下属全权处理的标杆词,但实际上最后的结果往往就是决定权还在他手中,下属也只是执行人而已。因此,“授权”往往只是高层挂在嘴边一个词罢了,不要当真。

小Z是公司新进的员工,他的聪明劲和临场应变能力,在进公司三天后就展露无遗。同时,因为他自身比较努力,而且运气不错,所以在一个月的时间内就拿到了一笔大单,在销售部乃至整个公司,他都出名了。

K是我们的销售经理,戴着一副金丝边框的眼镜,一副职场老手的做派,其实他只比我们早进公司几个月,一直在忙于招聘人员和组建团队,所以还没有什么像样的业绩。而当小Z的大笔订单落实之后,在一次部门会议上,K经理开始表扬起小Z,最后他加了一句:“在这么短的时间内,就能出这样的业绩,很能干,适合做销售主管。”随声附和的人不少,小Z也很得意。

虽说“能干”一词不算什么术语,但在职场,却是一个极为敏感的词,它往往会代表着两种截然不同的含义。

这是为什么呢? 接着往下看。

半年之后,销售部的业绩得到大幅提升,主要靠的是我们这些基层业务,而K自身的业绩却平平。随着销售人员不断增加,一位监管销售的副总开始筹划将销售部编为两个团队,分别由一位副经理带领,但都隶属于K的领导下。小Z是很有希望得到提升的,因为他的业绩最好,同时被K夸赞“能干”,他自己也充满信心,满怀期待地等着好消息。

但当副总宣布结果时,小Z却落选了,一直被称赞“能干”的小Z,非常失落。这时,K对小Z说了一句意味深长的话:“其实，你确实很能干。”

就这样，小Z在一周后，心灰意冷地离开了公司，带着他很“能干”的头衔，黯然离开。

K当初夸奖小Z的“能干”一词，完全出于嫉妒心，因为他的能力已经威胁到K的位子。而经过一段时间之后，公司既然没有动K的意思，小Z就应该明白要低调行事了，结果他没有听懂“能干”这个词的意思，吃了大亏。在职场，太能干也不是好事，尤其是威胁到顶头上级的时候，所以有些双关的术语，必须吃透，这一类术语我们都称之为职场术语。

这类职场术语还有很多，更准确的形容词应该是“暗语”。比如，你做了一个自认为很不错的策划案，在将策划案递给领导后，领导说了一句：“看起来有点意思，你可以询问一下别人的看法。”但却没有表示出“留用”的话。

于是，你兴冲冲地拿着策划案，去给每一位同事看，而他们的观点也基本跟领导的意思差不多。这表明什么？没有一定的情商与领悟力是无法理解的。

S公司是世界性大型保险公司，之前和他们有过小规模合作，介于新老客户之间，半生不熟。

他们公司要举办一个大型的海峡两岸暨香港活动，所要订购产品的数量很大，关于这个大案子的洽谈，不算艰难，但却有些麻烦。

F是这家公司的市场总监，这样的大型活动由市场部主导是毋庸置疑的。因此，他肯定是有决策权。之前和他聊过，算是比较谈得来，所以说话和聊天也日趋随意起来。而正因此，这个项目才能继续下去，或者准确地说，可以谈到一些更深层的东西。

在谈到订购报价时,他用极为平和的神情问了我一句:“这个价格,是什么含义?”如果你没听懂他这句问话的内在含义,千万不要盲目地回答,否则将会适得其反。

于是,我回答道:“我们公司的报价,乃至正式的最终报价,都会考虑到关于成本控制、税收、低利润和其他诸多因素。”他一听,立即明白地点了点头,我这番话的内在含义,也不用再去展开了。大家都心知肚明,无需赘述,这就是术语运用得当的例子。

这里面的职场术语就是“其他诸多因素”一词,做销售的一定都能明白。

洽谈很顺利,直到签立合同,F 都积极配合,其中的原因显而易见。随后的结算尾款等合作过程,也都非常顺利。

这笔“其他诸多因素”中的款项,扣除税收后,交付时一定要用现金的。因此,在和他交情升温的同时,这样的行为也变得顺理成章,并且极其自然。

在职场,人们平时在嘴里说来念去的那些词、那些术语,有点情商的人,都会认真学习,也都会跟着效仿。无论喜欢与否,大环境如此,聪明人一定会尽快适应。

职场最难把握的往往是一些暗语性的术语,没有几年工作经验的人是很难体会和拿捏的,只能逐渐积累工作经验,慢慢领悟。

理解这些暗语,要根据不同环境、不同事件、不同对象、不同阶层加以区分,必须精准到位,否则会给自己带来麻烦。

如果你能迅速理解这些术语并运用自如,那么对方也会觉得你是一个领悟力极强的人,值得交往和信任,而双方也会在处理具体事务时去咀嚼这些术语的奥妙深意。

对于职场以及业务谈判过程中的职场术语太多了,在此就不一一介绍,这种事只通过读书是学不会的,必须在实际工作中慢慢领悟。我在这里分享一些经验,但是不介绍具体的职场术语:

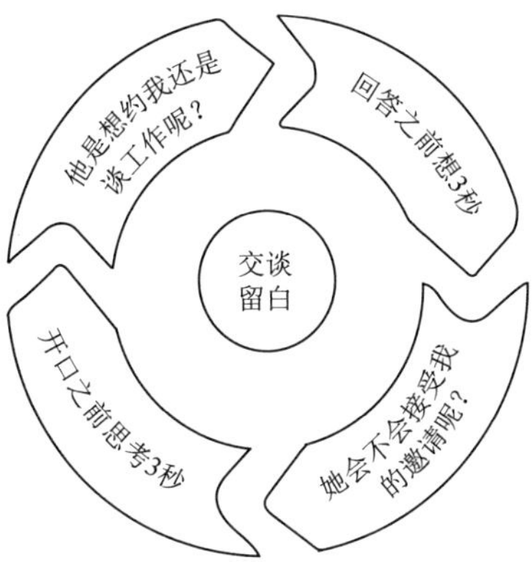

● 别急着回答问题,停顿 3 秒再做答,这是在为自己留出反应的时间。这种回答留白的方法,会让你在很大程度上避免说错话。

● 如果当时没听懂,一定别急着表态,你可以回去问问有经验的人。比如说,咨询前辈,通过前辈的指点,能够更快开窍。

● 如果遇到比较着急的情况,又没有前辈可以咨询的,那么就通过试探性的话语直接询问说话的人。例如客户说了一个词你没听明白,那么就要婉转地问他,到底是什么意思。这个尺度很难把握,说得过于直白,合作可能就泡汤了;但是如果含糊不清,又没法真正理解对方的意思。这就需要不断积累经验,然后才能做出准确的判断,没有太好的方法。

遇到高手时,千万别被迷惑了

通过肢体语言判断一个人的心思是比较准确的,然而当你遇到一些高手时,就不能简单地以此作为判断标准了。尤其在谈判过程中,需要结合具体的环境、表情、语境、事件等信息做出综合判断,避免被高手所迷惑,从而导致谈判失利。

我在讲述微动作的那篇文章中曾经提到过这段话,美国心理学家麦拉宾提出:人与人的沟通7%来自文字,35%来自声音和语言,而55%则来自无声的肢体语言。从这段话中我们可以看出,来自肢体语言的沟通占了很大一部分。还有一位心理学家对上千次的正式谈话和谈判过程进行了研究,60%～80%的肢体语言决定了谈话和谈判的结果。

但在这里我想表达的却是,虽然肢体语言是最不容易说谎的,但是也要根据当时的情境做出判断,千万不要被误导。

我进琉璃工房半年之后,经过不断的努力,在业绩上已经做出一些成绩了。当时业务部内有些混乱，业务部经理经常不在办公室，踪迹扑朔迷离。因此，业务部已经处于无人管理的局面。果然，三天后，总经理来宣布一个重大消息，业务部经理因为个人原因，辞职并且已经离开了公司，大家一片哗然。有的人说是出了问题，有的人说是另谋高就，有的人则在猜测谁将成为替代者。

两天后，总经理打电话给我，让我明天一早不要安排外出，在办公室等他。

第二天一早，总经理陪同三位西装革履的男士进了公司，他们走进小会议室，示意我进来。此时，我已经意识到将会发生什么。

总经理严肃地说道："这三位是我们公司的董事，你认识一下。"正当我要起身和他们一一握手致意时，他又说道："你进公司有半年了吧，当初我就很看好你，果然你的成绩很出色。"此时，我注意看了一下总经理的表情，按理说应该显出欣喜的表情，至少会表现在肢体语言上，例如跳几下眉或者是微笑。然而这样的肢体语言并没有出现，显然违背了常理。

总经理接着说道："今天我和几位董事过来，就是想听听你对业务部接下来的看法。"然后，他示意我可以开始讲话了。

我一听到他说的最后那句话，心里已经彻底明白了。因此还没有开口，心里就蹦蹦跳得不行，抓了两下脖子。我赶紧平复了一下心情，说道："之前业务部在经理的带领下，柜点的业绩还算不错的，但团购方面每个月的业绩平平，整个业务部的业绩基本就靠柜点的交易额。"我特意停顿了一下，想看看他们几个的反应。

说到这里，我想他们应该有同感，或点头，或因为业绩不好而双眉下垂。但是这样的动作并没有出现，我立刻意识到，面前的这些人在肢体语言上绝对是高手，喜怒不形于色，而且连最细微的肢体语言都能隐藏得很好。

我又接着说道："其实业务部嘛，团购应该为主线，柜点虽然成交额大一些，但毕竟需要很多场地，人员、配送维护的花费都不小。而团购这块只有业务人员的工资，成本较低，并且一个订单的交易量也不算小。因此，我认为业务部下一步的动作应该是大力发展团购业务。"

说到这里，其中一位董事开口道："那你认为团购业务的人员配置和三个月后的业绩数字可以达到多少？"虽然我事先已经对这个问题有所考虑，但当时我还是故意装作思考的样子。于是他接着说道："相信你已经考虑过这个问题了，快回答吧。"

他的双眉紧锁、搓手，表明了他对我迟迟没有回答感到疑惑。

我只能点点头说道："我觉得目前业务人员的配置就已经足够了，我认为经过三个月的重新布局和开发，每个月能达到30万的团购交易额。"此时，另一位董事听我说完，开始不住地点头，但却没有说话。我以为他同意我所提出的业绩数字，所以正准备接着说，这时另一位董事拍了拍他的肩膀，突然笑了起来，说道："王董点头的意思不是认可你所提出的业绩预期，而是认同你前一句话，这么多人才这么点业绩！"

有时候，肢体语言也是会骗人的，需要根据当时的情境，每个人的表情，说话的语境等进行综合判断。

王董直视着我，没有说话，但他的眼神显然是在告诉我，你改变一下业绩数字再说话。这回我看懂了，随后说道："我觉得如果大家努力做，每个月的目标应该可以到达 50 万。"刚说完，王董开始摇起头来，似乎对这个数字很不满意。

当时我就慌了，这还不行？有点不知所措。

刚刚那位点头的董事忽然说道："那你认为王董摇头是不认可你说的这个业绩数字喽?"我点了点头。

他忽然笑了起来，对着王董用闽南语说道："你别吓着孩子。"他接着对我说道："你猜得对但也不对，王董摇头的意思是，前面三个月到半年，每个月 50 万业绩，但你却没有阐明半年后的规划。其实，我们是对半年乃至一年后的规划感兴趣。"说完，他的眉毛很明显地向上扬了扬。

其实，50 万的预期业绩是可以实现的，我采用的是挤牙膏的策略，否则给自己定一个太大的目标，完不成怎么办。我需要一步步试探高层的意思，最后再亮出自己的底牌。

王董似乎看出了我的心思，把手举起，在空中划了几下。很明显，这是让我亮底牌呢。他说道："半年到一年之后，我想看到业务部的团购业绩是以几百万乃至上千万来计算，而不是停留在十位数。"

这一次我没有被他的肢体动作迷惑，淡淡地说道："各位董事，我不想夸夸其谈，也不想在这里画一个高业绩的大饼，我只想着半年后可以拿出好的业绩，如果我现在拍着胸脯唱起高业绩的调，或许你们更应该对我不放心。"说完，我故意摸了一下鼻子,就好像是因为说出了实话,而心情变得畅快了。

按理说,摸鼻子的动作代表说谎,但是此时此刻却有不一样的含义。

总经理似乎读懂了我摸鼻子的用意,说道:“最后说一个业绩的期许数吧。”我这才点了点头,心想我的目的达到了。我说道:“我觉得门店不适合未来经营的模式,所以这块的人员可以减少,或者划拨到团购业务这块。我的目标是半年后每个月100万,一年后每个月150—200万,当然这是按正常情况做的预算,不包括超级大单。”

他们几个听完后,不约而同地站起来为我鼓掌,显然对我的预估十分满意。其实,刚才业绩的预估过程,是一场斗智斗勇的好戏。然而从他们起立鼓掌的肢体语言中,我意识到自己还是输了。

其一是被他们的一些话,尤其是被他们的肢体语言迷惑了;其二我还是没有耐住性子,被他们用激将法上了一课,和盘托出了业绩预期,也给自己造成很大的压力。

原来业务部经理在团购业务上的业绩少得可怜,而我的提案已经轻易地满足甚至超出了他们原来的预估,没想到被他们这么一弄,我又许下了一个宏大目标,所以他们才会如此激动。

之后,经过对业务部人员的整合,并在行业方面进行了细致的划分,避免业务人员之间对同一行业客户的重复开发,以及对考核制度的修改等举措,半年后的业绩已远远超出了100万的预估。然而,每次想起那天上午“三堂会审”的经过,还是让我感叹:“姜还是老的辣啊!”

作为一名业务人员,在谈判的过程中,观察对方的肢体语言是很重要的。这样一来,结合对方的话,可以更准确地判断出对方的心理活动。

然而,当身处某种环境之下,或者面对高手的时候,就不能单纯通过分析肢体语言作出判断了,因为他们的话、他们的动作,都可能是假的。这就属于相当复杂的层次了,需要结合更多因素进行判断,例如当时的场景,每个人的表情、语境,具体事件……只有这样综合判断,才能减少被误导的可能性。

面对扯皮问题时的解决办法

无论是在公司内部,还是与客户接洽的过程中,扯皮的情况是不可避免的。实际上,这也是一种谈判。想要快速解决问题,就应该锁定关键人物。

我所在的琉璃工房新来了一位副总,主管公司营运工作。市场企划部和销售业务部都是他的管辖范围,但设计部不归他管,设计部总监是公司的元老,在公司的根基相当深厚。言下之意,定有一番争斗。当然,表面上他们两个人相处还是十分和谐的。

某天,设计部经理拿着一张设计稿来到总监办公室,正巧副总也在，总监看后交到了副总手中，并说道："这个也关系到市场营运的问题，宣传方案还是要市场部来定夺。"副总接过稿件看了一眼，然后笑呵呵地对设计总监说："我刚来公司，像这些设计稿，你总监定就好了。"总监回头对设计部经理说道："有些方面还有不足，要不你可以请示副总后，再做修改吧。"设计部经理向副总望去，副总又指了指总监，然后并没有说什么。

设计部经理不知所措地走出了办公室。她知道，她陷入了表面一团和气实际上则是一场权力争斗之中。她意识到，接下来的工作也会在互相扯皮中变得举步维艰了。

这种相互扯皮的事在公司内部很常见，然而如果销售人员面对类似扯皮的客户，就更难办了，因为直接关系到自己的业绩。聪明的业务员会根据不同的情况，找到解决的突破口。

Antonio 一早跑来，跟我说昨天晚上 G 公司的采购部经理给他打电话，说市场部的那个策划案已经通过了，目前已下达了订购的数量，并且程序已到达采购部，让他提供一份正式报价。

我听后，对他表示祝贺的同时也提醒他，G 公司的内部较为复杂，还是要按照以前培训时所教的方式——一定要找到真正的"利益"部门。当然，死死抓住采购部是绝对正确的，因为他们是具体的执行部门。他听后点了点头，准备报价单去了。

正式报价过去后，Antonio 追踪了两天，对方只答复说已经收到报价，正在研究和讨论之中。研究报价，讨论报价？报价中的价格都已经早就商讨好了，Antonio 很焦急，就来向我汇报进展，我听后对他说道："你这样跟踪效果不好，要和客户走得更近，听听他的真实想法，了解最新情况，是不是他们内部出了什么问题？"他听后点了点头，不再打电话沟通，而是直接出发了。

下班前，他回到了办公室，对我汇报道："我请了他们采购部经理喝茶，他透露给我的情况是，虽然当初预案已经由副总批复通过了，而且也下达到了采购部，但是采购的程序最终需要管理部批准才能执行，而管理部的总监是公司元老，对采购方案有所质疑，因此便搁浅着。"我点了点头，对他说道："你现在要做的，就是继续向采购部经理打听，他和管理部总监的私人关系如何。如果关系比较好，那就由他引见去拜访一下，具体沟通这个方案采购部分的问题，甚至可以多赠送一件琉璃作品。"他听后，觉得很有道理，就行动了。

第二天上午，Antonio 直接去了 G 公司。中午回来之后，兴高采烈地走进了我的办公室，一脸骄傲的表情，他将采购订单放到了我的办公桌上，并说道："您说得很对，确实存在这方面的因素，通过一上午的沟通，双方有了更多了解，管理部总监也很爽快地就在采购订单上签了字。"我笑着向他道贺。

问题就这样解决了，对方公司内部出现了权力方面的纠葛，了解情况之后前去拜会一下，让管理部总监感到自己被尊重，症结就这样打开了，问题也迎刃而解了。

我们顺利地接下了这笔大订单，为公司做出了不小的贡献。而 Antonio 也从中学到了不少，相信会对他今后的销售生涯带来帮助。

当你的客户因为某些纠葛或者临时分歧而迟迟不下单时，你一定要认准目标，找到关键人物去攻坚，不要在无关人员身上浪费时间。

我作为区域销售主任，配合 J 公司做一个大型活动，活动现场的宣传招贴画由我们配合制作。活动当天，我们将宣传资料和易拉宝摆放到了现场预定的位置,一切就绪,就等商场开门迎客了。

他们的市场总监来了,看了看现场,觉得很满意,之后就去跟进细节了。之后销售总监来了,他一眼就看到易拉宝上的标语有问题,赶紧找我交涉,我说这些内容都是市场部总监确认过样稿并签字的,没有发现任何与样稿有出入的地方。销售部总监开始叫嚷起来,说其中的一条标语和公司销售策略有误差,要求我们立刻修改并重新制作易拉宝。我当时就蒙了,因为制作易拉宝最快也要四小时,离活动开始只有不到半小时了。

我把市场部总监找来,结果确实出了错误,而他在校验和签字时没看出来,销售总监跟他吵得很凶。我镇定了一下,对他们说道:“今天是活动的第一天,而且离开场也只有十五分钟了,要不然这样吧,我先派人去制作新的易拉宝,这四个先用着,下午或者明天,新的易拉宝弄好再换上。”说完,我双目注视着市场部总监,等待他的回答。他无奈地笑了一下,说道:“就这么办吧!”显然,他并不准备再征求销售部总监的意见了。

门开了,顾客开始涌入,因为有现场活动,所以围观的顾客特别多。活动很成功,不仅有了人气,而且增加了很多会员,市场部总监稍稍松了一口气;而销售部总监看到活动很成功,也就没再计较。

中午时,新的易拉宝做好了,趁着午间顾客不多,赶紧调换完成。三天的活动,除了易拉宝事件,算是圆满谢幕了。

之后,我特地拜会了销售部总监,在交流沟通后得到了他的谅解。临告别时,他对我说了一句客套话:“谢谢你们的大力协助。”

在现场找到问题的根源，是解决现场棘手问题的最好途径，当市场部总监与销售部总监产生分歧时，不要被他们的争论所左右，而要以解决问题为重，这才是最为重要的。事后去拜访销售部总监，不仅是出于礼貌，还有安抚的作用，以便日后继续开展合作。

遇到公司扯皮的事情确实很头痛，你不了解对方公司的情况，也许他们各部门之间存在很多矛盾，互相扯后腿。这种情况，你要保持冷静的头脑，一定要找到真正的目标，否则会浪费很大精力。

下面，分别介绍一下公司内部扯皮以及客户扯皮时的应对方法：

01 如果是部门职责不清出现扯皮，向上级反映

02 如果是因为利益相互扯皮，最高效的方法是寻找妥协之道

03 如果是客户方面出现扯皮，要快速锁定能解决问题的关键人物

04 如果是客户公司内部扯皮，要以解决问题为第一原则

● 如果是部门职责不清出现相互扯皮，这种问题属于公司管理层的问题。没有太好的办法，只能是找机会向上反映情况，同时跟其他部门的同事好好沟通，让他们意识到是制度问题，而不是故意找碴。

● 如果是员工因为利益相互扯皮就比较麻烦了，从高效工作的角度来说，最好的方法就是自我牺牲，从而快速达成妥协。否则就只能请上级做出裁决，势必浪费彼此的时间和精力，同时

还会影响到同事间的关系。

● 如果当客户方面出现扯皮的情况时,那么一定要快速锁定关键人物,也就是能够拍板的那个人,然后将精力主要放在他身上。那些非关键人物,只会增加扯皮的时间与精力,并不能解决问题。

● 如果是客户公司内部扯皮影响业务进程时,这种情况也很麻烦,因为对于他们内部的矛盾你并不了解,这时你需要冷静下来,仔细思考自己的目标是什么,怎样做才能解决问题,快速实现目标。记住,你是来完成任务的,对方公司的内部矛盾与你无关。

客户拖欠货款的谈判之道

讨要货款绝对是一门艺术,体现出一名业务人员的应对能力和谈判策略。既不能得罪客户,又得把钱要回来,具体怎么谈需要很高超的技巧。

曾经看过一部电视剧,里面有这样一段场景:男主角手里用报纸包着一个“家伙”,气势汹汹地来到一家公司,把那“家伙”往该总经理桌子上一放,然后威胁说如果再不把货款还了,就动真格的了。总经理被吓坏了,只好答应还钱,男主角把钱拿到手后，拿起那个“家伙”，撕掉报纸，里面却是一根大黄瓜，大口啃了起来。

虽然这个场景有点搞笑，看后让人不禁哑然失笑，但或许在那个年代，讨要货款迫不得已动真格的事件真的不少。

随着时代的进步，讨要货款的方式多了，法律也较为健全了，动粗的场景也少了，而多采取正常合法的途径，来追讨应得的货款。

我以前在宏全企业有限公司时，担任的是华东区区域主任，华东区内所属的“两乐”（可口可乐和百事可乐）都是我的辖范围，其中中粮系的上海申美和上海百事，以及杭州中萃，南京中萃、生产规模较大，每个月订购我们产品的数量极大，自然成为我们的重点客户。然而，也相应地产生一个问题：货款。

大客户嘛，而且是像“两乐”这样的大客户，我们作为供应商，本来就不在一个平等的基础上，因此拖欠货款也变得理所当然，甚至理直气壮。在签立订购合同时，合同条款中规定，交货验收合格后两个月内交付货款，但我们收到的每一笔货款都是半年前的，而且还要像得到“恩赐”一般感谢他们。我想，主要有两个原因：

其一，作为供应商有求于这样的大客户，对于货款的无休止延期只能忍气吞声；

其二，公司想得到他们的长期订单，因此采取了走上层路线的做法，对公司的高层的款待非常热情。在看似深厚友谊的背后，其实这种关系也是一把双刃剑。在“两乐”看来，订单我可以给你，货款嘛，有的话就给点，没有的话也别催。在他们看来，既然是朋友，我关照了你的订单，你也要体谅一下货款问题，从而造成了这种拖欠货款的局面。

而我作为区域主任,面临着追讨货款的压力,这看似很不合理,如此的货款局面,我却要承载这样不合理的压力,但也只能努力一下。

在认真思考了境况之后,我找到了解决问题的方式。

杭州中萃的C君是他们公司的采购总监,身材不高,却显示出一身的精干之气。和他的初次接触,是因为需要确认一张新标签样稿。当时没有互联网,无法通过网上确认,而当时独有的快递的速度也实在不敢恭维,只能把样稿打印出来后,亲自送去。确认完后,我为了搞好客情关系我约他出来,期间相谈甚欢。

整理有关杭州中萃货款的账册后,我发现有的款项居然已经9个月没结账,虽然金额都不是太大,但是每一笔累加起来,数额却有些惊人。因此统统整理出来,发了一张传真给C君,传真的开头写着"货款对账单明细",并且在最底下用一行小字写上"以上货款皆已超过了合同规定的60天期限,烦请拨冗为盼"。

一周后,杭州中萃订购的标签出货,我随车前往。在验收交接完货物后,我依然拉着他去吃饭,也聊了很多话题,但唯独没有提到货款的事,气氛很和谐。

回到他的办公室后,我一改刚才的笑容可掬,较为正色地向他提起了货款和那份传真的事。他很想敷衍过去,但看我的态度比较坚决,就答应和财务部协商一下,让我先回上海等结果。但我没有同意,并声称会在杭州逗留几天。

我当时要是走了，这笔钱指不定要拖到何时，所以只能采取死缠烂打的方式，这也是谈判的艺术。

在三天的时间里，我时常拉他出去，但白天我都会端坐在他的办公室里，喝着可口可乐，并不时地“友情”提醒他关于货款的事情。第三天的下午，他把我拉到财务部，签署了一张承兑汇票，金额和我那份传真完全一致。我不会对他千恩万谢，这是我应得的，三天的“死缠烂打”，他终于扛不住了，给钱了事。

做生意这样的事情很常见，他们不是没钱，就是不给，能拖就拖。所以，业务员在追讨货款时，一定要有点独到的本事，否则很难按期要回货款。

我很欣慰地动身离开杭州，并且向业务部经理汇报了这三天的大致情况，以及较为丰硕的战果。经理很是惊讶，不断地夸赞我。

这三大请客吃饭一共花了不到二千元，却为公司讨回了拖欠一年的货款，总计六百多万元，算是一次不小的胜利吧。

一个多月后，杭州中萃的老总来我们公司洽谈业务，我作为华东区的主任，当然要作陪。他一见我，就对我们的业务部经理说道：“这个年轻人，厉害啊，将来一定是业务骨干，我记住你了。”在我一再谦虚时，我们的经理说道：“年轻人不懂事，请见谅。”但此时，我却看到了他脸上有种骄傲的表情。

此后，我基本如法炮制地与其他几家拖欠货款的公司谈判，效果极佳。我所掌控的华东区域，货款回收都比较顺利，也因此得到领导们的夸赞，老板还亲自封了一个红包给我，算是奖励。

由于我的努力，公司对奖金制度进行了修改，添加的内容主要有两条：

其一，对于以前的坏账或者期限长的账目，如果能及时追回，将按照总金额的一定比例奖励业务人员；

其二，在合同规定的时间内要回货款，也将得到相应的奖励。

通过上述案例，做业务的一定要清楚，在维护好客情关系的同时，还要摆出公事公办的姿态，不能把客情和公事混为一谈，这样只会在"暧昧"之中害了自己，也损害了公司的利益。

实际上，这都属于谈判的艺术，深谙此道的业务员一般都可以追回货款。

她是紫江集团的销售骨干，我刚进公司时，就听说过她讨要货款的传奇故事。她可以一周每天泡在客户的办公室，客户吃饭她跟着吃，客户外出她跟着去，甚至客户回家她也跟着回。客户要签署汇票她把汇票抢下不让签，客户要往外打电话，她把电话线拔掉……这一系列极端的做法，最终要回了货款，也在我们这个行业中出了点名。但是，我不欣赏这种做法，因为已经不是谈判了，而是耍无赖。

某天下午，老板急匆匆地跑来找她，但却不见人影，手机无法接通，因为她正在出差，所以大家都很担心。

三天后，她出现在了公司，声称那笔货款没有要回来，对方公司实在很困难，已经没钱了，暂时无法支付货款。

因此，公司只能向对方发催款传真，甚至还用 EMS 的递送方式送出了律师函，但都没有半点答复。同事们都知道她是一位追要货款的高手,如果这一次讨不回来,看来真的是没办法了。

一个月后,老板又来我们办公室找她,还是不在,打她的电话显示“此号码已停机”。老板叹了口气,神色慌张地走了。

一周后,传出了她申请辞职的消息,并很快办理了辞职手续,我们都觉得很意外,但却不知道其中的原因,是不是这笔巨款没有讨回而引咎辞职了?不得而知,没人知道内情,大家也都是胡乱猜测。

公司加紧了每一位业务人员追要货款的进度审核,气氛变得异常紧张,整个公司的气氛变得非常压抑。

半个月后我们才知道真相:这家拖欠货款的公司之前是做饮料的,所订购的饮料标签数量不少,订购的货款也较大,但之后因为竞争加剧,利润被摊薄,难以维持现状,于是他们想转型。然而,由于缺乏资金,所以他们把准备支付货款的钱用在了其他项目上。

他们老板跟我们的这位业务员商量之后,决定给予她一定的好处,而货款的事就这样搁置了。其实,这就是假公济私,变向地贪污贿赂。我们公司出于她以前所做的贡献,并没有追究她的刑事责任,而以归还这笔贿赂并主动辞职作为处理方式。当然,其实对她来说,算是极为宽容了。

公私不分,贪图小便宜,却将自己的名声毁于一旦。在这个行业里,此事已不胫而走,很快就传开了,她以前的美名,已经不复存在。

这件事值得每一名销售业务引以为戒,而公司的管理层也应该加强管理,杜绝类似的事情再度发生,这不仅关系到公司的利益,而且还会在行业中造成很坏的声誉。

那么,业务人员应该如何讨要货款呢?

这里就不讲那些常规的追讨方式了,重点讲一下如何在讨要货款的过程中与客户谈判。这里的谈判不仅限于嘴上聊一聊,要欠款没这么容易,而实际上更像是一种周旋之道:

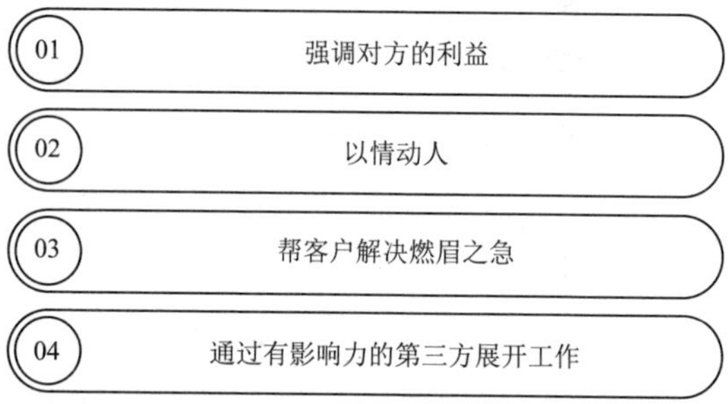

● 强调对方的利益。如果及时回款,对方能拿到怎样的好处,这才是他们最关心的,也是最高效的谈判手法。

● 以理服人是没用了,这时需要以情动人。这就需要平时建立很好的客情关系,甚至是友情关系乃至深情关系。当你需要客户回款时,就可以打出感情牌。

● 帮客户解决燃眉之急。你需要及时跟进客户,对他们进行充分调查,如果客户正好遇到难题,这时就是你的机会。如果你能帮他们解决掉这个问题,我想回款就不难了。

● 通过有影响力的第三方展开工作。这个第三方指的是对客户有影响力的人,例如他的家人。当然,这需要你跟客户非常熟悉,掌握翔实的信息。一般并不容易联系到客户的家人、朋友,但是可以找到他的同事、上级,从而施加影响力。

关键时刻亲自出马

> 假设某国的财务大臣到访另一国,前去接待的应该是财政部的部长或者某位主管财政的副总理。当然如果对方这次前来商讨的事宜较为重大时,另一国的总理也可能会出场。事件的重要性不同,接待的级别不同。

职场也是如此,特别是在洽谈业务中,关系到礼节和一些敏感的问题时,作为团队的领导者要勇于出面,积极应对,这样才能使洽谈增加更多的成功几率。

我在之前的琉璃企业时,Max是公司新来的销售人员。当初录用他,是因为他在保险公司工作过三年。一般来说,在保险公司工作过的业务人员,在开发客户方面很有冲劲,并且内心强大,承受挫折的能力很强,因此我刚到这家公司后就通过招聘录用了他。不仅是看中他的工作能力,同时也想在毫无活力的销售部树立一个积极开发客户的标杆人物。正如我所料,在他的影响下,销售部开始行动起来。

然而,Max的性格偏内向,面对客户时的临场经验也不足。有一次他跟我去见客户,他表现得很紧张,不爱说话,客户的暗语他也听不懂。尽管如此,我觉得这些都不是问题,时间和磨炼会使他成长,我所要的只是他的那份干劲和持续力。

Max大力开发客户的工作起到了效果,一个意向客户成为了他的首要进攻目标。在向我汇报情况后,我断定这个案子只是处于初期阶段,并没有实质性的进展,但我依然表现出了浓厚的兴趣,为的就是给 Max 最大的支持与鼓励。我也提醒他,要多收集信息以及做好跟进工作。

其实,最初我对这个案子并不是很重视,只是为了鼓励员工,没想到后期进展还不错。某天上午,他打电话给我,说客户的原定计划有变,要先订购一批产品,用于某个提前召开的媒体见面会,是原定数量的三分之一。产品的品种可以契合我方的现有库存,在库存数量允许的范围内挑选品种,但一定要提供特定的外包装。时间较为紧迫,也希望我方能够积极快速地配合。

我马上指示 Max,向客户索要外包装的信息和要求。同时,和工厂协调关于库存品种的数据信息,并将一些在价格范围内的品种和存库数量提供给了 Max,他立即反馈给客户。

这类情况比较常见,客户临时要货,一般来说手下的业务员都能处理,但由于这次是新客户,Max 又是新业务,所以我也给予了更多的关照。我在电话中对 Max 给予了肯定,关照他按照事情的发展一步步进行,千万不要乱了阵脚。他听后,在电话的那头“噢”了一声。

午饭后,Max 又来电话,说客户希望立刻把订购事宜确定下来,希望我方能加快节奏。我听后就明白了,必须亲自出马给客户一些安全感,让他们放心。

设计部根据 Max 传输过来的信息,已经完成了外包装的样稿效果图,我带着样稿以及和库存品种相关的几件样品出发了。

到了客户那里,双方交换名片之后就进入了实质性洽谈,外包装的样稿通过了客户的确认，客户也从那几件样品中挑选了中意的产品，一切就绪了。临别时，客户握着我的手说道："你们的效率真的很高，我们很愿意和你合作，谢谢你的积极配合。"

客户的话，其实透露了几个含义：

其一，我能前去，因为职务更高，他们得到了尊重；

其二，公司管理层出现，客户更放心；

其三，让他们知道公司对这次订购的重视。

当然，客户之所以这么说，也包括对 Max 能力的不信任，显然没有得到客户的认可和接受。所以，我决定前往是完全正确的，成功拿下了这笔单子。

本次订购顺利完成，交货以及货款的结算也很快完毕，客户有续订的意愿，之后，他们成了 Max 的固定客户。

关键时刻亲自出马，也是一种谈判手段。当发现客户对对接业务员有所质疑时，就应该亲自出马，让客户更放心，从而确保交易完成。

根据我的经验，谈一下亲自出马的时机：

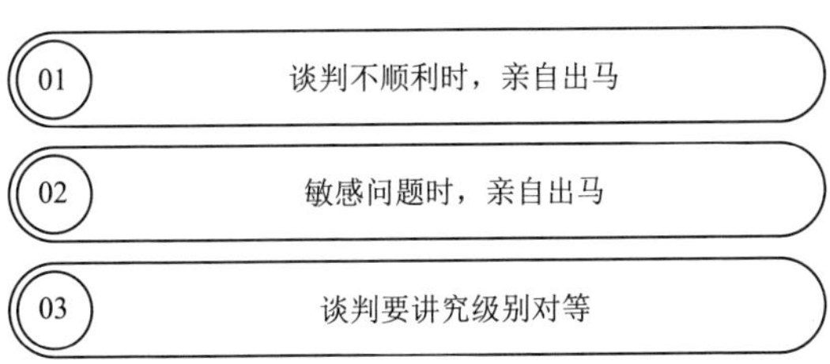

● 谈判进展不顺利的时候，这时候一定要亲自出马，否则一旦手底下的业务员处理不好，订单就要黄了。

● 涉及敏感问题时,一定要亲自出马。一些敏感的问题,下属没有经验,如果谈不好可能会影响整个销售部。还有一种情况,下属是“老油条”,如果过度放权,不好把控,这时最好也自己亲自去谈判。

● 级别对等。如果对方是领导出马,本方也要派出级别对等的人前去洽谈。或者可以允许对方高一级,例如客户是主管谈判,那么本方可以派经理过去谈,以示尊重。

第九章

从业 21 载，我的一些反思与规划

从业 21 年，其实我有很多话想说，在这里，我要挑出一些主要的点跟大家分享，是反思也是规划，希望能够跟大家在接下来的职业生涯中共同进步。

关于收入的反思

这家公司的薪资比较丰厚，而另外一家的底薪不高，该如何去选择呢？我想，这是每一位销售员要面临的问题，如何权衡收入和职业前景，是考验每一位职场人智慧的问题。

收入多少关系到每一位职场人的切身利益，收入的多少，基本取决于你所在行业的平均薪资，或者你所在职位的高低。有些行业的工资标准就比较高，如金融、互联网、奢侈品行业等；而有些行业的工资标准则较低，比如餐饮、快消品或者基于生产企业的销售类岗位。虽然不可一概而论，但大体是有一定潜在规律可循的。

当然，上面说的是除去销售业绩奖励部分的，而关于业绩奖励问题，一般的情况是，工资高的奖金的比例相对会低一些，底薪较低的奖金比例则会高些。因此在选择上，要根据你的具体情况，或者能够接受的形式去做决定。有的人喜欢稳定的工作和较为固定的收入，而有的人却愿意接受挑战而得到较高的奖金收入。

回顾自己的职业生涯,收入主要经历了几个阶段。

培养期

去利得乳制品有限公司面试是我大学毕业后的第一次尝试,记得当时的面试是军训式的,每一位应聘者都站立在烈日炎炎的操场上,面试官一个个地叫进去,轮到我时,已经浑身湿透,几乎处于半休克状态。

幸好我的表现尚可,被录用了,成了一名销售人员。对于刚刚步入社会的我,每个月的工资是1 200元。1992年时,这样的收入是当时工薪阶层的两倍,已经很满意了,而更让我激动的却不是收入,而是初次应聘便成功的喜悦。

利得乳制品有限公司是一家美资企业,以生产和销售乳酸菌饮品为主,主要方向是开拓当时为数不多的超市和中小学(特别是小学,当时提倡午前点心制)。由于我当时的运气比较好,因此快速打开了销售局面,和我同时进公司的销售人员中,只有我脱颖而出,成了区域主任,主管浦东新区。当然,薪资和奖金也相应提高了不少。

尽管收入不错,但我并不是特别在意,反而对每天的艰辛打拼感触颇深,每天拎着沉重样品赶赴东西南北,受到礼遇或遭受冷落,或是初获订单时的那份喜悦。这样的经历才是让我最兴奋的,让我感到拼搏的意义,当时我就想,我可能天生就是做销售的料。

后来,利得乳制品有限公司在资金方面出现了重大问题,美国投资方撤资,公司即将解散,我被老板介绍给了他的一位朋友,因此我顺利到了宏全企业有限公司。这是一家台资公司,是“两乐”(可口可乐和百事可乐)的核准供应商,生产和销售饮料的外标签和塑料盖,后来还开发了易拉罐。

进入宏全企业有限公司时,1500元的工资虽然比以前高了些,但相比当时的物价水平,其实和两年前的收入差不多。但我并不注重这些,我看重的是宏全企业良好的培训机制和职业素养训练。在进入宏全公司初期,在专业知识、专业术语、业务应对、礼仪训练、职场规则等方面的培训让我受益颇深,提高了我的个人素养,这也是之前从未有过的。而我所学到的这些知识,对今后的职业生涯影响很大。

我在宏全企业有限公司工作那几年收入并不高,因为公司是两乐的核准供应商,工作主要以维护他们的订单为主,所以业绩奖金也相应比较稳定。而后我升任为华东区主任,薪资和奖金有小幅的增加,但我更加注重的却是宏全公司的职业气氛,而并未在乎收入的多少。

我从学校毕业后,以及在之前的利得乳制品公司并未学到什么,而在宏全公司,我学到了很多宝贵的知识,这些都成为日后的财富。

进展期

从宏全企业有限公司辞职,一方面是因为公司要“厂办合一”(取消在上海的办公室,而每天前往苏州工厂上班);另一方面,紫江集团也向我伸出了橄榄枝。所以,我来到了同属一个行业的紫江集团。

紫江集团的薪资理念是以低薪资高业绩奖金为主,虽然我以副经理的职位入职,但也和之前宏全公司1800元的底薪一样,几乎没有增长。

当时我选择进入紫江集团的原因有几个:

其一，是同行业和相同产品，可能起步会比较顺手；

其二，紫江集团是一个相比宏全公司规模更大的集团公司，或许今后的发展会更加广阔；

其三，之前听说紫江集团在业务操作上更加灵活，所以也有意要深入了解一番关于“灵活”二字的含义。（宏全公司与其相比，各个职位等级严格，业务作业刻板）

收入依然不是我最关心的，因为我知道现在谈赚钱还为时尚早。

可能因为是同行业的关系，业务的开拓和发展比较顺手，很快就引进了几个重量级客户，其中包括了“康师傅”（当时在全国有20家灌装厂，生产矿泉水和茶饮料），“三得利乌龙茶”（日资麒麟和上海梅林的初期合作，但规模迅速扩大），“福临门”（新加坡和中粮集团合资的食用油著名公司）以及之后的“娃哈哈”（当时娃哈哈因为和法国达能的合资，发展迅猛，之后成为全国最大的纯净水生产企业，而且还大力发展乳制品饮料等产品，占据了半壁江山）。所以，我的业绩也突飞猛进，也因此升任了销售部经理，并在整个紫江集团小有名气。

我在公司的地位变得举足轻重起来，因为公司的标签车间里，除了生产“两乐”的标签，基本就是我的“康师傅”“三得利乌龙茶”“福临门”“娃哈哈”。

那时我的收入已经不少了，日子过得很滋润，但我却一点都高兴不起来，因为我并不能接受紫江集团的一些文化，特别是他们不注重个人职业素养。在紫江，我唯一学到的是他们在业务作业上的变通能力。简而言之，业务人员在业务处理上的自主权更大，有些问题的处理全靠业务人员自身的能力去解决。当然也可以随机应变,其中还包括交际费用和"信息提供费"的灵活处理。

上升期

求变,是每个人在对当下状况不甚满意时产生的念头。当某位具有职业素养的高端人士来到紫江集团的展位上时,我怀着敬仰的目光望着他。在我向他介绍完产品后的第二天,他打来电话,由此开启了职业生涯的新阶段。我毅然选择离开紫江集团,而前往在收入方面更加诱人的易趣网,但相比较诱人的薪资,我更加感兴趣的却是正在兴起的互联网行业。

当然,还有一点也很重要——职业素养,这也是我梦寐以求,并急需提高的素养。在一段时间的熟悉及努力下,我从一个招商部主管升任为了经理,在一年之内我又升任为了招商部总监。

互联网这个行业,普遍的薪资基数都比较高,所以我当时的收入已经相当可观了。但我依然不是很看重这块,而是看好互联网这个新兴的产业和前景,以及那份成就感和自我实现的价值感。并且,在职业规范相当不错的公司里,我每天工作的都很开心。

除此之外,我所接触的人群和圈子得到了很大提升,是绝对有别于之前紫江集团的客户属性的,也是我乐在其中的一个原因。

可惜的是,当时互联网泡沫的破碎是我之前没有想到的,我只能很无奈地离开了易趣。因为朋友(之前宏全公司的同事,之后一起到了紫江集团,我们是很多年的兄弟,而后他先于我进入到了这家琉璃企业)的介绍,我进入了这家生产和销售琉璃制品的著名企业，虽然收入较之前的易趣网有了大幅降低，但是我决定进入同样有三个原因：

其一，这是一家极具规模的公司，相信职业素养一定很不错，这点我比较在乎；

其二，琉璃行业在当时属于新兴行业，上升前景不错，一定会有较大的发展空间；

其三，因为有朋友在里面，初期阶段肯定会得到一定的照顾。

虽然收入大不如之前，但是通过几个月的努力，业绩开始迅速提升，业绩奖金也多了起来，相比之前在易趣的固定薪资来说，现在的业绩也不低，有时候还会更多。而最为重要的是，我能在这家公司继续提升。在半年后，我升任为销售部经理，涉及公司的所有销售事宜，包括团购、柜点渠道的经销代理等，之后还管理着市场部，分管宣传、展会、通路等方面的工作。在我的职业生涯中，也算是一个小小的巅峰吧。

当然，那时候的收入也比较可观了。

固定期

收到现在这家上市集团公司的邀请，我选择了加入，原因有两个：

其一，跟之前的公司属于同行业，在业务方面驾轻就熟；

其二，也是最为重要的一点，就是他们邀请我担任上海分公司的主管，这在我的职业生涯中算是上了一个标志性的台阶。而且，上海分公司是这家集团公司中业绩最好的，可想而知，该职位的重要地位。虽然相应的责任会更加沉重，但对我来说诱惑也更大。

经过了公司人员的整合,建立了自己的团队,一年多的时间里,各个团队已经相当成熟,已经能够独立完成各自的业务了,而整个分公司的业绩也翻了一番。目前,我的职业生涯已经进入了固定期。

综上所述,我一路走来的经历,特别是在权衡职业和收入方面,我的主线永远是以职业发展为主。只要这个职位、这个行业赋有前景和生命力,也使我能够体现出职业精神和使命感,无论收入高低,我都会毅然加入中,接受各种各样的挑战,从而体现出自己的价值,在我看来,这才是一个人最大的财富。

做事风格与销售规划的反思

毛主席曾有词写道:"风华正茂,书生意气,挥斥方遒。指点江山,激扬文字,粪土当年万户侯。曾记否,到中流击水,浪遏飞舟。"如此气势恢宏的词句,当是更有激励作用的,这比起"少年听雨歌楼上,红烛昏罗帐"不知道要高绰多少倍了。但转而想来,少年的轻狂,也只是人生中的一个过程而已,如今回望,却必须要付出或多或少的代价。转而回顾一番自己的职场经历,又何尝不是呢。

性格往往是一把双刃剑,冲劲十足的人,做事风风火火,充满激情,效率也会很高;而慢条斯理、不温不火的人,虽然效率没有那么高,但他们的优点是稳重。两种人性格不同,各有利弊。

初入职场时,我属于前者,在没有任何职场规则概念时,冲劲是我唯一的优势。努力拜访客户,勤奋地东奔西走,在业务上取得了一些成绩,也成了一个区域的主管。成为主管后,我的行事风格依然没变,我希望下属也能像我一样努力向前,而往往采用简单粗暴的强化型管理,结果遭到大家的抵制,为我的工作带来很大困难。

在进入利得乳制品有限公司三个月后,我成为上海浦东新区的区域主任,带领了近二十个人的团队。而团队中成员个性迥异,有的很积极,能跟我保持同步;有的则安于现状,懒散度日。

我当时的管理方式是:

其一,让他们明白自己来到公司是干什么的;

其二,在销售进度的管控上,过于形式化;

其三,对于所有的下属,都使用同一种沟通方式。

在我到任一个月后,团队中各个人员的状态出现了明显的分化,有些人因为反对我而去意已决,而当时我的态度是去留随意。所以,团队中人员的变动较为频繁,非常不稳定。

之后,到了宏全公司,公司的阶层意识分明,上下级的服从意识很强,但分管华南区的主任的一句话却提醒了我,他对我说:“制度是死的,人是活的。”而当时正好有一名员工要辞职,也让我更加理解了这句话。我意识到,管理团队靠的不是服从性,这不是军队,纪律要有,但人性关怀更重要。因此,在我管理的不到十人的团队中,开始着手"融合"二字。比如,打破上下级的关系,一起聚餐聚会以加深感情,一起讨论问题,一起跑业务等。这样的"融合"收到了很好的效果,团队人员更加紧密了,团队成员也愿意倾诉与分享。因此,我的团队凝聚力更强,拼搏劲头也更足;反映在业绩方面也很明显,华东区也成了公司在业绩方面的领头羊。

到了互联网行业的易趣公司,工作节奏非常快,每天都很忙,因此团队建设就变得较为简单。似乎在这样的外资公司里,每个人都有明确的目标,知道应该做什么,所以没必要刻意去激发大家的能动性。所以我将关注点放在了团队精神上,每天下班后组织大家出去喝酒 K 歌,让团队成员在结束了忙碌的工作后可以放松一下,并且有助于形成亲密的团队关系。

在细节方面,我学会了根据每个人的特点区别对待,比如对待老业务,少来虚的,多来实惠的,鼓励他们多完成业绩,让他们看到升职加薪的空间;对待新手,多鼓励,让他们保持自信的状态等。

进入琉璃公司后,我带领团队的方式发生了本质的变化,不再强调上下级服从的概念,而注重与团队成员保持紧密的联系,在感情上给予关照。同时,重视"嫡系"与骨干的培养,因为只有这两类人稳定了,团队才会稳定。我在这方面的努力,也为之后升任销售总监打下了基础。当我升职后,自然也提拔了之前的他们,他们成了我的团购经理、柜点经理或渠道经理。我也会帮助他们组建自己的团队，从而形成一支支充满战斗力的团队，使我在销售业绩方面得到最强有力的支持，管理上也轻松了不少。

如今，我在上市集团公司的上海分公司担任总经理，在最初刚刚到任时，我首先做的是努力使原公司的重要人物（行政经理）成为我的“嫡系”，在行政方面先得到了稳定，随后再进行人员的整合并召唤原有公司的“嫡系”骨干纷纷加入。因此，公司的架构又重新回到了我的设想之中，团队的建设也初具规模并进入磨合和成长期。之后，团队日趋稳定，业绩也开始稳步增长。

后来，为了配合集团投入的新项目，分公司开始招收销售人员，销售团队开始迅速扩充。面对这么多员工，我管理的方式只有十个字“恩施于部众，威加于千军”，对于自己的“嫡系”骨干，要加深和他们的感情，还要放手让他们去冲锋，要信任他们的能力。而面对整个公司的员工，则要以合理的制度服众，而其中奖予标杆，罚而适度，也是必须要严格做到的。

总结自己一路走来的历程，20余年来，我从一个冲劲十足的懵懂小伙，从一个不懂人际关系处理，不懂职场潜规则的新人，到如今成熟老练的公司总经理，在各个方面都有了明显的提升。

如今的我，为人处世稍显老练，脾气性格稍有稳重，冲动之中能略作思考。在处理分公司和总部的一些关系，特别是某些敏感关系和事件，以及在高管中的人际关系，已经有了不小的进步。

不过我的性格依然比较急躁，对此，我不会在办公室里挂上“心如止水”，因为这只是一种装饰而已，根本起不到作用。我需要在心中竖起一道藩篱，那才是最为重要的精神止水。如今，我经常把玩手串，这已经成为我制怒的方法。

以前我将关注点放在应付销售业绩上，带领团队冲锋去完成一个个销售目标，却忽略了团队的稳定，人来人走成为家常便饭。之后我意识到，没有一个稳定的团队是很难持续地创造出辉煌业绩的。因此，在销售的规划上，我最注重的是团队的稳定性。而这样的团队，到了波涛汹涌的江边可以共同挽手跋涉；到了山脚下，仰望高高的峰峦，可以互相扶持一同攀爬高峰。只有跟这样的队员在一起，才能始终保持在不败之地。

我觉得团队的稳定，有几点是很重要的：

其一，团队领导者自身的能力，让追随你的人信任与佩服；

其二，领导者在处理人际关系上的老练；

其三，对于下属的爱护和庇佑；

其四，放权并信任，让下属毫无顾忌地去闯开一个个新天地；

其五，领导者的号召力和响应力。

综上所述，我现在的主要精力已经不放在销售业绩上，而在团队乃至整个公司的管理上。销售是公司生存的基础，财务是公司的命脉，行政是公司的管控协助者，这一切都是一位管理者需要重视的。我已经不局限于掌控好销售部门，而是放眼整个公司的管理，也许有一天，我也可以拥有自己的公司，所以及早进行这方面的规划与思考是很有必要的。

客户属性的再思考

客户的关系分成很多种，客情关系也多种多样，如何考量和区分，就变得极为的重要了。这些区别对待的方式，是每一位管理者应该去思考的重点所在。

去年年底，母亲说："明年来春，你的大舅要过六十岁生日了，记得要去祝贺，你大伯的二儿子要结婚了，我们也要参加。"我没有随着她的话往下接，而只是"嗯"了一声而已。

大舅，当然就是我妈妈的大兄弟了，平时也有颇多的来往，他老人家的生日是一定要去的；而大伯，平时几乎没什么来往，他二儿子结婚，是可去不可去的。一般处理这种事情，包上一个钱数不多的红包转带，表示一下就行了。

在销售业务中，我相信很多销售人员也会遇到类似的现象，一般经常走动或者联系较为频繁的有两类客户——订购较为频繁或者长期合作的客户和表示出意向的新客户，而曾经订购过一次后销声匿迹，或者偶尔联系但对方表示没有需求的客户，在联系上会明显减弱，甚至遗忘得一干二净。

我曾经谈到过关于客户分级的问题，也在文中提到了有部分客户的归属具有不确定性，常常处于不断变化中。长期客户未必就是你的忠实客户，而分在 C 级甚至 D 级的客户也未必没有新的机会。

Philips 开发客户的劲头很足，A 类客户自不必说，他会不断紧盯,而B类客户他也会定期问候一番。因此,他的工作基本就是按照事先已经完成分类的客户表,从上到下,一个个地联系一遍,随后根据客户的反馈,再安排之后两天的行程,该拜访的拜访,该提供相关样品或者报价的也积极执行。在初见成效并开创业绩后,他更是把主要精力用在了A、B类的客户上。

Philips在某上市集团公司任职期间,某天前去拜访一个重要客户。在闲聊时,对方的一位副总无意间透露了一个信息,K公司很可能成为他们集团的子公司,形成控股的关系,签约仪式会在下个月举行,而K公司之前一向有采购礼赠品的渠道,这次签约仪式上的礼赠品可能也由他们负责采购。

回到公司后,Philips就开始联系K公司,重新建立了联系并且相约明天前去拜访后,Philips的心放了下来。

中午时,我去会议室吃午饭,他也端着饭盒走了进来,并在我耳边悄声说道:"我刚刚看了我的客户资料,K公司就在D级,平时不怎么联系,我忽略了。"我听后,并没有说什么,只是对他笑了笑。

之后,他开始根据事先标注的客户周年纪念或者上市公司股票发行周年等信息,联系客户资料中的C级和D级客户了,而有些公司在联系后就有了收获,出了业绩。

上述所说的只是对待不同分类阶层客户的处理方式,而有些客户有着其固有的属性,要正确认识到其中的区别,方可处理得当而事半功倍。

H银行办公大楼外表灰暗,给人很严肃的感觉,如果你以为员工也是如此那就错了,其实每个人的内心都充满热情,当我第一次走近他们时,就意识到了这点。他们不喜欢喧哗,不喜欢吵闹的聚餐,更喜欢那种静静的感觉,然而在私下里接触闲聊时,他们潜在的热情让我十分吃惊。我继而加深了与他们的沟通,他们的热情逐渐释放了出来,友情也随之升温。之后,订单也会多了起来。比如市场部,跟他们熟悉了之后,银行有什么活动就会想到我,业绩也就自然而然得到提升。

H银行这类客户的属性,属于外表安静、内心奔放型。他们看起来很严肃,但其实如果沟通到位,他们非常渴望向你敞开心扉。只要你花心思琢磨,就会弄清楚客户的属性,从而有的放矢,更好地与他们交往。

在工作上,这类客户需要的是积极的配合,需要的是你为他们解决问题。当你证明了自己的能力,配合他们顺利完成了一次活动之后,他们是绝不会吝啬给你更多订单的。

客户的属性有不同的区别,对他们的文化、习惯、行事风格,甚至包括企业的属性,都要认真思考和对待。哪些客户是值得去深耕的,哪些客户只是过眼云烟,都要有清晰的认识,否则在不恰当的客户那里用力过猛,那只会是事倍功半,无所得报。

关于行业前景的思考

投身一个行业,不仅要看它的现状,更要看未来发展的前景,这是每一位职场人都应该认真思考的问题,这关系到未来的职业发展。不要鼠目寸光,只关心眼前的收入,成长的空间才是最重要的。

我平时很少去买菜,小区外面有一家综合性商店,周末的时候就来这里买点东西。这家商店不仅商品齐全,而且老板和善的态度也是我喜欢的。顾客很多,生意很不错。喜欢开玩笑的我,很容易就和老板混熟了。

某个周六,我又走进他的店里,在挑选完商品后,到他那里称重付钱,我顺口说了一句:“生意不错啊。”而他却愁眉不展地对我说:“最近这里开了好几家这样的店铺,生意不好了,我有关掉店铺的想法。”我听后略显惊讶,但很快便理解了,竞争确实激烈。毕竟之前只有他一家,现在已经有五家店了,生意自然会被分流一些。而且店铺的租金不减反增,店铺内伙计的工资也在增加,这才使他萌生退意,也实属正常。不过,他是这里的第一家店,像我一样的老客户很多,商品种类也比较齐全,所以还是有不少优势的。

卖菜的店铺,虽然比不上一家企业的经营规模,但在经营方面也是有相同之处的。小店老板并没有长远的眼光,几年前只有他一家店,生意自然不错,但他没有扩大规模也没有改进经营方式,更没想到几年后竞争会变得如此激烈,所以现在的处境比较艰难。

之前在宏全公司,公司是“两乐”(可口可乐和百事可乐)的核准供应商,虽然也有几家同行的竞争,但竞争的面较窄。“两乐”的采购是均衡的做法,即同一批标签,找两家供应商来生产,不同批次的标签,下落到不同的生产商,不仅是因为要均衡各个厂商的生产能力，还有一定的风险保证。当然，供应商产品的质量、交期，以及双方的关系，也会起到一定的作用。而宏全公司在保证质量和按时交货方面做得不错，同时走的是“两乐”的上层路线。

最早的时候，“两乐”基本都是合资企业，并且外资在其中所占的股份很大，也相应地派出了高级管理者，大部分都是台籍人士。因此，作为台资企业的宏全公司，在地域和人文感情上具有很大优势。所以，宏全公司决定走上层路线亲近这些台籍管理层，是非常对路的。

不过，随着时间的推移，“两乐”的内部在发生着微妙的变化。中方的投资在增大，中方管理层逐渐开始占据领导者的地位，一些港台人士逐渐离去，使得局势发生了扭转。新上台的管理者，在内心很忌讳供应商和前任的深厚友情，言下之意，要么被排斥，要么重新跟我建立新的“友情”。宏全公司在关系层面的根基开始松动了。

其次，宏全公司在行业的动向以及发展上，也落后于其他同行，当时“两乐”开始悄悄涉足“易拉罐三片罐”产品开发（之前，“两乐”有两片罐产品）。并且，当时的三得利麒麟，也在洽谈进入中国的项目。很显然，三片罐将是未来的主战场，但是宏全公司却毫无动作。而等到战场的序幕正式拉开后，并且在加多宝展开迅猛攻势时，其实很多企业早在一年前就完成了三片罐的生产线和做好了应接的准备工作。所以，这场大战，宏全公司已经明显落后于同行，而只是意识到这一点后，才开始启动投资和生产线的筹划事项。虽说现在加入也可以分得一杯羹，但毕竟落后一步，在与同行业的竞争中，各个方面都处于弱势，不可避免地付出了更多的精力与金钱。

宏全公司之前建立起的优势已经丧失殆尽,逐步走向了没落,最后只能关闭了上海分公司,并大幅裁员。

从这个案例中不难看出,对于行业前景缺少预见性,结果只能走向衰败。

易趣是一家互联网购物平台,经过了两年的发展,会员人数已达到天文数字,购买力也在以几何的倍数增长着。

商家的店铺,从花钱请他们进驻,到之后商家花钱进驻,发生了本质的变化。商家也积极配合,提供新产品或者有价格竞争力的商品。搞促销,做宣传,整个平台生机盎然。虽然有几家同行的竞争,但当时易趣网就是行业老大。我们招商部的工作虽然很繁重,但相比较之前,在招收商家的环节上,却省力省心了不少,只要和商家保持密切的联系,得到一些新的信息,并且组织起一些促销活动即可。

花租金进驻购物平台的商家,由我们公司全权操作交易(形式为:由我们公司采购,网上平台会员购买商品,然后再和商家结算),然而互联网行业每天都在发生着变化,行业中悄然间兴起商家自行运行的平台模式。其中,当以淘宝为先锋(当然淘宝并不是真正的先行者),采取的形式是先花钱鼓励商家进驻,并给予一定的补助,最重要的有两个亮点:

其一,商家无论大小或者个人,都可以进驻,个人的闲置品也可以在平台上卖出,简称C2C;

其二,为每位商家开放独立的运作平台,商品管理、定价、买卖洽谈、物流配送等,都由商家自行完成,体现了充分的自主权,这种形式和理念在短时间内被人们接受,而淘宝的投入力度最大，因此很快就火了起来。

而我们呢，在美方的一再坚持下，依然保持着原有的经营模式，固守着已然落后的平台，渐渐地失去了绝对优势。不久之后开始衰落，之后变得难以为继，而直到最后的一根救命稻草（在美国纳斯达克上市股票）的断裂，美方迅速撤资，最终走向了败落的命运。

易趣网在固守之中，就这样成为多年后人们偶尔提及的一段记忆。

互联网行业依然在朝气蓬勃地发展着，不断涌现出新的平台，然而里面却永远没有了易趣网的身影。当时的行业老大，由于缺乏对前景的预见性，瞬间消亡。

当初的易趣网也砸下了很多钱，一直发展得不错，但由于故步自封，不思进取，极力地排斥即将成为一种趋势的先进理念，却走向了没落；之后的淘宝也在砸钱，但是它的思路更加先进，并在不同的领域拓展着，而成了行业领头人。

当我进入琉璃公司时，主营产品只有琉璃，当行业开始出现变化时（除了琉璃产品，同行还生产很多附属品，或者有些企业干脆转型去做互联网贸易），并且努力去改变或者转型时，我所在的公司还秉持着艺术大家的风范，继续坚持着公司的理念。当这个行业经历过初期的蓬勃发展，生产厂家不断增多时，利润越来越薄，最终我们的坚持没有换来预期的成功，只能勉强维持生计了。

如今的我，在属于同行业的某上市集团公司任职，公司不仅生产玻璃制品，还有水晶制品，而且还投资制作人造金刚石产品，包括工业用金刚石，还有首饰装饰用人造金刚石领域，制造出了漂亮、典雅、美轮美奂的钻石产品,并且投入了大量精力与资金做宣传,想方设法拓展业务。如今,公司在这方面的市场已经取得了突破性进展,业绩也相当不错。

求新求变永远是企业立于不败之地的根本,想要成为行业中的领航者,或者说不至于被行业淘汰,一定要认清形势,对行业前景做出准确的预测。

企业如此,个人也是如此。在选择行业、选择公司时,着眼点不要只盯着那点工资。以我来说,在易趣网拿的基本工资是最高的,然而好景不长,没几年公司都没了,如果我故步自封,不知道今天职业生涯会变成什么样子。因此,在职业选择上一定要有眼光,对这个行业、对公司、对职位都要有预见性。选择朝阳行业,做得再差至少不会死;选择夕阳行业,做得再好也是艰难维生。

职业规划调整

你觉得某个行业不错,未来值得期待,但要清楚,任何行业都不是一成不变的。今天如火如荼的互联网,有人预测几年之后必将被物联网取代。你不知道未来会变成什么样子,你只能冷静思考,以你的所见所识做出判断,你的预见性,将会对职业生涯起到重要作用。并不是每个人都拥有准确的预见性，但却可以在感到变化时及时调整，这才是聪明人的办法。

依然是小区外店铺的话题。

小区的外围是一整排的小店，24小时超市、洗衣店，等等，我经常光顾的那家小饭店也在其列。老板娘的身材不高，小巧玲珑，人很和善，秉着和气生财的宗旨，也尽量满足顾客的要求，因此生意很是不错。我和她也只不过是店主和顾客的关系，即使聊几句也属于礼貌性地打招呼而已。

某天晚上我刚进大楼，她也紧随其后，我问她是不是送外卖，她说是来送快递的。我在惊讶时，她笑了笑说："刚过双11，我帮着送快递，赚点外快。"我听后心生敬意，佩服她的勤快与灵活的思路。

一个冬日午后，到古玩市场转悠，天已经转阴了，并且下起了小雨，因此变得有些阴冷。古玩市场里一排排的地摊前没什么人流，摊主们不是在发呆就是低头刷着微信，有几个围坐在一起打扑克。

随便走走，当快要走到地摊的尽头时，一个熟悉的身影出现了，还是小店的老板娘，她微笑着跟我打招呼，我很吃惊，怎么这里也有她啊。

于是，我和她就坐下聊开了。

她是新疆建设兵团的下一代，父亲是上海人，母亲是维吾尔族人。此时，我方仔细观看，发现她的确有着维吾尔族人的相貌特征。她回到上海后就摆起了大排档，之后又盘下了这家小饭店，生意还算不错；有机会的话就打打零活，充分利用起空闲时间,也为生活增添些情趣。

我看看她的货品,有小叶紫檀、金丝楠、水晶等各种手串,在最左面放着两把类似胡琴的物件。我问她这是什么,她说是照着小忽雷的比例仿制的。我拿起,细细观看起来,虽然只是杨木的材质,但式样却很特别,赋有民族的特色,我对它很是喜爱。

在她介绍这件小忽雷时,我的思绪却不由自主地飘向了那遥远的唐朝。

小忽雷,曲线委婉动人,小巧精致玲珑,但紫檀木质地却坚硬,我想,不正映照着我面前的这位吗,有着盈盈的笑容,由于忙碌所致的憔悴面容上却不乏动人的别韵,坚硬而富有毅力的性格使她勤劳却有着灵动的秀美。或许,这才是从小忽雷发出的一曲生命的强音。

以上的故事,和我将要叙述的话题,毫无关系吗?不是!

我的职业是从销售开始的,我由此而走上了销售这条路,从刚入职场时拎着沉重的样品,在寒风暴雨或者烈日炎炎下踯躅,到之后的小型团队管理者。经历过失败,尝试过痛苦,再到后来的职业经理人,经受过职场潜规则的痛击与人事纠葛漩涡的洗礼,现在成为一家公司的管理者,统筹全局。一路走来,就仿佛是经历了一场场足球赛,有拼搏,有痛苦,有队友给予的支持,也有进球后的喜悦。如今我就像是一位有经验的足球教练,把经验传授给队员,体会他们的艰辛,分享他们胜利的喜悦,帮助他们成长。

当初我在销售行业做了几年后,升任区域主任,之后是部门经理。那时我就意识到,虽以销售为本,但今后的发展方向定然是管理者,而不再是单纯的销售者。

因此，在职业规划方面，我做了适当调整，不再阅读关于销售类的书籍，也不刻意学习关于销售的新方式和新途径，而是读了一些关于管理者的书籍，学习一些管理的先进理念，从而得到了更多知识与启迪，开阔了视野，也让我更加坚定了职业发展的方向。

突然想起D总的一句话："卖水果的知道怎么把水果摆弄得漂亮，让它们显得新鲜，而种水果的才知道其本质。"这句听似简单却富有哲理的话告诉我们，一个从销售做起的管理者，不应该致力于销售的范畴，而应该在管理方面大有作为，组建和发展自己的团队，掌控全局，这才是职业发展的方向。

前段时间，去听了一堂某位商业名人的"蓝海思维"讲座，运用新思维和不同的战略在相关行业和领域里寻求发展，受益匪浅。我承认，我不是公司决策者，但却在销售管理和团队管理上，同样得到了很多启发。

其一，强化团队中成员的责任感和使命感，依然是每一位管理者必须要去做的，特别是团队中的骨干和你的"嫡系"，当他们明确了责任感，就会激发出更大的干劲；

其二，每一位团队成员都应该得到尊重，认真倾听他们的想法和呼声，使他们愿意与你交流，并毫无保留地说出真实想法，这样你才能更好地作出决策，更好地融合团队；

其三，放权授权不是突发事件和决定，而是要根据情况逐次递增，授权后在原则问题上还应注意跟进和督导，不可完全放任。在一些管理上基本遵循这样的原则："化繁为简，抓大放小，事殊同理"，而通过授权，可以增强员工的信心，有着激励的作用，同时也减轻了自己的工作压力，使自己有足够的时间去观望整个团队的健康状况以及对未来的思考与把控。

我在管理岗位上已经很多年,从业务经理到总监,再到公司的总经理,其中在管理上也经历了不少波折。在理念上也逐渐变化,从当初的毫无经验、简单粗暴,到之后的亲和管理风格,可谓发生了很大改变,然而这些都不算成功,其中走过很多弯路,有过很多失败的经历。

特别是我当初带领团队,一味地注重销售业绩,而忽略了团队成员的感受,致使整个团队消极懈怠,我成为团队业绩的最大贡献者。初看,业绩完成得很好,但是细细想来,团队的作用荡然无存。

当我发现管理方式存在问题之后,开始改变之前高压管理的方式,更关心每一位团队成员,降低了任务量,大家紧绷的神经也放松了下来,整个团队的关系开始变得更加和谐,团队成员之间的关系也变得亲密,大家就像一家人。我之前担心的战斗力降低、业绩变差的情况并没有出现,反而有所提升。

收到效果之后,我开始恶补管理知识,终于总结出管理的真谛:兼收并蓄,外松内紧,存理得当,恩威并施,抓住骨干的灵魂,不放财务的命脉,得到行政的支持,这样的管理才可能成功。

又想起了小区外那家小店的老板娘,她从晚上摆大排档开始,到开了自己的小饭店,还利用各种机会赚钱,送快递,摆古玩地摊……其实,她只是在尝试着各种各样的机会,或者说是形式,不仅为自己增加了收入,而且还在变化中,寻找着真正属于自己的契机。

而相比还在摸索阶段的老板娘,我还算比较幸运,找到了自我定位,从一位单纯的销售者,成了一名管理者,这也成为我未来的发展方向。

职业规划不可能一成不变，即便你是这方面的专家，也不可能制定出一成不变的职业发展路线。随着年龄的变化，随着阅历的增加，你会找到属于自己的道路，这时不要犹豫，鼓起勇气做出改变，因为在适合的道路上才能走得更好。所以，职业规划的调整是非常有必要的，它能保证你永远走在正轨上。

结　　语

一个姗姗学步、咿呀学语的婴儿，对身边的事物产生兴趣，对外面的世界充满了好奇，这都是人类的本能。

初入职场的新人，同样对职场充满好奇，在懵懂无知的状态下，只是在埋头工作却没有考虑到职业前景，所以很多新人都会陷入迷茫中。

作为新进的业务人员，在初期首先要学习专业知识，特别是一些专业术语，这样才能在起步阶段快速融合到行业之中，融合到这个行业属性的相关客户群之中。

在销售的起步阶段，吃苦耐劳是必须的，但同时要拥有敢于尝试的精神，只有抓住各种机会，勇敢地去沟通、去表现，才会有得到客户的机会，而不是一味等着客户来找你。

新进的业务人员，在忙于翻看黄页，从网页上搜索信息，利用聊天工具维系客情关系，以及打电话、拜访客户，洽谈具体业务等日常工作的同时，如何处理好和上级的各种关系，是至关重要的环节。因为你的上级在不断地考察你，只有处理好这种关系，才能得到他的更多支持、帮助、指导，而不至于使自己受到排挤，度日如年。

当你进入职场一段时间以后，你会遇到一些人事纠葛，是否能妥善处理这些问题，不仅关系你的人际关系，还会对销售行为产生不小的影响。是否要站队，是否要参加公司里的派系之争，如何和老板“嫡系”以及权重人物深交，甚至能快速领会老板的话外音等，都将是一位业务人员需要好好学习的。

当你有所成就而进入到管理层时，以官阶来压制团队成员显然是极不合适的，而要注重挖掘团队骨干和“嫡系”，起到稳定团队的作用。激励新员工，对骨干进行适当的放权以体现出信任，是巩固和促进团队的良好方式。

作为团队管理者，还要注意与公司其他部门保持良好沟通与相互配合，并且在面对公司人事纠葛中有清晰的思路，如果能够应对自如，将为你带来良好的工作环境。

在具体业务上，处理好各式各样的客情关系是至关重要的，不仅起到了维护的作用，而且还有机会对每一个客户进行深耕，从而能挖掘出更多的客户，而不是停留在原有的客户基础之上，等待着客户资源的慢慢耗尽甚至于枯竭。

身在职场，每天都在忙碌中度过，每天都在处理着各种问题，我也是如此，所以我只是把自身的一些故事和感受讲出来，希望能得到一些共鸣。希望致力于从事销售行业的读者，能从我的故事中找到自己的发展方向。最后，衷心希望这本书能给您带来益处，谢谢。